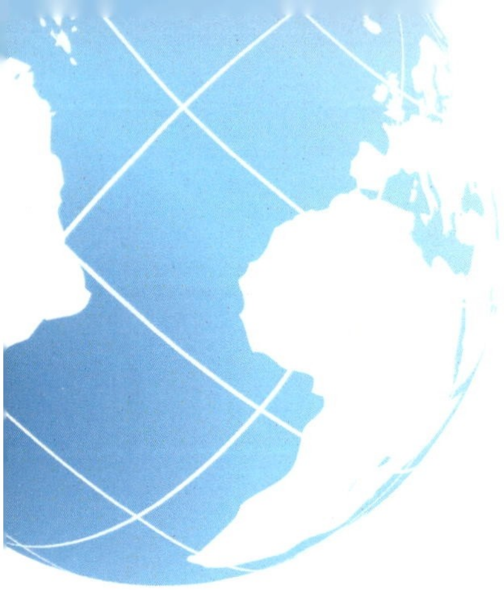

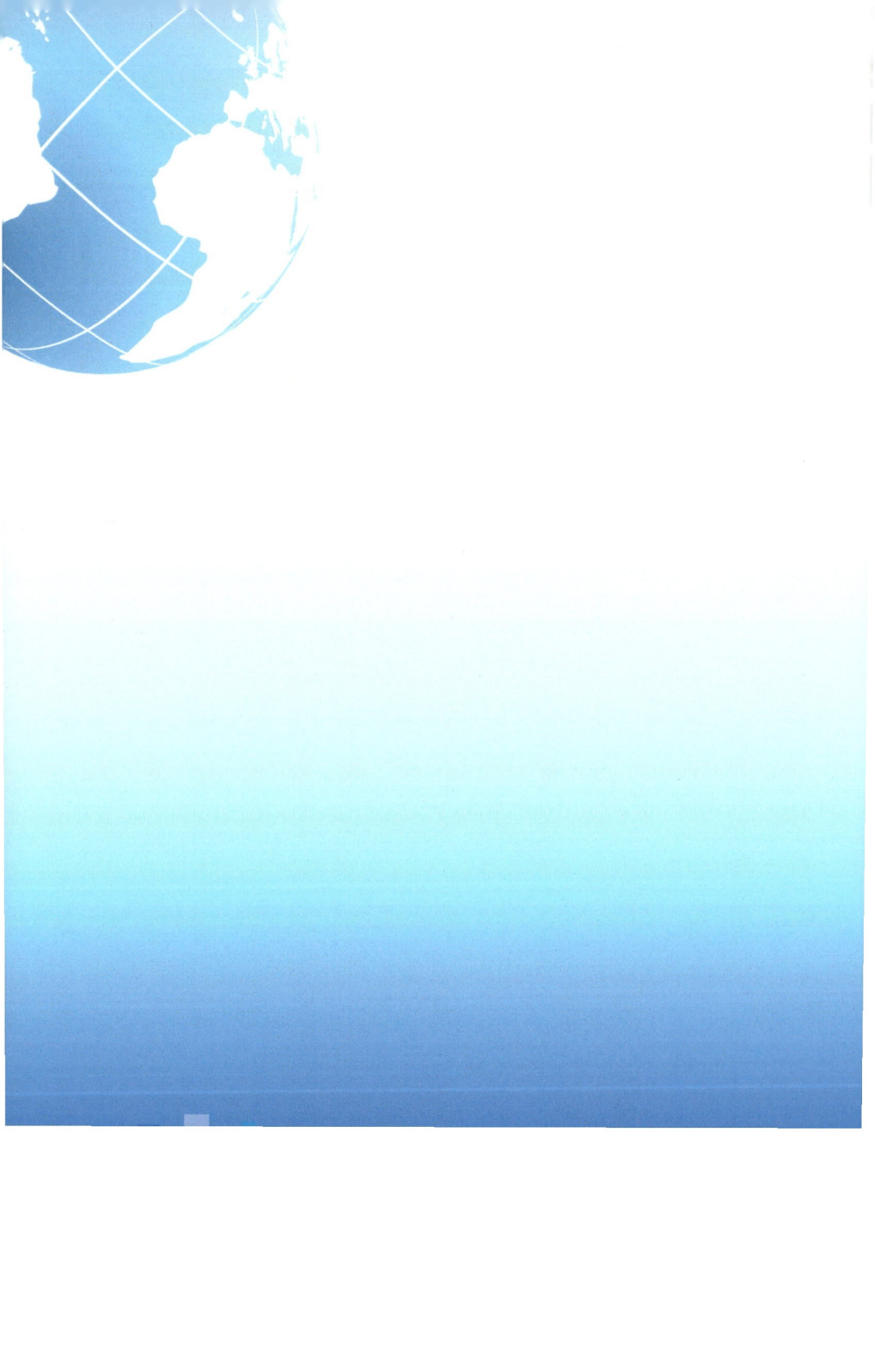

汉语国际传播与国际汉语教学研究丛书　总主编：吴应辉
Series of Chinese Language Globalization & International Chinese Language Teaching Studies　Chief Editor: Yinghui Wu

国际中文教育视阈下中华文化传播活动研究

RESEARCH ON CHINESE CULTURAL COMMUNICATION ACTIVITIES FROM THE PERSPECTIVE OF INTERNATIONAL CHINESE EDUCATION

田艳　张齐红 / 著
Yan Tian
Qihong Zhang

图书在版编目（CIP）数据

国际中文教育视阈下中华文化传播活动研究/田艳，张齐红著．－－北京：中央民族大学出版社，2025.4．（汉语国际传播与国际汉语教学研究丛书/吴应辉主编）．
ISBN 978-7-5660-2476-3

Ⅰ.H195.3；G125

中国国家版本馆 CIP 数据核字第 202531EE43 号

国际中文教育视阈下中华文化传播活动研究

著　　者	田　艳　张齐红
责任编辑	戴佩丽
封面设计	舒刚卫
出版发行	中央民族大学出版社
	北京市海淀区中关村南大街27号　　邮编．100081
	电话：（010）68472815（发行部）　　传真：（010）68933757（发行部）
	（010）68932218（总编室）　　　　　（010）68932447（办公室）
经 销 者	全国各地新华书店
印 刷 厂	北京鑫宇图源印刷科技有限公司
开　　本	787×1092　1/16　印张：22.25
字　　数	270千字
版　　次	2025年4月第1版　2025年4月第1次印刷
书　　号	ISBN 978-7-5660-2476-3
定　　价	89.00元

版权所有　翻印必究

汉语国际传播与国际汉语教学研究丛书总序

吴应辉

目前来华学习汉语人数不到全球学习汉语人数的1%，而在中国境外学习汉语的人数达99%以上。国际汉语教学已成为学术界关注的一个热点，然而从目前出版和发表的有关论著来看，研究对外汉语教学的很多，但研究国际汉语教学的很少。汉语国际传播及国际汉语教学的实践已经超前于理论，或者说我们的汉语国际传播及国际汉语教学理论滞后于实践。作为国际汉语教学的从业者，大家都应肩负起历史使命，对汉语国际传播及国际汉语教学进行研究，深入探讨相关的理论和实践问题。

中央民族大学在20世纪50年代就开始了对越南学生的汉语教学，成为当时中国最早接收外国留学生的八所院校之一，但在对外汉语教学学科建设方面起步较晚。近年来，中央民族大学国际教育学院调整了学科建设方向，将研究力量集中于汉语国际传播和国际汉语教学。在学校的大力支持下，我们的国际汉语教学学科建设已经取得初步成果。我们在全国高校中率先在语言学及应用语言学专业博士研究生培养中设立汉语国际传播研究方向；我们是全国第一个明确把"国际汉语教学"列为重点培育学科加以建设的汉语教学机构；我们创新性地设计并组织实施了"汉语国际教育硕士"的"1+2+X"培养模式；我院绝大部分专职教师和20多位中外博士生都把研究方向集中到了国际汉语教学及其重要组成部分汉语国际传播上，研究领域包括泰国、马来西亚、缅甸、韩国、美国、越南等国家的汉语传播问题，内容涵盖国际汉语教学宏观和微观层次的诸多问题；我们已承担了包括两项国家社科基金课题、教育部新世纪优秀人才支持计划项目和教育部人文社会科学项目在内的多项汉语国际传播纵向和横向课题；我们正在进行国际汉语教学案例库和汉语国际传播数据库建设……

我们才刚刚起步，我们愿不断努力，与兄弟院校一起在汉语国际传播和国际汉语教学领域拓荒、播种，并愿意与国内外同行分享我们的收获。我们将以全球化的视野、国际化的思维和创新务实的行动，努力开展汉语国际传播和国际汉语教学研究，推动国际汉语教学学科建设，为汉语和中华文化走向世界尽一份绵薄之力。

经过中央民族大学国际教育学院两年多的策划和研究，汉语国际传播与国际汉语教学研究丛书陆续开始出版了。希望这套丛书能从各个侧面对国际汉语教学学科的形成和建设起到支撑作用，能为国际汉语教学的专家学者带来另一种清新的学术空气，给青年学者和博士、硕士研究生选择未来的研究领域提供新的视野，并为汉语国际传播有关机构提供决策参考。这套丛书虽为中央民族大学国际教育学院策划，但我们的作者并不限于本院师生，我们热忱欢迎国内外有志于汉语国际传播和国际汉语教学研究的专家学者加盟我们的队伍，我们愿意将符合丛书主题的学术成果列入丛书出版。

鉴于广大读者甚至很多业内学者和学生对汉语国际传播与国际汉语教学的认识尚不够深入，谨以本人在《语言文字应用》2010年第3期上发表的论文"国际汉语教学学科建设及汉语国际传播研究探讨"作为代序，对汉语国际传播与国际汉语教学做一些学术探讨，以增进学界对国际汉语教学学科的认识。

摘 要

21世纪以来，全球化与文化多样性持续推动文化交流的深入发展，文化传播逐步成为增强国家软实力的重要支撑，成为当今时代的需求和未来发展的趋势。在此背景下，作为"国家意志的柔性传播"方式，中华文化的国际传播尤为重要。国际中文教育在传播中华文化与塑造国家形象方面发挥着无可替代的积极作用，形成了多主体协同的跨文化传播发展态势。本书以系统性整合国际中文教育视域下的中华文化传播活动为主旨，提出中华文化传播活动的创新发展思路。

本研究立足于拉斯维尔传播理论、符号互动理论、教育生态学理论、文化适应理论及文化在场理论，采用文献研究法、田野调查法、访谈调查法、案例分析法、全球视野比较法，全面探讨海内外中华文化传播活动的研究现状、开展情况、现实挑战、理论问题、师资培养等诸多核心问题。

全书包括绪论和十一个主体章。"绪论"主要从研究背景、相关概念与研究回顾、研究内容和研究思路入手，概述研究全貌，为读者提供背景信息。

第一章探究国际中文教育与中华文化传播之间的多维关系；第二章聚焦中华文化传播活动的关键问题，整合性阐述中华文化传播活动内容、活动特点、活动路径、活动评估及活动原则，凸显学术思想体系的本土性与特殊性面向，为该领域的理论发展夯实基础。

第三章至第六章，结合海内外经典案例和作者的广泛调查，首先对国际中文教育视阈下中华文化传播活动开展类型进行分析，随后分别对"文化实践类活动""文化赛事类活动""文化推广类活动"的组织与实施进行阐述。

第七章和第八章为国别区域研究部分。其中，第七章选取亚洲国家、英美国家和非洲国家作为重点研究对象，对全球各区域中华文化传播活动进行调查研究。第八章进一步深入研究中华文化传播活动的国别发展。首先对国别区域文化活动发展特色进行分析，随后探究国别区域文化活动发展影响因素，最后对国别区域文化活动未来发展提出建议。上述两章为全球中华文化传播活动的开展提供了经验和范例，分析了不同地域背景下中华文化传播活动组织的特点与策略。

第九章探讨目的语和非目的语环境下中华文化传播活动资源的开发与配置；第十章从组织协调、文案写作、外语传播及资源运用等方面深入分析文化活动组织设计能力的构成与培养。

最后一章对中华文化传播活动进行总结思考。从"站位提升""分众发展""本土面向""人才培育""路径拓展"几个角度，提出"五位一体"发展思路，为未来的研究与实践提供具有一定解释力的学术思考。

本研究旨在收集和分析真实数据，掌握全球中华文化传播活动开展的具体情况；发动内原动力，提高各类机构和教师中华文化传播活动的组织与实施能力；进行顶层设计，提炼相关理论，为中华文化传播活动的组织实施提供借鉴；服务国家战略，推动海内外中华文化传播活动的永续发展。

本书在理论创新及系统分析的基础上，尝试增强国际中文教育视阈下中华文化传播活动学术话语建构的自主性，在一定程度上助力本学科领域学术话语体系影响力的提升。

目　　录

绪　论 …………………………………………………………… 1
　第一节　研究背景与研究价值 ……………………………… 1
　　一、研究背景 ……………………………………………… 1
　　二、研究价值 ……………………………………………… 8
　第二节　相关概念与研究回顾 ……………………………… 10
　　一、相关概念 ……………………………………………… 10
　　二、相关理论 ……………………………………………… 14
　　三、研究回顾 ……………………………………………… 21
　第三节　研究内容及研究思路 ……………………………… 28
　　一、研究内容 ……………………………………………… 28
　　二、研究思路 ……………………………………………… 30
　　三、研究方法 ……………………………………………… 31

第一章　国际中文教育学科与中华文化传播的关系 … 38
　第一节　国际中文教育全球影响逐渐深入 ………………… 38
　　一、国际中文教育已全球布局 …………………………… 38
　　二、海内外汉语教育机构规模庞大 ……………………… 39

三、中华文化国际影响力不断提升 …………………… 40
第二节 国际中文教育是文化传播积极力量 ………… 41
一、国际中文教育助力中华文化传播全面发展 ……… 41
二、国际中文教育为文化传播提供理论支持 ………… 42
三、国际中文教育推动文化传播人才培养 …………… 43
四、国际中文教育拓展传播合作力量 ………………… 45
五、国际中文教育为文化传播设定标准和目标 ……… 46

第三节 中华文化传播活动呈辐射发展特征 …………… 49
一、语言体验活动试推行阶段 ………………………… 49
二、文化体验活动试推行阶段 ………………………… 50
三、文化体验活动正式推行阶段 ……………………… 50
四、成熟模式下全方位文化传播阶段 ………………… 50

第二章 中华文化传播活动关键问题探究 …………… 55

第一节 中华文化传播活动内容 ………………………… 55
一、关注中华文化普世价值 …………………………… 56
二、凸显中华文化核心精髓 …………………………… 56
三、传播当代社会生活和科技成就 …………………… 58

第二节 中华文化传播活动特点 ………………………… 61
一、多元性与丰富性 …………………………………… 61
二、互动性与默化性 …………………………………… 62
三、实践性与体验性 …………………………………… 62
四、普及性与教育性 …………………………………… 63

第三节 中华文化传播活动路径 ………………………… 64
一、传播路径 …………………………………………… 64

二、传播风格 …………………………………………… 66

第四节　中华文化传播活动效果评估 ………………………… 67
　　一、中华文化传播活动效果研究 ……………………… 67
　　二、中华文化传播活动效果评估体系研究 …………… 69

第五节　中华文化传播活动原则 ……………………………… 71
　　一、紧迫性原则 ………………………………………… 71
　　二、本土性原则 ………………………………………… 72
　　三、层次性原则 ………………………………………… 74
　　四、成熟性原则 ………………………………………… 77

第三章　中华文化传播活动开展类型 ………………… 82

第一节　中华文化传播活动类型构建 ………………………… 82
　　一、类型构建意义与原则 ……………………………… 82
　　二、前人总体类型划分 ………………………………… 83
　　三、本研究类型框架构建 ……………………………… 86

第二节　文化实践类活动类型 ………………………………… 87
　　一、文化实践类活动前人研究 ………………………… 87
　　二、文化实践类活动类型构建 ………………………… 89

第三节　文化赛事类活动类型 ………………………………… 93
　　一、文化赛事类活动前人研究 ………………………… 94
　　二、文化赛事类活动类型构建 ………………………… 95

第四节　文化推广类活动类型 ………………………………… 98
　　一、文化推广类活动前人研究 ………………………… 98
　　二、文化推广类活动类型构建 ………………………… 100

第四章　文化实践类活动组织与实施 ········ 110
第一节　文化实践类活动意义及分级 ········ 110
一、文化实践类活动意义 ········ 110
二、文化实践类活动分级 ········ 112

第二节　夏令营活动 ········ 113
一、泰国夏令营活动 ········ 113
二、华裔学生寻根之旅夏令营 ········ 114

第三节　汉语角活动 ········ 116
一、汉语角活动由来 ········ 116
二、汉语角活动意义 ········ 117
三、海外高校汉语角活动 ········ 118
四、国内高校汉语角活动 ········ 119

第四节　语言文化实践汇报展演 ········ 124
一、语言文化实践汇报展演特点 ········ 124
二、语言文化实践汇报展演意义 ········ 125
三、语言文化实践汇报展演内容 ········ 125

第五节　贵州黔北文化研学活动 ········ 128
一、文化研学活动背景 ········ 128
二、文化研学活动内容 ········ 129
三、文化研学活动影响 ········ 131

第五章　文化赛事类活动组织与实施 ········ 135
第一节　文化赛事类活动背景及意义 ········ 135
一、文化赛事类活动开展背景 ········ 135

二、文化赛事类活动意义 …………………………… 136
第二节　综合类文化赛事典型案例 ………………………… 139
　　一、汉语桥比赛基本情况 …………………………… 139
　　二、汉语桥比赛题型设计 …………………………… 140
　　三、汉语桥比赛文化内容 …………………………… 145
第三节　单项类文化赛事典型案例 ………………………… 147
　　一、"国际好声音"唱歌比赛 ……………………… 147
　　二、国际学生辩论赛 ………………………………… 151
　　三、文化视频类赛事 ………………………………… 158

第六章　文化推广类活动的组织与实施 ……………… 164
第一节　文化推广类活动特点 ……………………………… 164
　　一、活动主体丰富多样 ……………………………… 165
　　二、活动范围十分广泛 ……………………………… 165
　　三、国别区域差异较大 ……………………………… 165
　　四、影响因素较为多元 ……………………………… 166
第二节　开放日活动 ………………………………………… 166
　　一、孔子学院日 ……………………………………… 166
　　二、海外开放日 ……………………………………… 169
第三节　国际文化节 ………………………………………… 172
　　一、国际文化节创设缘由 …………………………… 172
　　二、国际文化节总体情况 …………………………… 173
　　三、国际文化节个案调查 …………………………… 175
第四节　汉字文化周 ………………………………………… 179

一、汉字文化周功能与特点 …………………………………… 179
　　二、汉字文化周个案调查 ……………………………………… 180
　第五节　瓷器嘉年华 …………………………………………… 183
　　一、基本情况 …………………………………………………… 184
　　二、前期准备 …………………………………………………… 185
　　三、活动内容 …………………………………………………… 186
　　四、活动预算及活动用具 ……………………………………… 189

第七章　各区域中华文化传播活动情况调查 ………………… 192
　第一节　亚洲国家文化活动调查 ……………………………… 192
　　一、越南文化活动 ……………………………………………… 192
　　二、泰国文化活动 ……………………………………………… 199
　第二节　英美国家文化活动调查 ……………………………… 203
　　一、英国文化活动 ……………………………………………… 203
　　二、美国文化活动 ……………………………………………… 214
　第三节　非洲国家文化活动调查 ……………………………… 223
　　一、非洲中文教育发展背景 …………………………………… 223
　　二、非洲孔子学院文化活动个案分析 ………………………… 224

第八章　各区域中华文化传播活动发展研究 ………………… 237
　第一节　国别区域文化活动发展特色 ………………………… 237
　　一、亚洲地区 …………………………………………………… 237
　　二、欧洲地区 …………………………………………………… 240
　　三、北美地区 …………………………………………………… 242

四、非洲地区 ································ 244
　第二节　国别区域文化活动影响因素 ················ 246
　　一、双边关系紧密度 ···························· 246
　　二、社会文化亲和度 ···························· 247
　　三、中文传播影响度 ···························· 249
　第三节　国别区域文化活动发展建议 ················ 251
　　一、亚洲地区 ································ 251
　　二、欧洲地区 ································ 253
　　三、北美地区 ································ 255
　　四、非洲地区 ································ 256

第九章　中华文化活动资源开发与配置 ················ 261
　第一节　国内文化活动资源开发与配置 ·············· 262
　　一、商业店铺景观资源 ·························· 263
　　二、民族文化资源 ······························ 265
　第二节　海外文化活动资源开发与配置 ·············· 268
　　一、美国小学社区文化资源 ······················ 269
　　二、英国大学周边汉语文化景观 ·················· 275
　第三节　其他文化资源开发与配置 ·················· 278
　　一、中华文化体验中心 ·························· 279
　　二、中华文化实践基地 ·························· 280
　　三、网络文化活动资源 ·························· 281

第十章　中华文化传播活动能力培养 286

第一节　能力培养的重要性 286
一、中华文化传播人才较为匮乏 286
二、国际中文教育硕士培养方案提出要求 287
三、中华文化传播课程设置有待完善 288

第二节　组织协调能力的培养 289
一、赛前准备阶段 289
二、模拟训练阶段 291
三、实战参与阶段 291

第三节　文案书写能力的培养 294
一、文案写作能力的重要性 294
二、文案书写能力培养方式 295
三、文案写作案例分析——中秋节晚会策划书 296

第四节　外语传播能力的培养 299
一、能力框架设置 299
二、课程性培养 301
三、实践性演练 304

第五节　资源利用能力的培养 305
一、增设资源整合利用类课程 305
二、重视资源整合利用案例分析 306
三、加强资源整合利用经验交流 306
四、融入当地社会文化教育情境 307

第十一章　总结与思考 ·· 309
第一节　站位提升：建立文化传播活动的使命感 ········· 309
第二节　分众发展：挖掘文化传播活动的多向度 ········· 311
一、国际中文教育的发展程度 ························· 311
二、文化距离的远近关系 ······························ 312
三、所在国对文化的接纳度和包容度 ················· 312
第三节　本土面向：增强文化传播活动的渗透力 ········· 313
一、传播策略："以我们为中心" ····················· 314
二、传播主体：多元合作与社会参与 ················· 315
三、传播内容：主题的多样性与现实性 ··············· 316
四、传播受众：持续关注受众反应的多元性 ·········· 317
第四节　人才培育：提升文化传播活动的驱动力 ········· 318
一、积极培养国内复合型传播人才 ···················· 319
二、努力培养本土文化传播人才 ······················ 320
第五节　路径拓展：拓展文化传播活动的辐射力 ········· 321
一、坚守"文化在场"的传播优势 ···················· 321
二、发挥"文化离场"的传播效率 ···················· 322

后　记 ·· 327

图表目录

图0-1　拉斯韦尔传播理论"5W"要素示意图 ………… 15
图0-2　教育生态学内部系统与外部系统关系示意图 ………… 18
图0-3　中华文化传播领域文化符号研究占比数量 ………… 23
图0-4　研究思路示意图 ………… 30
图3-1　文化实践类活动三维视角 ………… 90
图3-2　国际学生参观联想集团留言 ………… 92
图4-1　全球首届海外华裔青少年中国诗词大会夏令营 …… 115
图4-2　美国S大学汉语角活动 ………… 117
图4-3　参观湄潭县茶海 ………… 130
图5-1　国际好声音大赛宣传海报 ………… 150
图6-1　孔子学院总部活动日标志 ………… 168
图6-2　波兰小学开放日 ………… 170
图6-3　英国爱丁堡大学孔子学院开放日 ………… 170
图6-4　美国北卡州Onslow学区D中学汉字文化节活动 …… 179
图6-5　瓷器主题嘉年华活动 ………… 184
图6-6　瓷器嘉年华活动前期准备流程图 ………… 185
图6-7　瓷器嘉年华活动海报、请柬及印章设计图 ………… 190
图7-1　越南河内大学戏剧脸谱彩绘体验活动 ………… 195

图7-2	越南河内大学"中国文化周"书法体验活动 ………	199
图7-3	伦敦中医孔子学院春节巡演活动 ……………………	208
图7-4	爱丁堡大学孔子学院茶艺活动（图中为本书第二作者） ……………………………………………………	213
图7-5	美国L大学举办打太极拳活动 ……………………	217
图7-6	第十四届埃及大学生中文诗词朗诵表演大赛现场 …	225
图7-7	阿萨德大学孔子学院文化活动统计图 ……………	231
图7-8	温雅得第二大学孔子学院喜迎中国龙年活动 ………	233
图8-1	菲律宾小朋友近距离体验中国文化 ………………	239
图8-2	泰国学生表演的泰国民族舞蹈 ……………………	240
图8-3	爱丁堡中国旗袍时装秀 ……………………………	241
图9-1	第一作者（左一）在山东大学传统文化研究与体验基地参观 ………………………………………	281
图10-1	国际学生语言文化赛事培训组织架构 ……………	290
图10-2	"用英语传播中国故事"能力框架构成 …………	300
图10-3	故事题材选取示意图 ………………………………	302

表1-1	《国际汉语教师标准》对"中华文化传播"能力的要求	43
表1-2	《参考框架》文化目标、认知目标与情感目标及技能目标 ……………………………………………………	47
表3-1	文化实践类活动性质分类 …………………………	90
表3-2	文化实践类活动内容分类 …………………………	92
表3-3	部分单项类赛事经典案例 …………………………	95
表3-4	海外文化推广类活动类型划分 ……………………	100

表4-1	S大学汉语角活动具体步骤	120
表4-2	贵州黔北研学活动内容一览表	129
表5-1	第三届"在华留学生汉语桥大赛"不同阶段文化考点	141
表5-2	第五届"在华留学生汉语桥大赛"决赛题目	142
表5-3	国际好声音大赛各阶段赛制	148
表5-4	自由辩论阶段模拟问题	155
表5-5	文化视频类活动举例	158
表5-6	"视谈中国"大赛作品主题	160
表6-1	孔子学院总部开放日活动	167
表6-2	高校国际文化节情况调查举例	174
表6-3	M大学第六届国际文化节各国活动内容	176
表6-4	K学校汉字文化周之"汉字任务"	182
表6-5	瓷器嘉年华活动其他准备工作示例	186
表6-6	瓷器嘉年华活动预算一览表	189
表7-1	越南中华文化传播活动形式	194
表7-2	越南河内大学中华文化传播活动（不完全统计）	196
表7-3	2021年朱拉隆功大学孔子学院部分活动汇总表	202
表7-4	2021年朱大孔院部分学术研究活动汇总	202
表7-5	伦敦中医孔子学院文化传播活动一览表	206
表7-6	爱丁堡大学孔子学院文化活动类型（2007—2022）	209
表7-7	爱丁堡大学孔子学院文化活动符号统计表	211
表7-8	美国高校中华文化传播活动分布情况	214
表7-9	美国高校中华文化传播活动类别分布	215
表7-10	部分美国高校定期性文化活动情况举例	216

表7-11　美国高校临期性文化活动情况举例 …………… 217
表7-12　P大学中华文化传播活动重要类别…………… 220
表7-13　P大学特色文化传播活动举例………………… 221
表7-14　阿萨德大学孔子学院文化活动统计表（2017—2019） 228
表7-15　阿萨德大学孔子学院文化活动统计表（2021—2022） 230
表7-16　喀麦隆温雅得第二大学孔子学院特色文化活动调查 233
表9-1　Z大学周边商业景观行业类型统计表 …………… 264
表9-2　美国固定社区文化资源整合与利用情况调查统计表 270
表9-3　美国非固定社区文化资源整合与利用情况调查统计表 271

绪　论

第一节　研究背景与研究价值

一、研究背景

（一）文化传播促进人类文明多样性发展

1. 多样性是世界文明的主要特征

"文明是多彩的，人类文明因多样才有交流互鉴的价值"（王克群，2014）。2005年联合国教科文组织发布《保护和促进文化表现形式多样性公约》，公约指出人类发展的历史是文化相互交流借鉴的历史。任何一种文化都有其独特个性和存在的意义，每一种文化类型都是人类共同缔造的世界文化宝库中的重要组成部分。美国人类学家博克说："多样性的价值不仅丰富了我们的社会生活，而且为社会的更新和适应性变化提供了资源。"提倡文化多样性，可以破除发展中国家就现代性所创造的多元地方性知识的交流藩篱（姜飞、张江浩，2024）。一种文化就如同一种基因，多基因的文化使世界具有更广阔的发展前景（郑园园，2005）。

2. 历史上中华文化为世界文化多元发展做出贡献

中华文化之所以能够在世界文化史上占有显著地位，在于其多方位的广泛交流以及在海外广泛而持久的传播所产生的重大影响。从中华文化对外交流的历史来看，在其成长进程中始终秉承全面开放的广阔胸襟和兼容世界文明的恢宏气度，与世界各国、各民族进行广泛而深入的文化交流。尤其是从公元3世纪到16世纪，中外交流十分昌盛，中国高度发达的古代文化在世界文化体系中独树一帜。在中西文化交流的过程中，中国始终处于主动、保持着文化发展的优势地位。

中华文明一方面吸收并接纳其他众多文化的营养，广泛地输入和融合世界各民族的文化，使自身文化体系保持着旺盛的活力；另一方面，中华文明的优秀成果也吸收和融入于其他的文化体系，为其他文化体系的发展提供了源源不断的活力和激发动力（武斌，2022）。中华文化在世界各地的广泛传播对世界文化的发展产生了深远的影响，赋予了中华文化世界性的意义，也使其成为一种世界性的文化形态（许倬云，2006）。这种开放性使中华文化在对外传播和输入机制方面始终保持生命力，也为全球文化多样性做出了重要贡献。

3. 改革开放后中华文化依然保持对外交往的活力

改革开放后，中华文化对外继续开启大门，保持健全的文化交流态势。海外对中华文化传播的态度也经历了不同阶段。20世纪80年代，中国国门刚刚打开，外界急迫地想了解中国到底是怎样的国家。这一阶段，中华文化在海外掀起了一定的热潮。但传播受众带有较为明显的优越感，用相对俯视的眼光审视中华文化。第二个阶段是20世纪90年代，中国国力迅速增强，使得中国巨大的市场充满着吸引力。如果不了解中国，国际贸易势必蒙受损失，甚至失去一席之地。这一时期，海外带着经济利益的诉求来看待中国文化传播。进入新世纪，中国经济崛起成为中华文化传播的重要因素，而综合国力的加强又引发了世界对中国、中国模式和中华文化的再次关注。

4.新时期中华文化对世界文化多样性具有重要意义

多样性是以承认文化差异的存在为前提的,即承认不同文化圈中的人们所奉行的思想具有不同的类型和取向。双方既可以保持自我文化,又可以改变文化自我。文化的交流、传播与整合促进了文化多样性的发展,可以使得生活在不同文化中的人们得以相互学习与相互理解。

中华文化具有鲜明的民族特点,在人类文明发展的长河中具有独特的价值。中华文化作为与西方文化不同的东方文化形态的代表,可以弥补西方文化思维之不足,提供一种全新的观察世界的东方视角,贡献东方文化智慧(曲慧敏,2012)。当今,推动中华文化走出去,可以丰富人类文明的色彩,让世界各国人民享受更有选择的精神文化生活(赖风,2021)。

(二)文化传播已成为当今时代的需求及发展趋势

1.当今社会文化传播依然体现文化的重要特质

自文化诞生以来,文化传播就如影随形、无处不在并生生不息,塑造和影响着我们的生活方式和认知。传播是文化的内在属性和基本特征,一切文化都是在传播的过程中得以生成和推进的。文化一经产生就伴随着向外"扩散"和向周边"传递"的动力,文化的差异性、社会性和符号性决定了文化传播"势所必然"且成为可能。威尔伯·施拉姆(Wilbur Schramm)认为文化传播使社会得以形成;查尔斯·科利(Charles Coughlin)认为文化传播是"人类关系赖以存在和发展的机制,是通过空间传达它们及通过时间保存它们的手段。"爱德华·萨丕尔(Edward Sapir)认为,每一种文化形式和每一社会行为的表现都在某种程度上涉及了文化传播(周晓明,1990)。这些论述都表明文化传播具有可能性、普遍性,并在社会发展中发挥重要作用。

2.当今时代文化传播已达到全球性传播的广度

庄晓东在《文化传播：历史、理论与现实》一书中指出，我们谈论文化传播，也就是谈论文化和我们与世界的关系。

进入21世纪，我们身处于充满文化交流与碰撞的时代，文化传播已全面渗透人类的社会和生活。全球化是人的社会关系的世界化，是人的社会交往的世界化，更为文化的交流与融合提供了前所未有的机遇，重新绘制着当今世界的文化版图。继政治全球化和经济全球化之后，文化全球化已经成为国际社会发展的重要趋势，并成为当今文化研究的重要议题，因此需要运用全球性的思维对此进行思考和审视。一种文化无论曾经多么的丰富、多么的先进，如果与外部世界相隔绝，不仅难以保持自我更新和自我完善的生命力，也不可能获得全球性和世界性的文化价值和意义。因此应通过全球性的文化传播，努力做到人类学所阐释的破除偏见的主要方式——"将陌生熟悉化"。

3.当今社会文化传播已达到前所未有的强度

文化传播是人类存在和发展的产物。在现代技术的助推之下，文化传播不仅在速度和广度方面达到了令人惊叹的地步，其强度和影响力更是达到了前所未有的程度，深刻地改变着人类自身和人类周遭的世界。全球范围内经济资源与文化资源的高速流动和扩散强度的不断加深，使得文化重组和整合也愈加复杂和频繁，文化发展呈现出既高度融合又高度分化的趋势。高强度、高速度和高广度的传播强化了不同文化体的价值追求和理念认同，也使得文化发展的整体性、关联性、动态性不断增强。

（三）文化传播是提升国家软实力的重要支撑

1.文化传播是提升国家文化软实力的重要基础

"软实力（soft power）"是与"硬实力（hard power）"相对的概念，最早由美国学者约瑟夫·奈于1990年在《大西洋月刊》(The Atlantic Monthly)中提出,随后在其著作《注定领导世界：美国权利性质的变迁》(Bound to Lead: The Changing Nature of American Power)和《软力量：世界政治中的制胜之道》(Soft Power: The Means to Success in World Politics)中加以详细阐释。作者认为,一个国家的综合国力由"硬实力"与"软实力"两种要素有机结合组成,其中"软实力"指一个国家依靠政治制度的吸引力、文化价值的感召力和国民形象所释放出来的亲和力。文化软实力关系到国家通过制度、思想意识形态等精神性方面所显示出的国际影响力,可以吸引民众,使他者达到你所期望的目标,而不是迫使他们做出改变(徐稳,2013)。当前世界,国际竞争更多的是通过意识形态领域、文化产品、思想观念输出等方面的软实力来体现的,而文化传播正可以扩大国家的文化软实力及文化影响力。

2.中华文化在国际上处于严重的入超状态

中国经济表现出的爆发力引发了全球对中国模式和中华文化的广泛关注。尽管中华文化底蕴深厚,独具魅力,但我们还是不得不面对一个现实,就是当前中华文化在世界舞台上尚未取得相应的地位和影响力,中华文化的核心价值理念尚未在全球范围内得到准确、有效的传播。当今中华文化的对外交流和传播与我国的实力不相符合,与大国的文化地位不相符合,可以说处于严重的入超地位,"文化入超"与"经济出超"形成鲜明的对比。中国经济要实现真正之崛起,必须弥补文化之短板(曲慧敏,2012)。

同时,以西方为主体的世界文化格局形成了"中心—边缘"的文化态势和世界文化传播的能量走向,导致中外文化传播存在较为明显的信息不对称现象。上述复杂局面导致世界上一些人对中华文化的核心理念不但不理解,甚至还存在着严重的误解(单波，2017）。

3. 中华文化传播有助于提高国家文化影响力

文化传播是提升中国国际话语权的重要途径，中华文化的国际传播已上升至国家战略层面。党的十八届三中全会提出"推动中华文化走向世界"，习近平总书记在二十大报告中也强调，要不断提高国家文化软实力和中华文化影响力，提炼中华文明精神标识与文化精髓，推动其更好地走向世界。在中共中央政治局第十二次集体学习时，习近平总书记再次强调加强国际传播能力建设，为中华文化的全球传播指明了方向（欧阳雪梅，2015）。《"十四五"规划和2035年远景目标纲要》也明确提出要增强中华文化影响力。

作为拥有悠久历史和丰富文化遗产的国家，中国具备向世界传播文化的独特资源和基础。中华文化的"走出去"不仅有助于赢得国际话语权和提升参与全球体系的能力，还可以展示更多富有中国特色、体现中国精神和智慧的优秀文化。文化传播既是对中华文化的传承与弘扬，也是文化自我审视与发展的契机。

在全球交流日益频繁的当下，传播中华文化、建立中国文化品牌、促进世界文化繁荣，已成为重要且紧迫的课题。

（四）国际中文教育助力中华文化更好地走向世界

1. 国际中文教育迅猛发展

进入21世纪，我国经济迅猛发展，综合国力不断提高。2010年我国超越日本成为世界第二大经济体，成为全球化市场中不可或缺的重要力量。随着中国国际地位的显著提升，全球对中国发展也给予了极大的关注。

在这一背景下，越来越多的人开始认识到学习汉语和了解中华文化的重要性，国际中文教育作为一项事业和学科，均呈现出蓬勃发展的势头。来自中华人民共和国教育部的数据显示，全球范围已经有190多个国家和地区开展中文教育项目。汉语正在逐步纳入85个国家的国民教育体系①，海外正在学习中文的人数超过3000万（柴如瑾等，2023）。

2. 孔子学院助力中华文化传播

国际中文教育在中华文化传播、国家形象塑造方面发挥着不可替代的积极作用（朱勇、张舒，2018）。在全球范围内推广汉语和中华文化，也是中华文化国际传播战略的重要举措。孔子学院的成立，成为这一战略的重要里程碑。

2004年，作为全球民众学习汉语和中华文化的主要机构，第一家孔子学院应运而生，为中外民心相通和文明交融发挥了促进作用，也标志着中国与各国之间的人文往来迈向了新的阶段。作为集汉语教学、文化传播及文化交流于一身的综合平台，孔子学院通过开展多层次的文化传播活动，激发了受众学习汉语的动机，更让世界各地的人们深入了解了中国的历史和文化，了解了当代中国的政治和经济制度，了解了中国"仁""礼"的普世价值。这些努力对于消除西方社会对中国的偏见与误解，消弭冲突，发挥了积极的作用。

3. 中华文化传播活动逐渐兴起

随着国际中文教育的不断完善以及"中国文化走出去"战略目标的推进，中华文化传播活动日益受到关注。中华文化海外传播活动是国际中文教育视域下的跨文化传播行为，是多主体共生共融的教育活动。文化活动可以帮助学习者理解该语言所包含的文化的人，欣赏讲该语言的人群，培养学习者具有在不同社会环境中与他人交往的能力以及超越本民族习俗局限观察问题的能

---

① 中华人民共和国教育部官方网站：《中文服务世界 开放引领未来——二〇二三世界中文大会观察》，2023年12月11日，http://www.moe.gov.cn/jyb_xwfb/s5147/202312/t20231211_1094074.html

力,从而在未来更积极地参与全球社会活动。

在中国式现代化进程中,国际中文教育在中华文化传播中应承担推介中国智慧、中国方案和展现中国力量的时代使命。

(五)中华文化传播活动是文化国际传播的重要方式

中华文化传播活动是推动中华文化国际传播的重要载体。在经济全球化和文化多元化的今天,中华文化传播活动是"国家意志的柔性传播"(刘乃京,2022)。中华文化传播活动的开展有利于传播中国故事、加强汉语国际推广,在促进中华文化与各国文化多边互动中发挥独特的优势。文化传播活动可以跨越来自不同文化圈的文化差异,在不同国家、不同文化间创设相对宽松、适切的交往环境,搭建可以沟通的文化纽带,使具有差异性的文化间可以相互理解和融通,从而增进不同文化圈的互相了解并拓展国际交往的层次与深度。

中华文化传播活动是展示中华文化的重要途径及窗口。直观、生动的文化活动能够打破语言和文化的障碍,使外国受众更为深入地了解中国当今社会的飞速发展,也可以使世界各地的人们直观地看到一个包容开放、兼容并蓄的美好中国。

二、研究价值

(一)理论价值

对中华文化传播活动进行整合性研究。以往研究多散见于各学术文章及研究生毕业论文,针对某些问题进行或宏观或微观的探究。本书尝试运用专著的篇幅对该领域进行整合性探究,合力破解国际教育中文视阈下中华文化传播活动领域理论与实践问题。

提出诸多具有原创性和融通性的观点。系统分析国际中文教育领域不同类型的文化活动,深入挖掘和展现中华文化的多样性和丰富性，以促进对中华文化传播活动内涵的全面把握和时代解读，包括历史脉络、核心价值、活动形式及社会意义，从而丰富中华文化传播的研究内涵。

深化中华文化传播领域的理论研究。针对中华文化传播活动，以往学界多从传播学、跨文化交际、国际关系等角度进行探究。本研究从国际中文教育的角度，系统分析其概念、特征、原则、内容、路径等内容，对各类型、各区域活动进行层次性梳理，对文化传播能力培养提出理论思路与学术见解。

（二）实践价值

为中华文化传播活动顶层设计提供决策依据。本研究在梳理研究背景、分析理论基础、阐释核心概念，对关键理论问题进行阐释和分析的基础上，运用多元研究方法对中华文化传播活动多类型、多区域的具体情况进行广泛而深入的调查，提炼出应对对策，并对师资能力培养及未来走向提出具体而明确的思路。

为各国中华文化传播活动的组织实施提供重要参考。本研究对各国中华文化传播活动的组织和实施进行分析，有利于提升国际中文教育视阈下中华文化传播活动的效能。通过对不同类别文化传播活动的调查研究，可以更加明确哪些活动形式更受欢迎、哪些传播渠道更为有效，以及如何更好地利用现代科技手段增强传播效果，进而提出改进措施和创新策略。

为国家语言文化对外推广战略目标的实施提供动力。在全球化的背景下，文化传播活动作为国际中文教育和中华文化国际传播战略的重要组成部分，扮演着不可或缺的角色。深入研究文化传播活动，可以为制定和实施更有效的文化传播战略提供科学依据和实用指导，更精准地定位目标受众，优化传播策略，提升传播效果。在一定程度上为国家语言文化对外推广战略目标的实施提供动力，深化国家语言文化在全球范围内传播的广度和深度。

为国家中华文化传播人才培养提供思路。目前，中华文化传播及传播活动人才培养模式在课程设置、师资力量等方面存在不足。课程设置方面，往往过于注重理论知识的传授，而忽视对实践操作能力的培养；师资力量方面，较为缺乏具备文化交际能力和丰富实践经验的专业教师。这些不足导致培养出来的传播人才难以满足时代的需求。本研究认识到中华文化传播人才培养的重要性和紧迫性，尝试提出适应时代发展需要和中华文化传播特点的培养思路，即注重理论与实践相结合。

第二节　相关概念与研究回顾

一、相关概念

（一）文化及中华文化

"文化"是一个涵盖广泛的概念。在人类社会发展的进程中，随着对自身生活和社会现象思考的深化，人类对文化的认识也逐渐拓展和丰富，众多学者形成了对文化的多种理解和解释。公认的最具代表性的文化定义是1871年英国人类学家爱德华·泰勒（Edward Tylor）在其著作《原始文化》中提出的界定，即文化"是一个复合整体，包括知识、信仰、艺术、道德、法律、习俗以及任何人作为社会成员所获得的能力和习惯。"文化的基本要素是传统思想观念与价值，其中尤以价值观最为重要。

以往学者对文化的定义不尽相同，主要有两个视角。第一种视角是从全人类出发，强调人类与自然界之间的区别；第二种是从文化主体视角对不同的文化实践进行分析，注重人类群体之间的差异（戴晓东，2011）。也有学者从文化软实力的角度来定义文化:这种具有动态性的、不断发展变化的、作为"人化"过程的文化过程本身,实际上也就是某一个民族国家通过充分开发和发挥其特有的文化所具有的吸引力,潜移默化地对其他民族国家及其具体成员的精神世界施加特定影响的过程(霍桂桓,2009)。

我们可以将文化理解为某一群体(及成员)独特的生活方式,包括日常活动、风俗习惯、语言、思维方式、传统、规范、信仰、价值观等。文化能够对该群体(及其成员)的行为产生影响,并能够对该群体(及其成员)的行为做出解释。

中华文化对于中国人的生成和发展起着决定性的作用,主要包括中国人特有的文化符号,如语言、书法、绘画;中国人特有的核心价值观,包括世界观和人生观;中国人特有的风俗习惯和生活方式及生活价值取向;还有中国人独特的社会交往方式和生产方式,以及民族、集体和社会的文化认同。其中所蕴含的思想精神和情感,尤其是数千年来积淀形成的观念体系,是中华文化走出去的核心和灵魂。本研究的"中华文化"指的是中华民族在社会历史实践过程中所创造的物质财富和精神财富的总和,包含中国传统文化、现代文化和当代文化等。

(二)中华文化传播

1. 文化传播

人类文化和人类社会不是一个凝固的实体,而是一个不断流动、演化着的生命过程,是一个发展变动的变迁过程。文化传播(cultural diffusion)正是基于这一态势而自然产生出来的社会文化现象,是人类存在和发展的表征和特点(周晓明,1990)。

文化传播是文化人类学中的概念,最早由德国学者Leo Frobenius提出,指的是文化项目(如观念、风格、宗教、科技、语言)等在不同文化背景的个人、组织、社群、国家之间的交流和传播（Edward T. Hall，Mildred Reed Hall，1987）。文化传播既可以是一种文化内部的传播和流动，也可以是一种文化向另一种文化的传播，即文化间的传播。文化传播涉及全球范围内的符号、商品和人际关系的交流，是以文化信息为媒介内容的传播，是人类交流的特殊形式（吴信训，2008）。文化传播不仅能够通过吸收异质文化促进自身发展，还能彰显出国家的软实力，提升国家的国际影响力（许有胜，2021）。

2. 中华文化传播

中华文化传播与本研究探讨的主题——中华文化传播活动之间存在着密不可分的关系。本研究所指的中华文化传播是中华文化向其他文化生命体进行的文化传播，是通过借助文化活动及不同媒介、形式和途径，在世界范围内的扩散，是中华文化逐渐为世界所了解、接受的过程，也是逐渐对不同文化背景的群体产生影响的过程。中华文化传播的主体不仅是中国人，也包括了解中华文化的外籍人士。在全球范围内通过各种方式和渠道进行的传播和交流，内容涉及语言、文字、艺术、历史、哲学等多个文化领域，还包括中华文化的核心价值、道德观念、生活方式等方面的传递。从中华文化海外传播的历史来看，接受方的文化处于结构性变动，或内部要求变革的因素活跃时，往往对接受外来文化采取相对积极主动的态度，文化的传播也往往会产生较大的影响。

（三）中华文化传播活动

中华文化传播和中华文化传播活动是相互依存、相互促进的关系（景高娃，2017）。活动是社会情境的缩影，具有一定的交互性、外显性和情境性。文化活动是非常复杂的社会群体互动，是为满足人类精神需求、传递文化信息而产生的社会现象，涉及活动的目的、组织、内容、形式等。文化传播活动除涉及一般文化活动的要素，还涉及传播施、受双方等多种社会文化情境和要素。

国际中文教育领域的中华文化传播活动具有一定的特殊性，其定义和内涵有别于传播学视阈和外交领域的定义，形式和分类也略不同，目前尚未有较为权威和被广泛接受的定义。

本研究认为，中华文化传播活动是一项以传播中华文化为目的、依托特定的语言文化教育机构（如孔子学院或孔子课堂），借助组织系统的力量所进行的面向大众的有计划、有规模、有秩序、有目的的社会协调活动和信息传播活动，活动注重传播效果和持续的影响力（杨琳、申楠，2012等）。当然，随着信息化时代的发展，国际中文教育机构面向汉语学习者及远方受众开展的网络媒体文化传播活动也日益兴盛。

（四）国际中文教育

"国际中文教育"这一概念，是在全球化加速和"汉语热"持续升温的背景下，为适应海内外汉语作为第二语言（或外语）教学发展的新形势而提出的，是面向全球范围将中文作为第二语言的学习者的教育领域。既包含了教学实践，也涵盖了相关的学术研究。教学对象为母语非汉语的外国人、母语或第一语言非汉语的华侨华人及其后裔。国际中文教育既可以作为国际中文教育事业的重要组成部分，也可以作为独立的学科而存在，保持了事业和学科名称的统一性。

国际中文教育由"对外汉语教学"和"汉语国际教育"演进而来，经历了几个不同的发展阶段。发端于20世纪50年代的"对外汉语教学"主要关注来华留学生的汉语教学（崔希亮，2010）。进入21世纪，随着汉语教学的全球布局，迎来了"汉语国际教育"时期（吴应辉，2010）。新世纪以来教学规模迅速扩大，"走出去"的分量加重，从而更多地关注海外汉语教育情境，于是人们又赋予了它"文化传播"的重任（戴昭铭，2020）。

2019年12月9日，国际中文教育大会召开，吸引了来自160多个国家的1000余名中外代表，共同聚焦"新时代国际中文教育的创新和发展"。国际中文教育学科转型也由此完成。

关于"国际中文教育"的概念内涵，郭熙和林瑀欢（2021）、王辉（2022）、曹贤文（2023）等学者认为国际中文教育是中文在全球的传播与传承，包括国内的对外汉语教学、海外的国际中文教学和海外华文教育。李宝贵（2024）指出，国际中文教育是指多元主体通过各种途径，在全球范围内开展的中文（华文）及其相关文化的教育。可见，学科内涵是以汉语教学为基础和核心的中华文化的国际教育（张建民，2018），学科助力中华文化国际传播也已成为共识。

如今国际中文教育在全球范围内取得了丰硕的成果，具有广泛的影响力和发展潜力。它不仅是中华文化传播的重要途径，也是促进国际交流和理解的重要桥梁。随着全球中文学习者的不断增加和政策支持的加强，国际中文教育的未来会更加光明。

二、相关理论

（一）拉斯维尔传播理论

国际中文教育视阈下的中华文化传播在某种程度上属于跨文化传播范畴。在该领域，具有代表性的理论之一是美国政治学家、传播学学者拉斯维尔（H.Lasswell）于1948年在《传播在社会中的结构与功能》一文中首次提出。作者阐释了传播过程的五种基本要素，后来被称为"5W"理论或"拉斯维尔跨文化理论"。

五个W分别是英语中五个疑问代词的首字母，即：Who（谁/传播主体）、Says What（说了什么/传播内容）、In Which

Channel（通过什么渠道/传播渠道）、To Whom（向谁说/传播对象）以及With What Effect（有什么效果/传播效果）。五W要素是传播学研究的五个基本内容，即主体分析、内容分析、媒介分析、受众分析和效果分析。

拉斯维尔"5W"理论首次将传播活动明确表述为由五个要素构成的过程，为理解传播过程的结构和特性提供了具体的支点。该理论认为文化传播过程不仅仅是信息的单向传递，更是复杂的双向互动的过程和撞击的过程，以及矛盾发生的过程和问题解决的过程。传播方和接受方一旦接触和交流，对外来文化的解读、内化和诠释便会产生。因此，传播活动具有影响他者的力量。

这一理论不仅为研究传播活动提供了一个系统化的框架，也为我们更好地理解传播过程中的各种动态提供了理论依据。

| Who（传播者） | Say What（信息） | In Which Channel（媒介） | To Whom（受众） | With What Effects（效果） |

图0-1 拉斯韦尔传播理论"5W"要素示意图

（二）符号互动理论

当今世界，人们不仅生活在物理宇宙之中，更生活在符号宇宙中。语言、神话、艺术和宗教等是这个符号宇宙的组成部分，是织成符号之网的丝线（恩斯特·卡希尔，2003）。人类行为高度依赖于符号的作用，通过符号来"给予意义"。

符号互动理论（Symbolic Interactionism）通过符号意义上的赋予和互动行为的建构，为文化传播活动研究提供了新的角度。该理论是美国社会学芝加哥学派的主要理论成就之一，被认为是社会互动理论的重要学说，由美国著名社会学家赫伯特·布鲁默（Herbert Blumer）在《人与社会》一书中正式提出，是一种通过分析环境中人们的互动来研究人类群体生活的社会学理论派别。

符号化是符号互动理论的重要内容。客观事物在人的视角下获得意义即是符号化，符号化发生于事物获得了超出它作为自在与自我之物的个别存在的意义时，是人对感知到的存在进行意义解释、意义赋予的过程。符号互动理论基于符号学、社会学和传播学，强调人的行动是建立在符号概念之上的，是以符号为媒介的相互作用行为。行动的意义是人们在互动过程中主观给予的，但符号的意义随个人与情境而变化，具有不同的诠释，并由此产生相应的结果。总之，人们的行为就是符号行为，人们之间行为的相互作用与相互影响实际上就是符号的交互作用（渠改萍，2010）。

社会学家托马斯提出的"情境定义"（Definition of Situation）进一步丰富了符号互动理论。"情境定义"是个体对所处情境的认识和理解过程，人们会对具体情境中的符号进行个人解释或定义，并依照这种解释或定义做出相应的行为反应。由于每个人的背景、经验和交往的不同，对特定情境的解释或定义会存在差异。因此，即便是面对相同的情境，不同个体也会产生不同的反应。

将符号互动理论运用到文化传播活动的研究中，可以发现文化活动是一种非常复杂的社会情境和群体互动行为。社会成员在交互和实践中获得对文化意义的理解，文化是在人与人之间的交往实践中得以传递的。符号"互动"体现在文化活动的方方面面，伴随着活动的始终，各方对活动情境的共同定义在"互动"和"协商"中进行，其中传播主体和受众之间的互动，影响着活动的进程及传播效果。

整体来看，文化传播活动是一个完整的互动过程。互动主体、互动行为、互动内容和互动环境是必不可少的要素，彼此相互作用，共同将文化传播活动构造为由各种有意义的符号组成的符号环境。因此，将社会学中的符号互动理论引入中华文化传播活动的研究中，可以探究文化活动开展过程中各层次的互动关系。

（三）教育生态学理论

教育作为文化的重要组成部分，其本质属性是社会性，因此不可能孤立于社会之外。从大的学科范畴来看，教育生态学与文化人类学有着密切的渊源，是研究教育现象及其成因的学科。

英国学者阿什比（Ashby, E.）1966年首次提出教育生态（Education Ecology）的概念，将生态学的原理和方法运用于高等教育领域的研究。美国学者劳伦斯·克雷明（Laurence Gremin）1976年在《公共教育》（Public Education）一书中正式提出"教育生态学"学科概念。教育生态学的研究与教育和环境密切关联（邓小泉、杜成宪，2009），尤其关注生态系统、生态平衡等原理与机制，以掌握教育发展的规律并揭示其趋势（关文信，2003）。

教育生态学认为，教育系统由内部和外部两个部分构成。内部系统和外部系统的关系是小环境与大环境的关系。内部系统包括教育机构内部环境、教师和学生，而外部系统则涵盖家庭、社区、文化和社会环境。这两大系统相互联系、相互影响，共同构成了完整的教育生态系统。教育生态学强调教育系统与其所处的环境之间的互动性和依赖性，认为只有在一个健康、平衡的教育生态系统中，教育活动才能实现最佳效果。图0-2为教育生态学内部系统与外部系统关系示意图。

外部系统：
拓展的教育空间

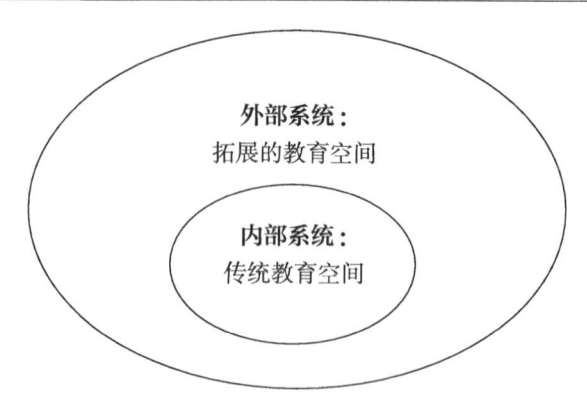

内部系统：
传统教育空间

图 0-2　教育生态学内部系统与外部系统关系示意图

教育生态学重视社会文化环境与学校、社区、课堂之间的互动性关联，倡导将各类场域的活动整合起来考虑，建立全新的教育生态系统，以拓展教育空间（庄孔韶，1988）。扩展的教育空间可以增加文化传输的信息量和应用，使文化接收的方式更加灵活和开放。

该理论启示我们，教育机构和文化传播机构可以整合大环境和小环境中的社会资源、文化资源，形成互动的合力，并将文化活动作为一种时间性、经验性的资源纳入大的教育中。因此，文化传播活动不仅可以在传统校园空间和课堂空间开展，还可以将课外环境、社区环境作为一种"资源"加以利用。通过利用或创设内部和外部文化环境，文化可以跨越课堂设定的边界，实现教育空间和文化交互空间的转换和扩大。在全新的教育空间中，文化交流的方式也从单向和双向交流转化为了多向交互，从而促进了文化传播活动的有效性，提升了教育系统的整体效能。

总之，教育生态学通过运用生态学的原理和方法，研究教育系统内部与外部环境之间的互动关系。这不仅为理解文化传播活动提供了全新的视角，也为文化传播活动的优化提供了理论支持和实践指导。

（四）文化适应理论

"适应"指的是对新环境的心理调整以及对特定生活方式的习得和应用。文化适应是个体或群体在面对新的或不同的文化环境时，通过学习、模仿和调整自身行为、观念和价值观，以便在新的文化背景下更好地生存和发展的过程。文化适应涉及社会文化层面的变化（Ward，1996）。文化适应的主体由于在原有文化情境中习得了由一套符号、规范、价值观、物质对象等组成的社会生活方式，因此接触异质文化以及跨文化迁移既可能会使人产生兴奋，也可能令人产生困惑和无所适从。文化适应者在情绪、行为和认知等层面的反应及其在心理和社会文化方面的适应结果会受到相当多的个体层面和社会层面因素的影响。在面对新的文化形态时或者在新的文化环境中，文化适应者可以根据原有的社会生活方式或者在发现差异后，重新学习和感知新的社会生活方式。文化人类学把文化适应看作是个人或群体更好地与生存环境达成一致的目的之一，文化的适应可以赋予人们更大的活力。

新西兰心理学家Colleen Ward提出的"文化适应过程模型"认为，文化差异和文化异质程度是许多文化适应困难出现的主要原因，文化适应理论可以有针对性地帮助文化适应者了解异质文化的特征，学习和掌握该文化特定的社会技能和行为方式（孙进，2010）。

文化传播活动在一定程度上承担着文化适应的功能，是文化适应教育的一种重要形式，也是学习理解接受异质文化的过程。文化传播活动可以使学习者和参与者向另一文化靠拢、接触，可以帮助人群走出时间和空间的限制，从而提高其文化差异的认知能力和文化冲突的对策能力。因此，教育机构或文化传播主体需要创设各种文化适应教育项目、组织多元文化实践活动，以提高参与者的文化适应认知能力，丰富和发展学习者和受众的文化适应经验。

（五）文化在场理论

社会学家库尔特·勒温（Kurt Lewin）认为，人的行为由其个人特征（Person）和所处场景（Environment）两个变量组成。因此人的存在（being）一般表现为两种状态：或者在场（presence），或者不在场（absence）。

"在场"理论最初源自哲学概念，与"脱域"（disembeding）/"缺场"是一对反义概念。"在场"概念中的"场"首先指"现场"，是直接可以观察到的，处于特定的时空，具有特定的结构。"在场"意为"社会运动的行为主体在一个特定地域内的活动，用身体在一定的时间内占据一定的空间，即空间和地点一致。多数人在大多数情况下的社会生活的空间维度都受到'在场'及地域性活动的支配。"而"脱域"/"缺场"则意为"社会关系从彼此互动的地域性关联中，从通过对不确定的时间的无限穿越而被重构的关联中'脱离出来'"。

"在场"是人类最基本、最直接的人际交流形式和沟通途径。也正因为如此，在现代社会中，无论是国际交往、文化交流还是文艺狂欢，"在场"都十分重要。"在场"成为文化传播活动价值的体现方式。因为"在场"和"不在场"，体验感颇为不同。因此"在场"理论成为分析现代社会发展及互动交往的重要理论。

文化在场的"场"也可拓展为"行动的场域"，即不再限于某个特定的时空场景中，而是延伸到了整个经由传媒所建构起来的"媒介的网络"。信息化时代的到来使活动的"不在场"越来越成为可能。于是，"在场"这一概念进一步被区分为依赖身体和空间的"社会在场"（social presence）及强调技术逼真度的"媒介在场"（media presence）。随后，"远程在场"（telepresence）的概念又被马文·明斯基（Marvin Minsky）教授提出，指"通过远程访问技术对现实世界中的对象进行操作"。数智时代，"虚拟在场"（virtual presence）这一概念又闪亮登场，指由虚拟现实技术（VR）实现的在场。马修·朗姆巴德和特丽莎·迪通（Matthew Lombard &Theresa Ditton）将其描述为"虚拟物以感官或非感官的方式被体验为实际物。"（邓建国，2022）。但是与真正的"在场"相比，其余形式的在场很大程度上仍被认为是"不在场"。

文化传播活动关注的是人与人之间的意义构建，而在场理论为理解社会发展及人际互动提供了独特的视角，使得文化传播及实践研究回归到了文化本体。从"在场理论"的视角出发，可以对文化传播活动多个因素进行全面理解，包括传播主体、传播场域、传播受众、传播内容、传播渠道等。传播活动的文化在场可以消除文化传播中的情感疏离，达到知识和情感上的多重交融。

本研究在前人学者大多基于哈罗德·拉斯韦尔"5W"理论进行分析的基础上，从国际中文教育的角度出发，综合考虑文化传播的多元性、复杂性和动态性。从传播学"5W"理论拓展到符号互动理论、教育生态学理论，再到文化适应理论及文化"在场"理论，这一拓展有助于全面理解中华文化传播活动的本质和规律。

三、研究回顾

为顺应国家语言文化推广的战略，学界逐渐关注到中华文化传播领域，并形成研究热点。以"中国文化传播"为关键词在中国知网上进行检索，结果发现2007年相关文章仅有30篇，而2021年达到了顶峰333篇。虽然由于疫情等原因在2022年至2023年短暂下降，但当前研究整体开始回升并呈现出快速增长趋势。下面从总体发展、传播内容、传播困境、传播策略及人才培养五个方面进行研究回顾，以便对文化传播的背景有一个全面的了解。

（一）总体发展研究

这类研究数量众多，且研究较为深入，对中华文化传播的作用、价值、类别、方式等进行了全面探究。吴应辉（2015）阐述了汉语国际传播事业的态势和发展，论述了中华文化传播的重要性。陆俭明（2017）强调推动中华文化海外传播、提升中华文化的世界影响力，已成为实现中华民族伟大复兴的重要组成部分，并总结出中华文化海外传播需要考虑的四个因素。刘继红（2020）通过对中华文化传播主体、内容和实践等方面的深入研究，揭示了国际中文教育视阈下中华文化传播的重要性及具体实施策略。基于孔子学院视角的研究也为中华文化传播的发展提供了重要参考。如王冰（2015）对全球孔子学院中华文化传播活动进行了分析，总结出文化活动未来发展的趋势；邓新、刘伟乾（2017）审视了孔子学院文化传播方式及其价值理解；姜懿珊（2023）强调孔子学院在增进各国人民了解中华语言文化、巩固文化传播成果、推动汉语国际教育的可持续高质量发展方面发挥了不可替代的作用。

（二）传播内容研究

中华文化传播内容研究近年来呈现出专门化、具体化的趋势。通过对传播的文化内容进行归纳，发现其主要包含"文学""中医""艺术""体育""哲学思想""影视"等。这些研究涵盖范围广泛，但也显示出分布不均的特点。如图0-3所示，其各个领域研究数量占比从大到小依次为"文学"（41%）＞"中医"（22%）＞"艺术"（15%）＞"体育"（12%）＞"哲学思想"（6%）＞"影视"（4%）。

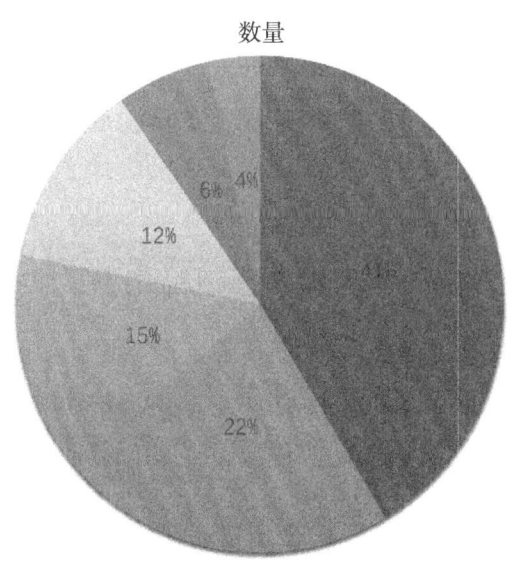

图 0-3　中华文化传播领域文化符号研究占比

文学海外传播研究数量最多且涉及多个视角。包括文艺理论、哲学、中国文学、信息科技等多个领域。包相玲（2015）、汤天甜和温曼露（2019）、敖然等（2023）深入分析了当代文学海外传播面临的现实问题和困境，探寻中国文学走出去的合理出路。文学体裁种类繁多，如闫文君（2023）、杨晨和何叶（2023）探讨网络文学；谢丹凌（2023）聚焦中国少数民族文学；姜智芹（2022）、张斯琦（2023）关注中国当代文学；余承法和郑剑委（2021）、张晓玥（2022）分析中国经典文学。

中医海外传播研究关注中医走出去的现状及对策。徐永红（2015）指出中医药对外传播"传"而不"通"的困境根源是文化适应问题。刘成和钟海桥（2022）指出中医翻译复合型人才缺口巨大，中医翻译缺乏统一的标准和体系、中医药海外传播缺乏法律保障。王孜和曾祥敏（2018）认为建立积极的中医传播体系可以有效提升中医海外传播效果。张婧瑶和穆瑞锋（2023）、刘仪辉等人（2023）提出可以利用数字媒体技术为中医文化的海外传播带来转机。

艺术文化海外传播研究多面向书画、音乐、舞蹈。王旭明（2020）、王小静和陈岩（2022）聚焦中国绘画的海外传播，并从新时代媒体传播及国画批评术语翻译角度探讨如何更好地推动中国文化的对外传播。张永凯（2019）、韩璐娇（2022）、郭微谨（2023）等对中国民族音乐的传播路径进行了探讨；满梦翎（2021）、吕明辉（2022）分析了如何运用舞蹈向海外传讲中国故事。

中华体育传播研究成果在武术方面表现尤为突出。温搏、焦艳菊（2018）讨论了武术文化对外传播的三个支点：自知、知人和知音。孙超（2017）、梁爽和毛红（2022）、王浩杰（2022）认为武术的国际化传播需要利用新型媒体技术作为传播媒介。

哲学思想传播研究多集中在儒家先贤思想。佘远富和莫凡（2020）、李青青和解思佳（2021）探求儒家思想传播与国家形象塑造、国家文化传播的关系。汪太伟（2019）认为秉持和践行儒家重要的文化理念，可以在一定程度上减少西方社会对于孔子学院的抵制。张西平（2011）、权彤（2020）分别就儒家文化在日本、欧洲的传播进行了探讨。

影视作品对外传播尚未达到预期水平。中国目前已成为影视大国，电视剧、电影等产量位居世界前列，而相关研究略微薄弱。有关影视作品传播的讨论主要集中在传播现状及改善建议，如吴涛等（2022）、郭宇楠和姜晓斌（2022）、李苗和李泽华（2024）的研究。

综上所述，近年来对中华文化传播具体内容的研究更加深入，但也存在研究分布不均的现象。这种现象有三方面原因：一是某些文化项目本身具有跨学科性质，比如文学；二是不同中华文化项目在海外的熟悉度和认可度存在差异；三是广为受众熟知的文化项目，如中医、武术等，更容易成为研究热点。尽管如此，上述研究对文化传播活动内容的选择仍具有良好的启示作用，也可以促进文化活动的开展向纵深发展。

（三）传播困境研究

中华文化传播面临较多困境（刘荣、徐蔚，2014；沈磊，2015；刘学蔚、郭熙煌，2016）。造成困境的因素是多方面的，有从整体方面进行的分析，如李宝贵和刘家宁（2017）分析了"一带一路"倡议背景下孔子学院文化传播面临的机遇与挑战等。也有将困境和挑战进行细化分析的。首先是由于意识形态层面上的差异，如国际局势带来诸多不确定因素，欧美文化霸权对中国文化强势挤压（李明、孙宏伟，2018）。其次，与社会物质和政治、经济基础密切相关（刘学蔚、郭熙煌，2016；刘玉屏、路义旭，2023）。还有学者指出目前困境源于文化传播自身，如传播模式、传播方法和传播手段僵化（徐稳，2013；谷甲斌，2022；蔡杰，2024），传播人才培养模式、孔子学院布局、文化品牌建设等有待继续优化（刘宽亮，2003；王九彤、耿虎，2012；华国庆，2014；张云，2017；黄湄，2017）。此外，人才队伍建设、传播内容、文化产品开发利用等方面也需要予以突破（宋佳琪，2017；刘志刚，2021）。

（四）传播策略研究

学者针对当前的文化传播困境，提出了多方面的文化传播策略。

选取深层文化内容。传播以价值观为主的深层文化受到越来越多的学者的支持。文化传播是由内在价值和观念外化到习俗制度和符号层面构成的（马梦真，2018；潘皓、王悦来，2020）。因此，要注重中华文化符号及其内在价值与精神内涵，挖掘出中华文化的深度内涵（阮静，2022；黄会林，2022）。

采用受众本位传播。应考虑受众文化需求的差异，并以更加温和的方式展示中华文化的张力（蔡永强，2020），从而从更大层面上赢得文化的"认同"（张春燕，2014；宋海燕，2015；安佳，2024）。

促进多元文化共情。在多元文化背景下，"共情"传播策略成为国际传播困境的"破局"思路（赵雅琦，2021），将中国文化的传播者与接受者的文化联系，最大限度地做到共情，以应对因文化差异而引起的文化冲突（方媛，2019），实现不同文化之间的有效共鸣，从而得到传播受众发自内心的认同与欣赏（王雪倩、吕山，2024；黄典林、吴洁宜，2024）。

运用新媒体技术。紧跟网络技术革新的步伐，探索新型发展模式（袁玉芝、李清煜，2021）是提升中国文化海外影响力的必然策略（陈晓蓉，2013；王景云，2023；王国红，2023）。同时，应加强国内舆情导向和自媒体的宣传力度（佟迟，2019；沈索超，2019）。短视频等作为信息和文化传播的重要媒介和独特的传播路径，有助于达成良好的文化传播效果（廖秉宜、张晓姚，2023；李天语，2024）。

（五）人才培养研究

人才培养研究聚焦于国际中文教师及职前汉语教师（主要为国际中文教育硕士）中华文化传播能力的培养。相关研究主要分为两大类：一类是直接探究中华文化传播能力的构成，一类是对具体传播活动的组织、设计、实施等进行分析。

中华文化传播能力构成方面，高静、杨红（2014）指出汉语教师海外中国文化传播能力包括外语语言能力、表达交流能力、跨文化沟通能力、环境适应能力、跨文化融合能力及自我调控能力。马晓娜（2021）将中华文化传播能力的构成划分为文化知识通晓能力、文化观念阐释能力、文化教学引领能力、文化差异调解能力、文化技能展示能力、文化冲突预见能力和文化交往学习能力。其他关于中华文化传播能力的研究还有宁继鸣和马晓乐（2011）、欧阳雪梅（2015）、郭瀚齐（2016）、陈忱（2016）、梁钊华（2018）、李腊（2019）、柯卓英和姚莹（2020）、曹梦媛（2023）等。以上研究为国际中文教育领域中华文化传播能力的培养提供了参考，但主要是从理论层面探究能力的构成，而对中华传播文化活动组织实施的实践能力并未深入探讨。

具体的传播活动组织设计与实施能力方面，侯磊（2016）分析了建构汉语国际教育硕士来华留学生文化体验培养模式的必要性，讨论了体验项目选择的原则、文化体验活动的操作流程和活动成效。另外一些研究针对具体活动组织实施能力进行了探讨。田艳、陈磊（2011）对国内高校留学生辩论赛的组织实施能力进行了探究，认为应从前期组织、培训工作以及实战准备三个方面就汉教硕士设计与组织留学生高校辩论赛的能力进行培养。田艳（2017）以"北京市外国留学生汉语之星大赛"为例，基于作者自身的课堂教学实践及对汉教硕士的培训实践，探讨了如何培养汉教硕士语言文化赛事设计与实施的能力。

可以看出，学界对该领域的研究逐渐重视起来，某些分支领域的研究也取得了丰硕的成果。不过，现有研究领域缺乏对全球范围中华文化传播活动理论与实践方面的多维度分析。本研究将视角投射到国际中文教育视域下的中华文化传播活动，对该领域的理论及实践进行全面的思考和探索。

第三节 研究内容及研究思路

一、研究内容
（一）研究对象

本研究聚焦于国际中文教育领域海内外中华文化传播活动，深入探讨海内外中华文化传播活动的研究现状、开展情况、现实挑战、理论问题、师资培养等。全书分为绪论和11个主体章。"绪论"主要是对研究背景、相关概念与研究回顾、研究内容和研究思路等的分析阐述，为读者提供背景信息，了解研究全貌。

第一章"国际中文教育学科与中华文化传播的关系"探究国际中文教育与中华文化传播之间的多维关系；第二章"中华文化传播活动关键问题探究"，针对中华文化传播活动内容、活动特点、活动路径、活动评估、活动原则等关键问题进行整合性阐述，以凸显学术思想体系的本土性与特殊性面向，为该领域的理论发展夯实基础。

第三章至第六章，结合海内外大量的案例和作者的广泛调查，对国际中文教育视阈下中华文化传播活动开展类型进行分析，并从"文化实践类活动""文化赛事类活动""文化推广类活动"三个方面分析活动的组织与实施。

第七章和第八章，是国别区域研究部分。其中，第七章选取亚洲国家、英美国家和非洲国家作为重点研究对象，对全球各区域中华文化传播活动进行调查研究。第八章进一步深入研究中华文化传播活动的国别发展。首先对国别区域文化活动发展特色进行分析，随后探究国别区域文化活动发展影响因素，最后对国别区域文化活动未来发展提出建议。上述两章为全球中华文化传播活动的开展提供了经验和范例，分析了不同地域背景下中华文化传播活动组织的特点与策略。

第九章探讨目的语和非目的语环境下中华文化传播活动资源的开发与配置；第十章，将文化活动组织设计能力分为组织协调能力、文案写作能力、外语传播能力及资源利用能力，并对其具体培养方式进行分析。

最后一章对中华文化传播活动进行深度思考。从"站位提升""分众发展""本土面向""人才培育""路径拓展"几个角度，提出"五位一体"发展思路，为未来的研究与实践提供具有一定解释力的学术思考。

（二）研究问题

1. 海内外中华文化传播活动基本情况及开展现状如何？
2. 海内外中华文化传播活动有哪些亟待关注的理论问题？
3. 海内外中华文化传播不同类型活动的组织与实施情况如何？
4. 海内外中华文化传播不同国别区域活动的组织与实施情况如何？
5. 职前汉语教师中华文化传播活动组织实施能力如何培养？

（三）研究目标

1. 获得真实数据，掌握全球中华文化传播活动开展的具体情况；
2. 发动内原动力，提高机构和教师中华文化传播活动组织实施能力；
3. 进行顶层设计，提炼中华文化传播活动组织实施的相关理论；
4. 服务国家战略，推动海内外中华文化传播活动的永续发展。

通过理论创新及系统分析,尝试增强国际中文教育学科背景下中华文化传播活动领域学术话语建构的自主性,在一定程度上助力国际中文教育领域学术话语体系影响力的提升。

二、研究思路

先导研究。包括研究背景分析、研究价值探究、文献检视回顾、研究总体设计、研究创新之处等。通过广泛收集相关文献和资料,了解当前国际中文教育领域中华文化传播活动的研究现状和发展趋势,为后续研究提供理论基础和学术参考。

调查研究。通过访谈调查、实地考察等方式,收集海内外不同类型、不同区域中华文化传播活动的第一手数据,确保数据的真实性和有效性,为后续理论分析提供坚实的数据支持。

理论提升。在数据调查和分析的基础上,对中华文化传播活动的特征、内容、路径、原则及评估等方面进行整合性的理论探讨,分析不同类型、不同国别文化传播活动的举办特色、实施方略和完善建议。

总结反思。基于调查研究和理论分析的结果,提出"五位一体"发展思路,促进国际中文教育领域海内外中华文化传播活动的持续发展和不断创新。

图 0-4 研究思路示意图

三、研究方法

（一）文献研究法

研究利用CNKI中国知网期刊和各大期刊数据平台，广泛获取、查阅与文化传播及中华文化传播活动相关的信息和数据，分析国内外相关理论著作、文献资料、期刊文章的学术思想。同时，也积极利用现有网络资源，如教育部中外语言合作交流中心网站、孔子学院总部网站和各国汉语教学机构网站获取新闻资料和宣传资料等数据。总之，持续性地关注和收集全球中华文化传播活动的理论与实践资料，全面了解文化传播活动的情况与特点，为解决本课题的研究问题提供坚实的数据和理论支撑。

（二）田野调查法

该研究方法最早运用于文化人类学，被认为是较为纯粹的定性研究方法。研究者亲自进入研究现场，通过观察、访谈和交流、记录相关信息等途径来获取研究所需资料。田野调查研究有利于收集数据、形成假设，并对现象进行进一步的描述和解释。

本书第一作者田艳前期曾赴英国和韩国进行工作和学术交流各一年，还到访美国、巴西、越南、以色列、摩洛哥等30多个国家进行实地田野调查，获取了大量的一手资料。本文第二作者张齐红曾先后在泰国北柳府中学、英国爱丁堡大学孔子学院任教，期间对当地区域民众及海外多家汉语机构，特别是孔子学院文化传播活动现状和传播效果认知进行了深入调查。同时到访荷兰、意大利、西班牙、新加坡、日本、澳大利亚等国进行文化考察。

（三）访谈调查法

访谈调查法是一种通过与被研究者进行有目的、有规则的口头交谈来收集第一手资料的方法。研究者事先列出结构式访谈或半结构式访谈提纲，从被研究者处收集（或者说"建构"）数据资料。

本研究采用多种访谈调查法，既有面对面访谈，又有借助网络社交媒体进行的访谈调查，以便扩大数据收集的范围和深度。访谈对象包括海内外汉语机构的管理者、汉语教师、汉语学习者等目标群体，也包括海外社区中华文化活动参与者及其他各方人士。通过访谈调查、刺激回忆等方法了解被访者：1）参与或组织的文化活动的筹备工作、主题设定、时间安排、频率强度、组织实施、宣传策划、传播效果等情况；2）对中华文化活动的看法、态度以及对中华文化传播活动实施情况的满意度、活动的优势和不足、存在的困难和挑战、建议思路等。访谈结束后，研究者对访谈内容进行整理分析，并借助扎根理论提炼学术观点。

需要说明的是，第一作者担任研究生导师以来，在学院的支持下直接和间接培养了大批国际中文教育硕士，这一群体成员有的已经在世界多国教授汉语、传播中华文化，有的则正在国外进行实习，他们为本研究提供了大量一手的研究数据。

（四）案例分析法

案例分析法是一种常用的定性研究方法，通过深入分析具有代表性的案例或事例来探究研究问题或事物的本质。该方法主要通过收集案例数据，分析案例特征、因果关系，并推导出同等类型案例和事件的共性，进而提出一般性的理论或结论。该方法适合对现实中某一复杂和具体的问题进行深入和全面的考察（朱勇、孙岩、张京京，2013）。

本研究案例来源主要有四个渠道。一是作者亲自组织策划或指导过的文化传播活动，二是基于作者实地调查获得的文化传播活动案例，三是作者担任相关课程并指导学生参与的文化传播活动，以及基于访谈调查获得的案例。

本书在收集到充足的案例后，对案例数据进行深入分析和研究，力求呈现中华文化传播活动的全貌。

(五）全球视野比较法

全球视野比较法是一种通过对比不同国家、不同地区的文化传播活动来揭示其共性和差异的方法（吴应辉，2013）。

本研究运用全球视野比较法，对一些代表性国家和区域，如美国、英国、越南、泰国及非洲地区的中华文化传播活动进行比较分析，发现这些活动之间的共性与差异，探讨不同地区文化传播活动的特点和影响因素，进而为全面理解文化传播活动的普遍规律和特定地区的文化传播特色提供丰富的视角。

通过对比不同国家和地区的文化传播活动案例和数据，可以更全面地了解中华文化传播活动在全球范围内的开展现状和发展趋势，为制定相对有效的文化传播策略提供依据。同时，这种跨文化的比较分析也有助于深入理解不同地区的文化特色和受众需求，为中华文化的"本土化"传播提供有益借鉴。

主要参考文献

1. 爱德华·萨丕尔著，高一虹译:《萨丕尔论语言、文化与人格》，商务印书馆，2011。
2. 爱德华·泰勒著，连树声译:《原始文化》，广西师范大学出版社，2005。
3. 曹贤文:《从汉文教育到国际中文教育：概念史视角下的变迁》，《贵州师范大学学报（社会科学版）》，2023年第2期。
4. 柴如瑾、唐培兰、李建涛:《中文为桥 让世界相通相亲——来自2023世界中文大会的声音》，《光明日报》，2023年12月12日。
5. 崔希亮:《对外汉语教学与汉语国际教育的发展与展望》，《语言文字应用》，2010年第2期。
6. 戴晓东:《跨文化交际理论》，上海外语教育出版社，2011。

7. 戴昭铭：《汉语国际教育"文化教学"的迷失与回归》，《汉语应用语言学研究》，2020年第1期。
8. 邓建国：《我们何以身临其境？——人机传播中社会在场感的建构与挑战》，《新闻与写作》，2022年10期。
9. 邓小泉、杜成宪：《教育生态学研究二十年》，《教育理论与实践》，2009年第13期。
10. 邓新、刘伟乾：《"在场"理论视角下的孔子学院文化传播方式及其价值意蕴》，《民族教育研究》，2017年第3期。
11. 恩斯特·卡希尔著，甘阳译：《人论》，西苑出版社，2003。
12. 关文信：《课堂教学监控的生态学思考》，《现代教育科学》，2003年第3期。
13. 哈罗德·拉斯韦尔著，何道宽译：《社会传播的结构与功能》，中国传媒大学出版社，2012。
14. 赫伯特·马尔库塞著，刘继译：《单向度的人：发达工业社会意识形态研究》，上海译文出版社，2014。
15. 霍桂桓：《简论"文化与人化"和"从文化软实力角度来看"的关系》，《西安交通大学学报（社会科学版）》，2009年第3期。
16. 姜飞、张江浩：《国际传播学研究年度报告·2023——基于中国视角的回溯》，《青年记者》，2023年第24期。
17. 景高娃：《汉语国际教育背景下的中华文化海外传播研究综述》，《汉语国际传播研究》，2017年第1期。
18. 赖风：《中华文化国际传播能力的提升路径》，《汉字文化》，2021年第22期。
19. 劳伦斯·克雷明著，宇文利译：《公共教育》，中国人民大学出版社，2016。
20. 李宝贵、郭熙、林瑀欢：《明确"国际中文教育"的内涵和外延》,《中国社会科学报》,2021年3月16日。
21. 李宝贵:《国际中文教育促进中华文明传播力影响力提升策略研究》,《语言文字应用》,2024年第2期。
22. 刘继红:《汉语国际教育视域下的跨文化传播》,中西书局,2020。
23. 刘乃京:《文化外交——国家意志的柔性传播》,《新视野》,2002年第3期。
24. 欧阳雪梅:《中华文化国际传播能力建设路径探析》,《湖南社会科学》,2015年第1期。
25. 渠改萍:《符号互动理论述评》,《太原大学学报》,2010年第3期。
26. 曲慧敏:《中华文化走出去战略研究》,山东师范大学博士学位论文,2012。
27. 单波、刘欣雅:《国家形象与跨文化传播》,社会科学文献出版社,2017。
28. 孙进:《文化适应问题研究:西方的理论与模型》,《北京师范大学学报(社会科学版)》,2010年第5期。
29. 王辉:《国际中文教育:回望蓝缕路,奋进新征程》,《语言文字应用》,2022年第4期。
30. 王克群:《文明是多彩的、平等的、包容的》,《人民日报》,2014年8月12日第7版。
31. 威尔伯·施拉姆著,何道宽译:《传播学概论》(第二版),中国人民大学出版社,2010。
32. 武斌:《中华文化凭借什么力量走进世界?》《光明日报》,2022年11月19日第12版。
33. 吴信训:《文化传播新论:以历史与现实为镜鉴》,上海人民出版社,2008。

34. 吴应辉:《汉语国际教育学科建设及汉语国际传播研究探讨》,《语言文字应用》,2010年第3期。
35. 吴应辉:《汉语国际传播研究理论与方法》,中央民族大学出版社,2013。
36. 习近平系列重要讲话读本:《创造中华文化新的辉煌——关于建设社会主义文化强国》,《人民日报》,2014年7月9日15版。
37. 徐稳:《全球化背景下当代中国文化传播的困境与出路》,《山东大学学报(哲学社会科学版)》,2013年第4期。
38. 许有胜:《汉语国际教育领域文化传播的理论与实践——评〈汉语国际教育视域下的跨文化传播〉》,《领导科学》,2021年第9期。
39. 许倬云:《万古江河》,上海文艺出版社,2006。
40. 杨琳、申楠:《论跨文化传播活动中我国文化软实力的提升》,《西安交通大学学报》,2012年第1期。
41. 约瑟夫·奈著,门洪华译:《硬权力与软权力》,北京大学出版社,2005。
42. 张建民:《深化对汉语国际教育性质的理解》,《语言战略研究》,2018年第6期。
43. 郑园园:《尊重文化多样性》,《人民日报》,2005年10月23日第3版。
44. 周晓明:《人类交流与传播》,上海文艺出版社,1990。
45. 朱勇、孙岩、张京京:《国际汉语教学案例分析》,高等教育出版社,2013年。
46. 朱勇、张舒:《国际汉语教材中国人物形象自塑研究》,《华文教学与研究》),2018年第3期。
47. 庄孔韶:《教育人类学》,黑龙江教育出版社,1989。

48. 庄晓东:《文化传播:历史、理论与现实》,人民出版社,2003。
49. Blumer, H. : Symbolic Interactionism: Perspective and Method. Englewood Cliffs, NJ: Prentice-Hall, 1969.
50. Edward T. Hall, Mildred Reed Hal: Key Concepts: Underlying Structures of Culture, Blackwell Handbook of International Management Behavior, 1987.
51. Ward, C. : A Model of Cultural Adaptation. Journal of Cross-Cultural Psychology, 1996, 27(4).

第一章　国际中文教育学科与中华文化传播的关系[①]

2023年7月1日实施的《中华人民共和国对外关系法》明确提出，要大力推进国际传播能力建设，推动世界更多地了解和认识中国，促进人类的文明交流互鉴。在国际文化交流日益频繁的时代，推动国际中文教育领域的中华文化国际传播逐渐成为构建多元文化世界格局的重要环节（高青龙，2023）。

国际中文教育是中文国际传播的重要途径（王辉、郑崧，2022），学科在推广中华文化传播活动方面具有强烈的使命感和天然的优势，发挥着不可替代的重要作用。

第一节　国际中文教育全球影响逐渐深入

一、国际中文教育已全球布局

随着全球化的深入发展，各国对中文学习的需求持续增加。

[①] 本章部分内容参照了田艳：《国际中文教育学科与中华文化传播关系探究》，《新闻传播科学》第10期，（2024）。

在中外各界的共同努力下，全球开设中文课程的各类学校及培训机构8万多所，除中国外正在学习中文的人数超过3000万，累计学习和使用中文的人数接近2亿[1]，几乎涵盖了五大洲的每一个角落，这一数字仍在逐年增长。这反映出全球对国际中文教育的迫切需求，也显示出中文在全球语言学习中的重要地位。此外，我国已与多个国家和地区在国际中文教育领域开展了广泛的语言文化交流与合作办学，这些合作办学项目包括但不限于孔子学院、孔子课堂。这不仅为全球中文学习者提供了多元化的学习资源和学习机会，也输出了凝聚中华文化教育精粹的文化产品。通过合作办学、教师培育、教育资源建设及文化活动等多种形式，推动着中文和中华文化的全球传播与交流。

在全球化背景下，中文作为国际交流的重要语言之一，其学习热潮不仅限于学术研究，还逐渐延伸到商业、科技、文化等多个领域。全球范围内的中文学习者不仅包括学生，还涵盖了商业人士、科学家、艺术家等多个职业群体。

二、海内外汉语教育机构规模庞大

教育部中外语言交流合作中心（以下简称"语合中心"）是发展国际中文教育事业的教育管理机构，致力于为世界各国民众学习中文、了解中国提供优质的服务，为世界多元文化互学互鉴搭建友好协作的平台。

为增进各国人民对中国语言和文化的了解，语合中心设立了以开展汉语教学为主要活动内容的中国语言文化传播机构——孔子学院。孔子学院是宣传中华传统文化、促进世界和平与共同

---

[1] 中华人民共和国教育部官方网站：《中文服务世界 开放引领未来——二〇二三世界中文大会观察》2023年12月11日，http://www.moe.gov.cn/jyb_xwfb/s5147/202312/t20231211_1094074.html

发展的优质平台。近些年，孔子学院数量持续增长，并带动了海外汉语教育机构的发展。截至2023年底，中外共同建设近500所孔子学院和近800所孔子课堂。[①]国内方面，开设国际中文教育专业的高校达到近120所。[②]语合中心和孔子学院积极与国内外各类教育机构合作，推动汉语教学的国际化和标准化。此外，为进一步提升国际中文教育的影响力，相关高校机构还积极开展各类教师培训项目，培养大批高素质的国际中文教师。这些教师不仅具备扎实的汉语教学能力，还具备丰富的跨文化交流经验，为国际中文教育的发展提供了坚实的人才支持。

三、中华文化国际影响力不断提升

国际中文教育的蓬勃发展使得中华文化在全球范围内的影响力不断扩大，越来越多的国际友人通过学习中文了解中国的历史文化，进而加深了对中华文化的理解和尊重。例如，在"一带一路"倡议下，国际中文教育成为促进沿线国家文化交流与合作的重要桥梁，为全球文化交流与合作贡献了中国智慧和中国方案。

中文不仅作为一种语言在全球范围内传播，更以丰富的信息量和优美的书写方式承载着深厚的文化底蕴和文化内涵（李宇明，2023）。国际中文教育的不断发展和中文影响力的日益扩大，标志着中华文化在全球文化格局中的地位日益重要。

[①] 数据来源：中国国际中文教育基金会官网：https://www.cief.org.cn/qq
[②] 数据来源：2023年中国高校汉语国际教育专业软科排名。

第二节　国际中文教育是文化传播积极力量

国际中文教育与中华文化国际传播之间的关系是相互促进、相互推动的。国际中文教育作为面向海外母语非汉语者的中文教学，是中华文化传播的重要桥梁和积极力量。

一、国际中文教育助力中华文化传播全面发展
（一）传播中华文化是国际中文教育的使命之一

作为中文母语国家，我们有义务加强中文教育资源供给，为丰富世界语言文化公共产品贡献力量（段鹏，2023）。国际中文教育的发展历程，从"对外汉语"到"汉语国际教育"再到"国际中文教育"，其内涵和历史使命随着时代的变化而不断更新。国际中文教育时代，更加强调文化传播并将其视为重要使命。为实现这一使命，国际中文教育采取了一系列策略和措施，包括积极举办文化活动、培养跨学科素养的国际中文教育领域人才，推动语言教育与文化传播之间的整合。

国际中文教育被称为"国家和民族的事业"，在增强汉语在国际社会中的影响、助力中国与世界各国的沟通交流和文明互鉴方面发挥着日益重要的作用。

（二）国际中文教育是推动中华文化传播的路径之一

《中华人民共和国国民经济和社会发展第十四个五年规划和2035年远景目标纲要》明确提出要提升中华文化影响力。国际中文教育是中华文化传播的"摆渡者"，也是全球传播的支点之一。国际中文教育是提升中文国际地位和影响力的重要载体，也是增强中华文化传播力、影响力的关键路径,更是推动中华文化海外传播、塑造中国形象的重要依托(况野,2019;李宝贵,2022;李宝贵、李慧,2024)。

国际中文教育传递着中华文化的精华。在教授汉语语言知识和技能的同时,国际中文教育自然地将中华文化的精髓和价值观传达给国际社会,增进了国际社会对中华文化的了解和认同。

国际中文教育推动着中华文化的创新发展。为了更好地适应全球化和多元化的趋势,国际中文教育通过更新传播内容和引入新的方法和手段,推动中华文化不断自我审视并向前发展。此外,国际中文教育还促进了文化产品的输出。通过语言文化教学和文化活动,中国的文学作品、影视作品和艺术形式不断向学习者输出,为国际社会提供了了解和欣赏中华文化的渠道。

二、国际中文教育为文化传播提供理论支持

国际中文教育历经70余年的发展,学科理论深度不断提高。针对中华文化传播领域的研究逐渐深入,并呈飞速发展态势(详见绪论"研究回顾"),这为中华文化传播提供了强有力的理论支撑和理论导向。

中华文化源远流长,内涵深厚,为国际中文教育提供了广阔的空间、丰富的资源,拓展了国际中文教育的视界。国际中文教育是语言教育与文化传播活动相结合的学科,学习汉语的过程也是学习和逐渐接受中华文化的过程(金学丽,2017)。以文化教学及文化活动分类为例,国际中文教育背景下的语言与文化教育结合,通常体现为以下几种形式:

1)语言教学中的文化传播。在语言教学中进行文化知识的传递,包括语言要素(如汉字、词汇、语法、句子、语篇)的文化教学,体现为以汉语教学为主、中华文化传播为辅的特征。

2）专门的文化教学。把文化正式纳入到课程体系中，具体来说就是在学习者语言达到一定程度后进行专门性的文化教学。这类教学有时也可以不与汉语学习者的学习程度相挂钩，甚至可以直接使用学习者母语来进行宣介。3）开展文化传播活动。包括与语言学习联系较为密切的文化实践活动（如参观中国人家庭）、海内外各类语言文化赛事以及利用语言文化景观和隐性文化环境开展的海外面向社区受众的文化推广活动。

三、国际中文教育推动文化传播人才培养

（一）提出中华文化传播人才培养标准

国际中文教育学科对国际中文教师中华文化传播能力提出了明确的要求。国际汉语教师应具备三大基本技能：汉语教学能力、中华文化传播能力和跨文化交际能力（赵金铭，2011；彭军，2013）。2012年，国家汉办/孔子学院总部正式发布修订后的《国际汉语教师标准》，将"中华文化与跨文化交际"纳入其中，突出了"中华文化传播"技能的重要性，同时将汉语教师视作中华文化传播的主体之一。相关内容如表1-1所示。

表1-1 《国际汉语教师标准》对"中华文化传播"能力的要求

序号	标准	内容描述
4.1	理解中华文化基本知识，具备文化阐释和传播的基本能力。	1）了解中华文化基本知识、主要特点、核心价值及当代意义； 2）能通过文化产品、文化习俗说明其中蕴含的价值观念、思维方式、交际模式、行为方式； 3）能将文化阐释及其传播与语言教学有机结合； 4）掌握相关中华才艺，并能运用于教学实践。

续表

序号	标准	内容描述
4.2	了解中国基本国情，能客观准确地介绍中国。	1）了解中国的基本国情； 2）了解当代中国的热点问题； 3）能以适当的方式客观、准确地介绍中国。

2009年，《全日制汉语国际教育硕士专业学位研究生指导性培养方案》出台。方案指出，在培养学生汉语教学技能的同时，应高度注重培养良好的文化传播能力，使学生具有较高的中华文化素养以及语言文化国际推广项目的管理与组织能力。从该方案可以看出，国际中文教育学科注重汉语职前教师的汉语教育和文化传播基本素养的培养。这些人才有可能就职于海内外教育机构，并成为中华文化传播的重要力量。

（二）加大对中华文化传播能力的关注

近些年，语合中心加大了对国际中文教师及志愿者教师中华文化传播能力的培养。首先，国际中文教师及志愿者教师不仅是语言知识的传授者，更是中华文化的传播者。他们通过教授中文，将中国的传统文化、历史、价值观以及当代社会的发展和变化介绍给国际学生。其次，国际中文教师及志愿者教师需要跨越语言和文化的障碍，与学生进行有效的沟通和交流。因此必须具备开放的心态和包容的精神，理解不同文化背景下学生的需求和差异。文化传播能力是国际中文教师及国际中文教师志愿者的重要能力之一，但对这一教师群体中华文化活动组织和实施能力的培训仍有很大提升空间。

四、国际中文教育拓展传播合作力量

国际中文教育不断加强与各国教育领域和机构的合作,尤其加大对人才联合培养、文化活动组织实施、跨国学术研究等项目的支持力度。这一举措在很大程度上拓展了国际中文教育的合作空间,也相应地增强了中华文化的国际传播力。

(一)中外合作机构发挥重要作用

孔子学院/孔子课堂作为国际中文教育与中华文化推广活动的中外合作机构,一般设在国外的大学和研究教育机构,宗旨是增进世界各国(地区)人民对中国语言文化的了解,加强中国与世界各国教育文化交流合作,促进世界多元文化发展,构建和谐世界。[①] 因此,是当今中华文化"走出去"的重要符号(张西平,2007),承载着向世界介绍中华文化和历史的使命(许琳,2007)。

多年来,语合中心派遣了大批公派教师及国际中文教育志愿者,投身于全球语言教学和文化传播的一线工作。截至2023年底,已向150多个国家和地区派出国际中文教育志愿者累计6.9万余人次,目前有近4000名志愿者在岗任教[②]。开展汉语教学和中华文化传播社会公益活动,为传播中华文化提供了良好的合作基础和氛围,成为海外推广中华文化的品牌(陈刚华,2008;陈培爱、沈蓓蓓,2013)。语合中心以及相关高校重视从文化传播的视角对孔子学院的师资、教材、课程进行培养和建设。孔子学院为加强国家间教育、人文的交流与对话发挥了积极的作用,为中华文化的推广提供了专业性的支持和多功能的服务。

---

① 信息来源:孔子学院总部官网:http://www.hanban.edu.cn/confuciousinstitutes/node 7537.htm

② 参见田艳:《国际中文教育志愿者以中文推进交流互鉴》,《人民日报海外版》,1月11日第11版,(2024)。

在大学和中小学举办文化传播活动是孔子学院传播文化的有效方式，活动有时也深入到目的国的社区服务中，以最大限度地满足海外学生及社区民众对于中华文化了解的需求（吴瑛，2009；付京香，2013；肖悦，2022）。

（二）海外华人组织发挥积极作用

华人周末学校、华人华侨组织、海外华人商会以及海外中资企业等海外教育机构在传播中国价值观念和思维方式方面发挥了重要作用。这些机构面向社会各界的自主学习者开展汉语教学和文化传播工作，通过组织多层面的跨文化交流活动，使得优秀的中华文化得以持久地展现在更为广泛的海外民众面前。

华人华侨组织在促进中外文化交流、加强民族认同感方面发挥着关键作用。组织的各类联谊活动、文艺演出、文化讲座、民俗展览等活动，为海外华人提供维系文化纽带的平台，也向更多的国际人士展示了中华文化的多样性。海外华人商会则通过经贸交流活动，促进了中外企业之间的文化融合与合作，传播了中国的商业文化和诚信理念。海外中资企业在履行社会责任的过程中，通过资助当地文化教育项目、举办企业开放日等方式，展示中国企业的良好形象。

可以说，国际中文教育学科通过理论研究和实践应用，为海外华人组织、教育机构和企业提供了科学指导和实践支持，并在众多海外组织和机构的共同努力下，形成了一股强大的合力。

五、国际中文教育为文化传播设定标准和目标

标准的建设可以为各国开展本土化的中文教学和文化活动提供科学、系统和有效的指导。国外外语界已形成较为成熟的标准，如美国《全球外语学习标准》和《21世纪外语学习标准》等标准大纲都明确将文化放在了语言教育的首要位置。

国际中文教育的教育目标是培养学习者语言交际能力、中华文化理解力和跨文化能力，该学科为文化传播设定了标准、提供了内容框架。《国际中文教育用中国文化和国情教学参考框架》（教育部中外语言交流合作中心，2022；简称《参考框架》）是该领域的第一部文化教学参考框架，在一定程度上可以为各国开展文化教学和文化活动提供参考依据。

（一）《参考框架》目标设定

框架结合国际中文教育新时期的特点和需求，参考美国外语标准及文化标准、欧洲语言文化框架、汉语大纲等大纲，设定了文化目标、认知目标与情感目标及技能目标。其中，文化目标分为文化知识、文化理解、跨文化意识、文化态度四个维度，同时设置了相应的认知与情感目标和技能目标，如表1-2所示。

表1-2 《参考框架》文化目标、认知目标与情感目标及技能目标

文化目标	认知目标与情感目标	技能目标
文化知识	识别和了解中国文化和国情的概况和特点	描述文化
文化理解	理解中国文化的多样性、动态性和观念内涵	解释文化
跨文化意识	理解中国文化与其他文化的主要异同	比较文化
文化态度	克服刻板印象和偏见，培养尊重和移情的态度	评价文化

文化知识指了解中国文化和社会的知识和特点，即了解中国独特的文化产物、文化传统、国情和社会发展、中国人的行为和观念等。中国文化知识是文化理解、跨文化意识和积极态度的基础。其技能目标是让学习者能够识别和描述中国文化和社会的情况和特点。

文化理解指理解中国文化和社会的多样性和动态发展，理解文化现象、制度、产物、行为背后的文化内涵和原因，从而把握

中国文化的本质特征。其技能目标是让学习者能够解释中国文化的多样性、动态性以及观念内涵。

跨文化意识指理解中外文化的异同，对跨文化的差异具有敏感性，包括理解自己的行为和看法是受到自身文化制约和影响的。其技能目标是让学习者能够比较文化间的异同。

文化态度指克服刻板印象和偏见，培养尊重和移情的态度。刻板印象、偏见和文化优越感是跨文化交流的主要障碍，具有尊重和移情的态度则是文化交际能力的出发点。其技能目标是让学习者能够从中国人的角度来理解中国文化的特点，并能够客观评价中外文化的差异。

（二）《参考框架》内容设定

框架包括3个一级文化项目，即社会生活、传统文化、当代中国和31个二级文化项目，对中国国情与社会文化教学及文化活动的开展具有一定的指南作用。

在结构设计上，《参考框架》分为小学卷、中学卷、大学及成人卷三个层级。层级划分主要依据学习者的认知水平和教学方式，而不是根据文化内容的难易程度和中文水平等级。义化是一种"包含状"，而不是一种由易至难、由简至繁渐进的线性"程度状"（吴勇毅，2022）。《参考框架》的划分方法，既摆脱了语言水平的束缚，又避免了对文化进行人为的所谓"程度"划分。

第三节　中华文化传播活动呈辐射发展特征[①]

从大的范围来看，海外国际中文教育机构汉语教学和文化传播活动的发展并不均衡，存在着"由高到低""由低向高"以及"高低并举"等几种类型。"由高到低"是指从高等教育向中小学教育发展，"由低向高"则相反；而"高低并举"，是指高等教育与初中等教育同时发展。总体而言，发展较早且相对成熟的是高等教育阶段的汉语教学，先在大学及大学内设置中文系或孔子学院，再由高等教育向基础教育辐射。

国内国际中文教育一般在高校层面开展，因此文化传播活动渐进式、辐射型发展较为少见。学者一般将国内文化教学和文化活动分成两类，一类是穿插于汉语课堂教学中，多不被视为独立的文化活动；第二类文化活动是专门开展的、有目的性和组织性、达到一定规模的文化活动，目的是传播中华文化、辅助汉语教学（王学松，2014）。

而在海外，由于文化环境、学习对象等方面与国内相比差异较大，基础教育阶段（中小学）中文教育与文化传播相结合的辐射过程呈现出阶段性的特征。下面我们就对海外基础教育阶段国际中文教育与中华文化传播活动结合的辐射过程进行分析。

一、语言体验活动试推行阶段

开设汉语教学的大学或孔子学院面向周边中小学及社区提供

[①] 本节部分内容参照了杨岩：《英国曼彻斯特大学孔子学院文化体验课发展模式分析》，《云南师范大学学报(对外汉语教学与研究版)》第13期，(2015)。

免费的语言体验活动或者课程，以此带动当地中小学语言文化活动的开展。在初期，当地中小学汉语教学基础往往较为薄弱，师生及家长对汉语和中华文化的认知度较低。因此大学或孔子学院一般会首先开设少量免费的汉语体验课。课程主要以单次文化体验为特点，以简单基础的日常汉语和文化常识为基本内容，旨在通过一次简单的语言体验课使当地学校和学生对汉语以及中华文化产生基本的了解和认识，进而对汉语和中华文化产生兴趣。

二、文化体验活动试推行阶段

随着语言体验活动的推广和普及，中小学师生和家长对汉语和中华文化的认可度逐渐提高，进而希望大学或孔子学院能提供一些语言和文化相结合，甚至是以文化内容为主的文化活动或者课程。具体课程数量和次数不定，以当地学校和学生的需求为主。

三、文化体验活动正式推行阶段

大学或孔子学院对当地中小学的需求逐步了解和知晓，也积累了一定的文化体验教学的经验。随后就以相对成熟的文化体验课的形式，开展系列"中国文化日""中国文化周"的活动。通过逐步系统的语言和文化体验课，全方位地介绍汉语和中华文化的基本知识，帮助师生和家长对汉语和中华文化产生深层次的理解和热爱。

四、成熟模式下全方位文化传播阶段

经过汉语体验课、文化体验课等课程以及中国文化日和中国文化周等活动的体验和熏陶，大学或孔子学院会以更为灵活多样的方式向周边的中小学提供适应性更强的课程。

对从未接触过汉语和中华文化的学校，大学或孔子学院会提供语言体验课或者趣味性强又简单易操作的文化体验课，以提高师生、家长对汉语和中华文化的认知度；对那些对汉语和中华文化有所了解的学校，会根据学校的具体需求来提供相应类型的文化体验课。此外，大学或孔子学院也会定期通过举办文化活动参与当地的中华文化传播活动，如"中国新年"庆祝活动等。而对于那些对汉语和中华文化需求较高的中小学，大学或孔子学院会逐步与其洽谈开设新的孔子课堂，力求将汉语和中华文化课从初期的兴趣培养逐步纳入到当地主流的教育体系中。

上述几个阶段是大学或孔子学院向中小学推广文化教学及文化活动的辐射过程。就海外大学或孔子学院本身而言，其文化传播活动的开展也是从课堂文化教学向专门的文化教学，再向校园文化活动直至进入社区开展文化活动这一路径展开。

国际中文教育的重点之一是中华文化传播，中华文化传播的核心载体是国际中文教育。全球越来越多的国际学生选择学习汉语，也为中华文化传播提供了广阔的市场。在某种程度上，国际中文教育界所呈现的国家形象和文化价值更易于为国际社会所接纳、所信服。反过来，中华文化传播的成功实践也可以为国际中文教育提供更多的经验和启示。

总而言之，国际中文教育是人类命运共同体构建的应有之义，是增进中外理解、构建和传播中国对外话语体系的重要基础和手段，推动中华文化更好走向世界（王辉，2024；于泓珊、张新生、钟英华，2024）。二者的逻辑关联表现为国际中文教育通过提升中文国际地位、促进文明交流互鉴、助力中外贸易畅通、促进中外民心相通等方式促进中华文明传播力影响力的提升；相互作用表现为国际中文教育与增强中华文明传播力影响力互相影响，并在多元主体长期、稳定的支持下共同进步（李宝贵、李慧，

2024）。国际中文教育与中华文化传播之间是一种双向互动、相互促进的关系。通过加强这种互动关系，不仅可以推动国际中文教育向纵深发展，也可以推动中外文化的双向交流与融合，助力中华文化更好地走向世界。

主要参考文献

1. 陈刚华：《从文化传播角度看孔子学院的意义》,《学术论坛》,2008第7期。
2. 陈培爱、沈蓓蓓：《跨文化传播视域下的孔子学院功能研究》,《新闻春秋》,2013年第4期。
3. 段鹏：《中文搭建交流桥梁——以高质量国际中文教育提升中华文化传播力影响力》,《光明日报》,2023年10月1日10版。
4. 付京香：《孔子学院的文化传播及其文化外交作用》,《现代传播（中国传媒大学学报）》,2013年第9期。
5. 高青龙：《汉语国际教育中的文化传播方式与传播效果分析——评〈汉语国际教育视域下的跨文化传播〉》,《中国教育学刊》,2023年第1期。
6. 教育部中外语言交流合作中心/祖晓梅主编：《国际中文教育用中国文化和国情教学参考框架》,北京语言大学出版社,2022。
7. 金学丽：《汉语国际教育视野下中华文化传播的思考——以沈阳师范大学孔子学院为例》,《沈阳师范大学学报（社会科学版）》,2017年第6期。
8. 况野：《全球化背景下的汉语国际教育与中华文化传播》,《汉字文化》,2019年第4期。
9. 李宝贵：《国际中文教育助力中华文明更好走向世界》,《语言文字应用》，2022年第4期。

10. 李宝贵、李慧：《国际中文教育促进中华文明传播力影响力提升策略研究》，《语言文字应用》，2024年第2期。

11. 李宇明：《中文国际传播的动力问题》，《全球中文发展研究》，2023年第1期。

12. 彭军：《国际汉语教师跨文化交际能力调查研究》，《辽宁师范大学学报》，2013年第5期。

13. 田艳：《基于英国MTESOL课程体系对汉语国际教育硕士课程设置的思考》，《世界汉语教学》，2012年第2期。

14. 田艳：《国际中文教育学科与中华文化传播关系探究》，《新闻传播科学》，2024年第10期。

15. 王辉、郑崧：《人类命运共同体视域下非洲中文传播的实践进路》，《西亚非洲》，2022年第5期。

16. 王辉：《国际中文教育如何服务强国建设》，《光明网》，2024年2月22日。

17. 王学松：《汉语国际教育语境下的"文化活动"刍议》，《云南师范大学学报（对外汉语教学与研究版）》，2014年第5期。

18. 吴瑛：《对孔子学院中国文化传播战略的反思》，《学术论坛》，2009年第2期。

19. 吴勇毅：《〈国际中文教育用中国文化和国情教学参考框架〉与教材编写》，《国际汉语教学研究》，2022年第2期。

20. 杨岩：《英国曼彻斯特大学孔子学院文化体验课发展模式分析》，《云南师范大学学报（对外汉语教学与研究版）》，2015年第4期。

21. 于泓珊、张新生、钟英华：《多元文化外语教育背景下加强中文融入英国国民教育体系策略研究》，《河南大学学报（社会科学版）》，2024年第4期。

22. 肖悦:《孔子学院作为跨文化传播主体的发展情况研究》,《汉字文化》,2022年第19期。
23. 许琳:《汉语国际推广的形势和任务》,《世界汉语教学》,2007年第2期。
24. 张西平:《简论孔子学院的软实力功能》,《世界汉语教学》,2007第3期。
25. 赵金铭:《国际汉语教育研究的现状与拓展》,《语言教学与研究》,2011年第4期。

第二章 中华文化传播活动关键问题探究

国际中文教育领域应当对中华文化传播活动关键理论问题进行整合性研究，形成符合时代形势和学科特色的中华文化传播活动理论内涵。

第一节 中华文化传播活动内容

中华文化在当今国际传播的过程中面临着诸多挑战。首先，中华文化体量和内存广博，传播何种文化值得深思。其次，各国文化背景、历史传统与社会习俗迥异，文化差异带来传播的难度及文化误读的风险。同时，受众对于中华文化的兴趣和需求不尽相同，需针对不同群体选择合适的传播内容。因此，重塑中华文化传播活动的内容架构，建构能够体现中国精神风貌的文化活动内容体系（杨琳、申楠，2012），对于有效传播中华文化、弥合跨越文化鸿沟至关重要。

一、关注中华文化普世价值

学界一直关注一个问题：中华文化传播应该建立在世界文化共同性的基础上，还是建立在中华文化独特性的基础上？越来越多的研究者已注意到普世观念的重要性（吴瑛，2012），主张将中华文化中的独特性与价值观的普遍性结合起来。

所谓普世价值是指那些超越差异、普遍有效的价值，主张在文明多样性的基础上突出共同性，在多元文明交流互鉴、共生共存的过程中创造共同性。关世杰（2012）提出了"共享价值观"，与本研究所说的普世价值具有相似的内核，即能够为不同文化和国家的人民所接受的价值观，是一种使大家在精神上都得到满足的原则与信念。全球化背景下，中华文化传播活动的开展要在本土化与国际化之间达到平衡，重视传扬具有普世性的中国价值，以符合当前全球文化交流的时代潮流。

中华文化与世界文化间存在着诸多共通的普世理念。首先，中华文化强调和谐共处的理念，这既体现在人与人之间的和睦相处，也体现在人与自然之间的和谐共生。这种和谐共处的理念对于当今应对环境挑战、推动全球治理体系变革具有积极意义。通过倡导和谐共处理念，中华文化为构建人类命运共同体提供了重要的思想资源。其次，中华文化强调孝道互爱的理念。孝道体现了对长辈的尊敬与关爱，是家庭伦理和社会道德的重要基石。上述思想具有超越民族、超越宗教的特点，是建立世界普世伦理的基础上，且在全球范围内都具有广泛的认可度。

二、凸显中华文化核心精髓

中华文化是在数千年的文明进程中创造和累积起来的，是东方文化的典型代表，是中华文化国际传播的核心所在。

（一）中华文化中具有代表性的特质

中华文化是世界文化系列中唯一没有中断的文化体，绵延五千年的中华文明史创造了诸多被世界文化欣赏和推崇的有代表性的思想。代表性不仅指器物层面有形有体的事物，还包括中国人的思想底蕴，体现中国的气质和精神（田艳、董乐颖、张清，2020）。显性的代表性文化包括语言文字、书法、中医药、武术、戏曲、饮食、民俗等；隐性的代表性文化一般指被大多数海内外中国人和华人所认同和珍视且凝结着中华民族传统的文化精神，体现国家特色和民族特色的形象、符号或风俗习惯。

（二）中华文化中具有深厚性的内容

中华文化在历史的长河中，孕育了哲学、文学、艺术、科技等诸多领域。儒家思想等构成了中华文化的核心思想体系，唐诗宋词、元曲及明清小说等文学形式则展现了中华文化的艺术积累。这些文化内容经过岁月的千锤百炼、沉淀传承，形成了独特的文化气质，具有深厚性和成熟性。

（三）中华文化中具有独特性的思想

中华文化"自具特征，自成体系"（梁漱溟，1949）。在儒家乃至整个中国传统文化中，中庸被视为一以贯之的境界追求和人生道德的至高境界。中庸之道的真谛在于寻求适度，中庸思想在一定程度上塑造了中国人的思维方式与行为方式（李佩英，2009）。在古代政治思维方式中，中庸品德可以妥善协调各方矛盾，实现和谐的价值目标；人们日常生活实践中，体现为守中执正、不走极端。

当然，也正是由于中华文化具有独特性，与其他文化之间难免会存在一定的差异，因此其他文化有时难以借助自身文化来理解中华文化，这也就是文化人类学学者所指的"文化缺省"现象。这提醒我们，在传播这类文化内容时要讲究策略、富有智慧。

（四）中华文化中具有经典性的内涵

"和合"的智慧。"合"是结合、融合的意思，"和合"思想是中国古代先贤对人类社会各种现象本质的概括。这一思想承认事物的差异性，不否认矛盾和冲突的存在，但同时又能够把具有差异性的事物有机地调和为一体，如阴阳和合、天人合一。其他的思想如"以和为贵""立己达人""美美与共"也都包含了合和的思想。文化传播活动如果基于这一视角来举办，中国所倡导的和平崛起的立场也会更加容易地被更广泛的受众所理解和认同。

"仁爱"的思想。"仁"是含义极广的中国古代道德范畴，本指人与人之间的相互亲爱。孔子首先形成了以"仁"为核心的伦理思想结构，把"仁"视作最高的道德原则和道德规范。由"爱人"所推导出的一系列内容都深刻体现出孔子对社会民众的关注，及对整个人类社会和谐发展的关切。孟子随后提出仁政说，把"仁"的学说落实到了具体的政治治理中。由此，中国古代思想体系中"仁"这一概念的思想内涵丰富起来，小到个人理想人格的培养，大到治国理政的理念导向，已成为个体及群体思想和行为各方面的理想人格修养体系，是全民族道德教化最根本的能量资源。在几千年后的今天，"仁爱"的思想仍具有经典而隽永的价值。

因此，中华文化传播活动应着重阐释经典性的核心思想，提供主流性的思想养分（欧阳雪梅，2015）。

三、传播当代社会生活和科技成就

文化是一个动态的、演进的概念，会随着时代的发展和社会的变迁而不断变化。在传统文化基因的影响下，中华文化在当代依然显示出勃勃的生机，当代中国创造的奇迹也引起了海外民众的好奇和探究意识。习近平主席在中共中央政治局第十二次集体学习时指出应高度关注当代社会的发展，要使中华民族文化基因与当代文化相适应、与现代社会相协调。

中华文化传播内容选择中较为突出的问题是古代文化成就比例过多，现代文化所占比例太少（杨薇，2022）。这一方面是由于中国历史悠久，古代文化高度发达，可以提炼的素材较为丰富；另一方面是现代文化发展迅捷，传统文化与当代生活的融会贯通尚不成熟，对古今一脉相承、为我所用的文化自觉和把握能力尚嫌不足。

根据教育部中外语言合作交流中心出版的《国际中文教育用中国文化和国情教学参考框架》，"当代中国"作为中华文化和国情教学的一部分正日益受到关注。

（一）社会生活

了解当今社会变迁，可以使传播受众对当代中国的方案和智慧产生了解和信任。文化生活方面，中国正在积极推动文化繁荣、建设文化强国。全国范围内陆续建成众多公共图书馆、文化馆和博物馆，新型公共文化空间不断涌现。数字化生活方面，中国网络发展迅速、智能手机快速普及，这也悄然改变着人们的生活方式。移动支付和线上购物服务被广泛应用，社交、娱乐、工作等方面也迅速进入数字化生活模式。企业发展方面，中国企业在多领域均取得显著影响力。作为科技领域的典范，华为和联想是全球知名的信息与通信技术解决方案供应商，在电信设备、智能手机、平板电脑和云计算等领域的创新能力获得了全球市场的认可。阿里巴巴和腾讯是中国互联网行业的领军企业，在电子商务和社交娱乐领域具有强大的市场地位。海尔集团和格力电器是家电制造业的佼佼者，以高质量的产品和卓越的服务占据着广泛的消费群体。交通建设方面，基础设施建设进一步加强。建成全球最大高速铁路网、高速公路网、邮政快递网和世界级港口群，航空航海通达全球。交通方式和手段上，共享出行、无人驾驶技术、绿色交通等成为城市交通的重要发展方向。电动汽车及充电站的发展进一步推动了城市交通的绿色化。此外，海外受众对中国流行文化和娱乐时尚元素也充满了兴趣（Fefe Ho、田艳，2022），这些当代社会生活的亮点值得纳入文化传播活动的总体设计中。

（二）当代成就

中国智慧和中国贡献足以让中华文化在当今时代散发光彩，特别是进入新世纪，中国所取得的伟大奇迹为世界所瞩目。因此应讲好当代中国发展进步的精彩故事，帮助传播受众理解中国道路和中国理念。这些成就涉及多个领域。以科技领域为例，主要包括但不限于以下几个方面：

计算机领域，"天河一号""天河二号""神威·太湖之光"世界范围名列前茅；交通领域，高速铁路技术领先，高速铁路运营里程达3万多公里，占全球三分之二。航天领域，成功发射多颗卫星，空间站工程建设取得显著进展，神舟十八号与神舟十九号乘组在空间站胜利"会师"。北斗卫星导航、天宫二号空间实验室发展迅猛，探月工程嫦娥六号任务计划取得重要进展。核能技术方面，"华龙一号"是通过我国研发的百万千瓦级压水堆核电技术开发出来的，具有完全自主知识产权，标志着我国在核电领域取得重大突破。深海探索领域，"蛟龙"号深潜器载人下潜创载人深潜世界新纪录；"奋斗者"号完成国际首次环大洋洲载人深潜科考任务。互联网与通信技术方面，5G网络全球普及为创新应用提供了强大支持，从远程医疗到自动驾驶汽车，其高速度和低延迟特性正在改变人们的生活方式。生命科学领域，用于生物医学应用的新材料不断诞生，这将改变医疗保健领域的许多方面。

俄罗斯媒体曾这样向本国民众介绍中国：

高楼林立的中国大城市街区：全球在建的摩天大楼中很多位于中国，建筑师将它们打造成各种与众不同的形状。体验每周七天24小时的生活：中国很多大城市都是不夜城。你可以在早上前往娱乐场所、健身馆、博物馆甚至去购物。中国人很勤劳，许多人从凌晨开始工作，深夜才结束。通向未来：中国拥有磁悬浮列车、地铁、摩天大厦、各种主题公园、购物商场、高科技基础设施、各种服务机器人、智能城市生态系统。（柳玉鹏译）①

因此，在国际中文教育视阈下进行中华文化传播，应首先分析现当代文化中所蕴含的古代智慧，通过回溯古代先贤思想，使受众能够更加自然地了解当代中国人的思维方式与生活方式。随后，在保留原有文化精神内核的基础上，突出传播中华文化的当代成果，衍生创新出易于融入现代大众生活的活动形式。

总之，丰富、更新的传播内容可以使传播受众了解当今中国社会全面的发展情况，并对成就背后的发展模式产生认同。

第二节 中华文化传播活动特点

一、多元性与丰富性

中华文化传播活动的多样性和丰富性体现在文化的历史发展、动态变化及地域差异中。活动形式多种多样，不拘一格；传播渠道与时俱进，日趋完善；活动内容涵盖中华文化各个方面，如地理历史、社会文化、风俗习惯等。活动受众来自全球，包括不同国家、不同背景的学习者或社区参与者，促进了不同文化间

---

① 参见《俄媒：前往中国的十个理由》俄罗斯dzen网，2024年2月21日/《环球时报》，2024年2月23日。

的交流与理解。对中华文化传播活动的分类也体现了文化环境和教学对象的差异，印证了其多元性与丰富性（详见第三章"中华文化传播活动开展类型"）。

总之，中华文化传播活动的多样性与丰富性体现在其深厚的文化底蕴、多样的传播形式、多种的传播渠道、多元的传播受众以及双向的文化影响。因此，可以根据传播受众的特点和需求、传播环境的特色，选取适宜的文化内容予以传播。

二、互动性与默化性

文化传播是传播者与受传者之间信息共享和沟通交流的过程。中华文化传播活动具有明显的跨文化交流特征和互动特性，这种互动不仅是知识和信息的传递，更是价值理念和思维方式的交融。文化传播促成施受双方的文化整合、文化增殖、文化积淀、文化分层及文化变迁（庄晓东，2003），最终可以引导受众从文化的角度去理解中国。

中华文化传播活动还具有"润物细无声"的特点，具有潜移默化的作用。活动可以以一种温和、细腻的方式进行，通过渗透于活动的各个层面和细节中得以实现。具有默化性的文化活动可以提供情感上的愉悦，增进人们之间的信任，无声无息却持久而深远地影响传播受众的思想、情感和行为。

三、实践性与体验性

文化传播活动鼓励受众亲身参与和体验，如文化体验、手工制作、互动游戏等，从而提升活动的吸引力和实效性。如意大利那不勒斯孔子学院通过举办"中国家庭俱乐部"活动，让参与者亲身体验中国尊老爱幼的家庭文化，感受中国和谐互敬的社会价值观。再如沙特吉达也推出了"体验中国城"活动，主题即"供人们在充满中国氛围的城市漫步"。

四、普及性与教育性

中华文化传播活动具有普及性。传播主体多元，不仅依赖于中文教育机构的主导，还能得到本土社会各界力量的参与和支持。传播受众广泛，不仅面向汉语教育机构学习者，还面向海外社区人士，可以覆盖很多年龄段、职业和文化背景的人士。传播路径多样，直接传播路径包括班级内、校园内、社区内传播，间接传播包含纸质媒介和线上渠道，能够覆盖更大规模的受众，满足不同人群的需求。广泛的社会参与度大大增强了中华文化的普及性。

文化活动不仅是单纯的文化展示，更关注文化方面的教育与启迪。书法、绘画、音乐、舞蹈、哲学等元素是传播内容中重要的教育资源，可以向公众传达中华文化的知识和观念。讲座、研讨会、汉语角等活动也可以向受众传递中华文化的价值与思想。美国文化人类学家赫斯科维茨1948年在《人类及其创造》中首次提出文化熏染（亦称濡化）理论（Enculturation），该理论认为个体通过与社会环境的互动、学习、模仿、交往等方式，逐步接纳一种文化的价值观、行为模式及社会规范等文化要素。这一过程包含文化接触、冲突、整合、调适等阶段，从而形成新的认同和文化意识。文化濡化是一个复杂且持续的文化过程，教育是文化濡化的一个重要部分。中华文化传播活动具有文化濡化的特性，因此也具有一定的教育性。

第三节　中华文化传播活动路径

一、传播路径

雷蒙·威廉姆斯在专著《漫长的革命》中提出"传播的过程就是共享的过程"这一理念（雷蒙·威廉姆斯，2013）。在信息化社会，中华文化对外传播不是以单一的模式来进行，其传播路径和文化共享路径具有很大的拓展空间。以多种交流的方式进行传播和共享，可以引起和扩大其他国家受众的兴趣（单波，2023）。因此，应通过多渠道、多形式推动中华文化的多元传播（高青龙，2023）。例如可以借助海外华文媒体，因为这些媒体既深谙中国国情，又具备融通中外话语体系的独特优势。

（一）直接传播

直接传播指不同文化主体进行面对面接触和交流而形成的文化传播。文化传播活动的开展通过直接传播路径，将中国语言、文化、历史、艺术、社会等各方面信息传递给国际学生和其他受众。这种传播方式强调直接交流、亲身体验和深度理解。

直接传播具有三大特点。1）直接性。活动具有社会学家所说的"在场性"，即通过面对面的交流、实地考察、互动体验等方式，使受众能够直接接触中国的文化元素。2）互动性。注重双向互动，鼓励传播受众积极参与、提问、分享，促进彼此之间的深入交流和理解。3）实践性。通过实践体验等方式，使受众真正掌握和应用所学的知识和技能。

本研究将国际中文教育视阈下的中华文化传播活动分为三大

类别：1）文化实践类活动。通过组织学生参加文化考察、文化社会实践等活动，使学生亲身体验中国或海外华人景观的文化环境和社会现实。2）文化赛事类活动。含综合类赛事和单项类赛事。3）文化推广类活动。通过举办文化节、文化展览、文化巡演等活动，搭建与传播受众之间的交流平台。上述三大类活动都可以通过直接路径进行传播（详见第三章）。该路径至今仍是当今中华文化传播活动的主流路径，也是研究的重点。

（二）间接传播

间接传播主要依赖于媒介传播，通过具有公信力的传统媒介和网络媒介来予以实现。间接传播是直接传播的延续和扩展，超越了课堂、校园和社区的范围，也是当今社会中日益普遍的文化传播方式。间接传播借助传统媒介和新型网络媒介进行。

传统媒介包括广播电视和纸质媒介，这类媒介适合文化赛事类活动，如演讲比赛、征文比赛等。广播/电视媒介在主流视频内容的生产和传播中占据重要地位，具有较高的权威性和品质。2013年，中国国际广播总台/国际在线栏目邀请来自十几个国家的学生参加《我的中国故事》讲述活动。纸质媒体具有生产周期短、可信度高的优势，可以为受众提供更广泛的思考空间。2017年，教育部国际合作与交流司举办"我与中国"征文活动，从86所高校的200篇稿件中遴选出优秀作品，集结成《我与中国的美丽邂逅——来华留学生讲述中国故事》一书出版。此外，北京大学多年举办留学生演讲比赛，其优秀作品也结集出版成书，成为高校留学生演讲培训的重要资料。

在互联网信息时代，网络媒介的兴起极大地拓展了中华文化的传播途径。微博、微信、快手、抖音等新兴媒体及自媒体以其互动性、参与性和开放性，使得来自中华文化的"他者镜像"传播至远方。例如，"歪果仁研究协会"邀请在中国生活的外国人在抖音平台上通过短视频讲述他们的中国故事（胡致祯、郭梓婷，2020）；北京大学国家文化软实力研究中心在《我的中国故事》大赛中，邀请国际留学生利用微纪录片、VLOG和VR等现代媒介展示中国的变化。这些平台不仅降低了文化传播的成本，还符合年轻一代的审美和信息接收习惯。通过这些网络平台和社交媒体的直播，跨文化交流活动如"留学生在北京"和"讲好中国故事创意传播大赛"等主题活动得以广泛传播。

二、传播风格

随着信息技术的不断发展，中华文化的传播迎来了新的机遇、新的路径和新的风格（江俊丽、曹瑞澜，2021），能以不同以往的方式来重新诠释传统文化（梁一染，2022），推进文化传播。当今时代的间接传播具有如下的风格特点：

（一）微小化

当今人们的时间管理有着碎片化的倾向，传播环境也有碎片化的特征，"短即是美"的理念逐渐凸显。比如由中宣部、国家文物局、中央电视台共同策划，中央电视台纪录频道制作的电视纪录片《如果国宝会说话》，利用每集5分钟讲述一件文物，介绍国宝文化背后的中国精神、中国审美和中国价值观。文化教育机构可以将此类活动作为启示，运用媒介传播路径，特别是短视频，积极打造微小化的传播活动。

（二）趣味化

趣味时尚的风格可以使文化活动从平面到立体，由静态转动态，由单一感官接收到视听双重结合，从而体现出趣味化。如抖音官方举办了"我为'非遗'打call""我要笑出'国粹范'""嗯~奇妙博物馆"等系列短视频大赛，用更贴近年轻受众话语表达和表现形态的全新形式，将传统文化的精妙之处进行展现。此外，七大国家博物馆和抖音平台强强联合举办"文物戏精大会"文化传播活动。博物馆里的文物配上鲜活的人物配音，顿时活灵活现了起来。

上述活动将古董文物用年轻化的话语方式、生动有趣的视觉方式展现出来。与以往充满学究气息的文物纪录片完全不同，其海报文案也一改以往传统文化的距离感。因此，中华文化传播活动不妨关注当今的"短视频热"：一方面保留中华文化的丰富内涵，另一方面挖掘出中华文化的娱乐性元素。为此，可以对其进行二次创作，使之更加贴近当今时代的受众群体。对中华文化传播活动路径和风格进行创新，可以为中华文化传播的深层次内核注入新的活力。

第四节 中华文化传播活动效果评估

一、中华文化传播活动效果研究

传播效果是国际传播中的最后一环，也是关键一环。传播效果最能体现传播活动的成效，直接影响着中华文化在海内外的形象和影响力。

在国际中文教育领域中，专注于中国文化传播活动效果的研究较为有限，多数内容包含在广义的中华文化传播效果研究中，且主要集中在孔子学院的传播成效分析上。鉴于此，下文将梳理中华文化传播效果的相关研究成果。截至2024年3月，有关孔子学院文化传播效果的19篇相关文献中，既有质性分析研究，又包含量化实证研究。

（一）质性分析研究

提升文化传播效果路径方面。有学者指出当今孔子学院文化传播不能匹配我国综合国力和国际地位的现状（马宇、谭吉勇，2023）。为提升孔子学院文化传播效果，可以从孔子学院自身、本土化策略、传播方式、教师素养、文化创新、强化当地特色等方面进行优化（于淼，2010；毛向樱，2019；甄真、王大可，2021）。

聚焦某孔院文化传播效果方面。多位学者基于"5W"理论，深入分析各国孔子学院文化传播的效果，以及面临的现实问题和困境，并探寻中国文化走出去的合理出路。如对澳大利亚纽卡斯尔孔子学院（冶晨玥，2021）、泰国清迈大学孔子学院（徐林，2020）、西班牙巴塞罗那孔子学院（朱梦萩，2018）、秘鲁天主教大学孔子学院（蒋艺晗，2021）、捷克帕拉茨基大学孔子学院（钟雨帆，2020）、非洲孔子学院（杨薇、翟风杰、郭红、苏娟，2018；MaheVenance Gaspary，2018）的文化传播效果进行分析。

对比分析文化传播效果方面。有学者对美国、俄罗斯和日本三个国家孔子学院中国文化传播的综合效果进行评估，研究结果证实不同国家、不同意识形态中的中国文化播效果也不尽相同（唐淑宏，2016），中西跨文化传播效果差异的原因在于文化差异与文明冲突及国家利益博弈（曾琤，2014）。

关注专项文化传播效果方面。这类文献将某一文化符号作为传播内容，对其传播效果进行分析。比如薛梦晨（2019）基于非物质文化遗产传播诉求和孔子学院新常态阶段发展要求，分析了孔子学院平台中非物质文化遗产影响传播效果提升的意识问题和现实问题。

（二）量化实证研究

量化实证分析共有5篇，学者多直接采用自编问卷，从不同角度进行传播效果相关实证研究。

有学者从贸易与互动视角构建了孔子学院文化传播评估指标体系（康继军、张梦珂、黎静，2019），并基于该体系进行实证研究。研究发现孔子学院在文化传播效果方面存在滞后，特别是自主拓展能力和可持续发展能力方面提升迟缓，综合影响力参差不齐。该评估体系的构建将在下文进一步探讨。也有学者从文化经济学的角度构建了贸易引力模型，随后基于该模型以中国茶叶、白酒和中药材作为中国文化海外传播效果的代理变量，对相关产品出口数据进行统计分析，验证了孔子学院可以促进中国文化海外传播（林航、江剑敏，2020）。

其余3篇均为利用自制文化传播效果问卷进行的实证研究。如吴瑛（2012）自制文化传播效果量表，从认知、态度、行为三个层次对美国、俄罗斯、日本、泰国、黎巴嫩5个国家16所孔子学院进行文化传播效果调查研究。该研究发现中国文化在日本、泰国的认知度高，在美国的受喜爱度高，而在黎巴嫩的认知、喜爱和接受度都最低。王玥（2018）、郭紫薇（2019）同样自编了传播效果问卷，分别对萨斯喀彻温大学孔子学院、摩洛哥哈桑二世孔子学院进行了文化传播效果实证调查。

二、中华文化传播活动效果评估体系研究

构建中华文化国际传播效果评估体系对于衡量文化传播效果的有效性和影响力至关重要，可以以更加标准化、系统化的手段来考察中华文化国际传播情况。评价体系可以更好地实现中华文化国际传播的可持续发展，不断提升中华文化的国际传播能力。

（一）孔子学院文化传播活动效果评估体系

尽管近年来传播效果相关研究数量在不断增加，但相关研究

仍然处于起步阶段，国际中文教育领域下的中华文化传播效果评估体系起步则更晚。吴应辉（2011）率先构建了《孔子学院评估指标体系》，该评估体系遵循关键绩效指标确立的SMART原则，涵盖了孔子学院文化推介活动情况、影响力等主要指标。吴才天子（2016）在此评估体系的基础上运用层次分析法对各指标进行赋值，建立了标准化的评估体系。安然和何国华（2017）以跨文化五要素理论为基础，从基础层级、传导层级、结果层级，以及所对应的跨文化认知能力、跨文化适应能力、文化展示能力、媒介传播能力、跨文化冲突管理能力等五个维度提出了《孔子学院跨文化传播影响力评估体系》。孙志红（2017）基于传播学理论构建了《孔子学院传播效果评估体系》，一级维度为认知效果、情感态度效果及行为效果，下设"参与文化活动与否""中华文化知识水平"等20个二级指标。康继军、张梦珂、黎静（2019）从文化与贸易互动视角出发，构建了《孔子学院汉语文化传播效果评估指标》。

（二）其他文化传播活动效果评估体系

针对孔子学院以外的文化机构的文化传播效果评估体系主要聚焦于中国文化"走出去"评估体系和专项文化的海外传播效果。

中国文化"走出去"评估体系构建。关世杰（2015）综合社会对文化的理解和中国的国情，构建了"影响力"评估体系，包含4个一级指标（中华文化国际影响力、文化精神内容、文化传播渠道、中国整体社会环境对外国民众的影响）、13个"文化符号"等二级指标和51个三级指标，并采用认知、态度、行为三个层次对其影响力进行测量。李怀亮（2018）借鉴了传播效果认知、态度和行为的三层次，设计了中国文化"走出去"效果评估体系的框架。该框架包含评估的目标和原则、评估的具体范围、评估的指标要素等。有学者对李怀亮构建的评估体系进行进一步优化，从文化价值吸引力、文化产业竞争力、文化传播影响力、文化政策支持力四个维度着手，明晰了中国文化走出去的内涵特征和评估维度，并采用德尔菲法和层次分析法为指标赋权（黄晓曦、宏元，2020）。以上评估体系均从文化传播受众角度入手，从认知、态度、行为三个层次进行效果评估。

应该注意到，文化传播效果的评估不仅是数据的量化，更重要的是可以对受众文化认知、情感态度和行为习惯等产生影响。

未来的研究可以从以下几个方面展开工作：一是进一步完善评估指标体系，使之更加科学、系统；二是加强对传播效果的定量和定性分析，深入挖掘文化传播的内在机制和影响因素；三是加强与国际学术界和专业机构的合作，借鉴其先进经验和方法，提高评估水平和效果。

总体来说，现有文化传播活动效果的测量仅占评估体系中的一小部分，不能充分测量出文化传播的真实效果。还需继续研究和改进现有的评估体系，以使之更加全面、准确地反映文化传播的实际效果。文化传播效果的评估是国际中文教育领域文化传播活动中不可或缺的一环，需要更多的研究者和专家投入，共同努力构建更为完善的评估体系，以提高中华文化国际传播的有效性和影响力。

第五节 中华文化传播活动原则

一、紧迫性原则

在当前的国际形势下，不同文化间的交流与碰撞日益频繁，并时常受到政治等诸多因素的影响和挤压，文化竞争已成不争的事实。一些国家试图通过文化同质化削弱其他国家的文化特色，然而中华文化底蕴深厚，不易被他者同化。正因为如此，也很难被不同文化背景的受众迅速理解和接纳。此外，中华文化传播在一定程度上需要依靠汉语的普及。然而不可否认的是，汉语语言学习难度较大，容易成为文化传播中的无形障碍，这也导致一些文化距离相对较远的民众难以迅速深入把握和认知中华文化。

在文化相互竞逐的时代，中华文化若不及时发声，便可能被淹没或误读。于内，中华文化传播活动有利于彰显中华文化的独特性；于外，可以保护世界文化的多样性。因此，要清醒地认识到中华文化国际传播所面临的挑战，保持高度的紧迫感，主动对该领域展开深入的理论分析和探讨，加快对文化传播活动体系的探讨。

二、本土性原则

本土性指在推广和传播中华文化的过程中，注意结合当地文化背景、社会习俗和民众需求，以更加贴近本土的方式呈现和传播中华文化，从而增强文化交流的实效性和影响力。

（一）文化维模理论引发本土化思考

文化维模理论认为，外来文化体进入到异文化群体时必然会面临对异文化群体的感知和审视，不同文化体为保持自我的文化特质会对外来文化进行筛选与自我保护，这一理论也被称为"社会文化的过滤器"。文明的冲突来源于文化差异（亨廷顿、塞缪尔·P.，1998），从而造成文化传播的困难。"传播不是一个整齐划一的转移过程，是文化传播主体与客体间主动调整与适应、选择与变通的过程，这个过程就是文化本土化的过程。"（C.恩伯、M.恩伯，1985）。文化维模理论提醒我们，应注重加强文化对话，考虑本土文化融合的问题，考虑各自社会、历史、文化背景的差异。通过调节自身表达、理解的方式（李建军，2017），以符合当地人的思想和心理特点。

中西方文化存在很大的异质性，传播目的地的文化与中华文化差异明显。若没有结合本土特点，势必会阻碍文化的传播（况野，2019）。因此，为获得理想的传播效果，应该重视文化维模理论，对受传国家和民族的风俗习惯、伦理道德、价值观念等因素予以充分考虑，采取能够为传播受众所接受的方式"编码"本国文化（王学松，2014）。

（二）受众中心理论促使本土化适应

20世纪中期，传播学界产生了诸多以受众为中心的理论。其中，Katz, E., Blumler, G.J. & Gurevitch, M（1974）的"使用与满足"理论认为，受众具有主动性，会自觉寻找特定内容，从而使需求得到满足。

文化传播活动是一种富有人性和人情味的社会活动，是受众直接参与的社会交互活动，面对的是传播主体与另外一个受众主体的碰撞、交往以及交流后的调适与共享。在文化交流中，由于两种文化彼此间各为独立体系，受众主体很难通过调动自身文化信息自发地习得、体会传播主体的文化理念。因此就需要传播方以受众为中心，提供两种文化都能接受的文化符号以帮助受众进行文化解读。受众中心理论提醒我们，本土性表达需要外部推动力和内部动力的契合，需要关注不同文化间民心的相通（刘琛，2012；张春燕，2014）。

（三）陌生人理论提醒本土化改变

德国社会学家格奥尔格·齐美尔提出，当陌生人进入群体中时，必须放弃一些个性，主动与对方的普遍性保持一致，这样才能达成意义的分享。将这一理论中的"陌生人"概念运用到中华文化传播活动中会发现，传播者与受传受众间进行信息共享和双向沟通与交流（庄晓东，2021），传播主体期望传播给受众的内容就是一种"陌生"，而受众方具有自己独特的文化背景和社会环境，因此对于外来"陌生人"文化的接受程度和方式各不相同。这就要求传播者尊重当地的文化传统和习俗，以开放、包容的态度与当地文化进行对话和交流。有时甚至要放弃一部分与对象国民众思想文化差异过大的传播内容，以达成受传国对传播内容的接受。

三、层次性原则

（一）不同层次的文化各具功能

文化作为复杂而多元的整体性概念，存在着多层结构。依照不同维度，有不同的划分，如物质文化和非物质文化之分；表层文化、中层文化及深层文化"三层次说"（庞朴，1988）；物态、制度、行为、心态"四层次说"（程裕桢，2011等）。文化的表层结构是作为文化外壳的物质产品，中层、深层结构包括生活方式，以及经济、政治、法律、艺术、科学等思想观念和风俗习惯，以及作为民族标志的语言等。其中，非物质文化和深层文化是中华文化的深层精髓和文化灵魂。

传播理论认为，有的文化传播是扩大式的传播，起初波澜不惊，在受众接受以后的一段时间逐渐产生作用；有的文化传播是潜伏式的传播，文化要素传播到受众那里，在某个时间突然发挥很大作用。浅层文化旨在获得好感，中层文化旨在加深了解，深层文化可以获得尊敬。不同层次的文化各有其作用和功能，可以适应多种多样的传播样态。

（二）浅层文化符号不容忽视

以往，中华文化传播活动多围绕浅层文化（如武术、舞狮、书法、剪纸等）开展，借助象征符号的功能向他者展现"中华文化"的特征。有学者将传播中华文化视为传播中国器物文化（如长城、丝绸等中华文化表征），认为输出的京剧、武术、书法等具有较强的视觉冲击，具有深入人心的象征符号的功能。但是也有学者对上述观点提出不同看法（李建军，2017），认为这些象征符号并没有将作为中国人之所以为中国人的身份之根、属性之本以及中国传统文化的精华和智慧深刻地展示出来，从而影响到了当代中国人的文化形象。有学者甚至认为浅层文化的传播是迎合西方的审美期待，作为中华民族的精神母体，中国传统文化的精华和智慧并没有被充分挖掘展示出来。

诚然，中华文化不仅有武术、书法、京剧等能够吸引国外民众的眼球的符号，还应传输更为深刻的内涵。但是这并不是浅层文化符号本身的过错，不能将错误归因于这类展示象征性符号活动的不妥。

20世纪90年代，日本提出"文化立国"战略，国民努力从日本传统文化中寻求元素以建构日本国家的国民精神信仰体系。他们注重彰显历史文化的象征意义，对外传播"樱花""茶道""武士道"等充满特色的日本文化符号，以此建构公众对"文化日本"的认知，让世界得以认识日本文化的价值观，即重视充满温情的人际关系以及人与自然的调和（霍雪莹，2014）。我们从上述案例可以看出，所谓的浅层文化依然可以塑造美好的国家形象。

学界近些年出现的"可爱理论"也可以提供一定的支持。该理论认为"可爱"是一种情感策略，它通过建构具有可爱特征的传播主体或话语体系，引发传播受众的积极情绪，促成差异化群体之间的相互理解与共情（钟新、沈静，2023）。因此，憨态熊猫、京剧表演等浅层文化符号往往具有深入人心的可爱气质，不能否定其在文化传播中的重要作用。

（三）深层文化内涵需要拓展

当然，在中国文化"走出去"的过程中的确存在着传播浅表化、碎片化等不尽如人意的地方。单纯推介象征符号，也的确容易使受众对中国的印象尤其是中国的现状产生隔膜和刻板印象。象征性符号只是中华文化冰山大川的一角，下面还潜藏着丰富的精神宝藏。中华文化承载着中华民族最深厚的精神追求，这些可以挖掘的宝藏成为中华民族的精神脉络和文化基因。因此，需要把文化传播推向更为深入的层面，将更深层的内涵注入文化交流活动中，传播中华文化的精髓要义、民族精神和时代标识，使受众能对中国的历史脉络和现实节奏有更准确的把握。

（四）保持各层次文化均衡发展

文化传播是一个连续的过程，且持续运动着的各个部分相互作用，表现为复杂的多层次的结构模式，因此各层面文化要素的传播并非平行推进，平衡发展。

物质文化、技术文化的传播显然更为便捷，传播范围更为广泛，中华文化最先向海外传播和输出的往往也是中国的物产和技术发明。作为文化核心内容的价值观和意义体系，由于受限于受众接受程度、传播环境、文化距离等因素，传播速度也相对缓慢，传播力度和影响力也会相对减弱。

值得注意的是，这些物产和技术发明以及显性的文化符号，可以体现一定的精神理念、审美导向和价值追求，也可以影响受众对于深层文化活动的关注和人们的精神世界，并间接地传达深层文化所包含的精神内容和文化内涵，因而也会促进文化整体的传播和推进（武斌，2008）。因此，要意识到文化活动的开展具有层次性，不能因为浅层文化容易不够深入就否定和忽视这类活动，而过度推崇深层文化活动的开展。

有些学者之所以矫枉过正，对一些机构的传播者将中华文化理解为单纯的通俗性、符号性文化颇为不满，是因为这些传播者将中华文化的大小传统相割裂，没有很好地将深层文化和浅层文化加以统一，未能从更高的站位来看待问题。此外，也没有思考如何利用浅层文化符号彰显出中华文化的世界性意义，从而出现了脱节和断裂的现象。

因此问题的核心不在于开展的是不是所谓的浅层文化传播活动，而在于目前很多文化传播活动只聚焦或满足于浅层文化传播活动的开展。随着文化传播活动的不断推进和深化，要将文化视作一个连续的整体来看待，逐步将中华深层次文化、当代中国人的文化形象、现代社会的核心价值和当代文化精神展现出来。

四、成熟性原则

在国际媒体话语体系中，中华文化传播的态度似有"着急"之嫌，这是举办中华文化传播活动中必须正视的问题。应在传播态度方面做到更加成熟，在活动组织和实施中做到更加从容（刘琛，2012）。

放眼世界，文化传播成功推广的国家都有一个特点，即经历过一定的发展过程，经历过时间的洗练和考验。德国歌德学院用60年时间，在全球发展了100多个分支机构；英国文化委员会用80年，建立了200多个国外分支机构。举办和推广文化传播活动应建立在对世界各国实际需求做出调查、对自身举办能力进行充分论证的基础上，这是一个长期复杂的过程，需要耐心、策略和智慧。

法国十分重视本国文化传播，推行"给文化贴标签"的国际形象营造战略。他们为文化进行包装和品牌设计，并贴上诸如"优雅""浪漫""高贵"的标签，推动这些美好的标签最终成为法国文化的代名词。这一战略给我们的启示是，应合理整合文化资源，形成文化体系，建立文化品牌，总体提升国家形象。

因此在举办文化传播活动时，不能仅追求短期的轰动效应或表面的成果，更需要从长远的角度考虑文化传播的策略，注重文化的深层次影响和长远发展。此外，要注重与其他国家和地区的文化交流与合作，更好地理解他者文化的需求和特点，调整文化传播策略，探索更为成熟、有效的文化传播模式。

主要参考文献

1. 安然、何国华：《孔子学院跨文化传播影响力评估体系建构初探》，《长白学刊》，2017年第1期。
2. C.恩伯、M.恩伯著，杜杉杉译：《文化的变异现代文化人类学通论》，辽宁人民出版社，1985。
3. 程裕祯：《中国文化要略》，外语教学与研究出版社，2011。
4. 高青龙：《汉语国际教育中的文化传播方式与传播效果分析——评〈汉语国际教育视域下的跨文化传播〉》，《中国教育学刊》，2023年第2期。
5. 关世杰：《跨文化交际中的共享价值观》，《人民论坛》，2012年第15期。
6. 关世杰：《中华文化国际影响力评估体系初探》，《对外传播》，2015年第1期。
7. 亨廷顿、塞缪尔·P著，周琪译：《文明的冲突与世界秩序的重建》（第2版），新华出版社，1998。
8. 胡致祯、郭梓婷：《短视频在我国优秀传统文化传播中的运用——以抖音APP为例》，《传媒论坛》，2020年第3期。
9. 霍雪莹：《中华文化对外传播借鉴日本文化传播模式研究》，《今媒体》，2014年第4期。
10. 江俊丽、曹瑞斓：《徽文化国际传播策略优化研究》，《安徽工业大学学报（社会科学版）》，2021年第3期。

11. 康继军、张梦珂、黎静：《孔子学院对中国出口贸易的促进效应——基于"一带一路"沿线国家的实证分析》，《重庆大学学报（社会科学版）》，2019年第5期。

12. 况野：《全球化背景下的汉语国际教育与中华文化传播》，《汉字文化》，2019年第4期。

13. 雷蒙·威廉姆斯著，倪伟译：《都市文化研究译丛：漫长的革命》，上海人民出版社，2013。

14. 李建军：《关于提升中华文化对外传播能力的思考》，《暨南学报（哲学社会科学版）》，2017年第7期。

15. 李佩英：《中国传统文化的和合精神及现实价值》，《湖湘论坛》，2009年第3期。

16. 梁漱溟：《中国文化要义》，上海人民出版社，1949。

17. 梁一染：《"短视频热"下的传统文化传播探析》，《新闻传播科学》，2022年第2期。

18. 刘琛：《中华文化对外传播战略的跨文化研究》，《福建师范大学学报（哲学社会科学版）》，2012年第6期。

19. 刘继红：《汉语国际教育视领下的跨文化传播》，中西书局，2021。

20. 马宇、谭吉勇：《孔子学院文化传播效果提升路径研究》，《西安航空学院学报》，2023年第4期。

21. 田艳：《文化聚合与文化推进》，中央民族大学出版社，2014。

22. 田艳、董乐颖、张清：《跨文化传播视域下汉语文化微课设计框架构》，《教育进展》，2020年第1期。

23. 欧阳雪梅：《中华文化国际传播能力建设路径探析》，《湖南社会科学》，2015年第1期。

24. 庞朴：《近代以来中国人的文化认识历程——兼论文化的时

代性与民族性》,《教学与研究》,1988年第1期。
25. 单波:《传播的理性与理性的传播》,《新闻与传播评论》, 2023年第2期。
26. 王学松:《汉语国际教育语境下的"文化活动"刍议》,《云南师范大学学报（对外汉语教学与研究版）》,2014年第5期。
27. 吴才天子:《基于层次分析法的孔子学院评估指标体系研究》,《亚太教育》,2016年第36期。
28. 吴瑛:《基于五国孔子学院文化传播效果的考察》,《中国社会科学报》,2012年第9期。
29. 吴应辉:《孔子学院评估指标体系研究》,《教育研究》,2011年第8期。
30. 武斌:《中华文化海外传播的历史规律》,《光明日报》,2008年8月21日。
31. 杨琳、申楠:《论跨文化传播活动中我国文化软实力的提升》,《西安交通大学学报（社会科学版）》,2012年第1期。
32. 杨薇:《国际传播视域下国际中文教育文化教学的内容选择》,《天津师范大学学报（社会科学版）》,2022年第4期。
33. 张春燕:《中华文化海外传播的路径和内容选择》,《云南师范大学学报（对外汉语教学与研究版）》,2014年第1期。
34. 张齐红、田艳、贺赟:《中华文化海外传播效果评估体系构建及实证研究》,《天津师范大学学报（社会科学版）》,2024年第6期。
35. 钟新、沈静:《从视觉吸引到情感凝聚：国家形象视角下可爱传播策略分析——以北京冬奥会吉祥物"冰墩墩"为例》,《中国新闻传播研究》,2023年第1期。
36. 庄晓东:《文化传播：历史、理论与现实》,人民出版社,2003。

37. 庄晓东:《传播与文化教程》,云南大学出版社,2021。
38. Fefe Ho、田艳:《中国流行文化对美国学习者的影响及应对策略》,《社会科学前沿》,2022年第11期。

第三章 中华文化传播活动开展类型

第一节 中华文化传播活动类型构建

一、类型构建意义与原则

分类,即类型化建构,是科学研究的基础。分类的意义在于将大量庞杂无序的事物系统化、条理化,以帮助更好地理解和研究这些事物。通过科学合理的分类,人们能够将碎片化的知识系统化,建立起事物之间的从属关系,同时也有助于发现事物间本质的区别和联系,从而推动科学研究和人类认知向纵深发展。此外,分类是构建学科体系和知识框架的基础,在推动知识整合方面发挥着不可替代的作用。从不同的研究视角出发,可得出不同的分类结果(刘帅奇、吴应辉,2024)。

对中华文化传播活动进行多维度的分类,有助于形成宏观认识,准确定位和理解各类活动。本研究对中华文化传播活动的类型进行探究,旨在通过系统的分类认识和考察不同文化活动的多重特点,为文化活动的顶层设计和政策规划提供科学依据。当然,有时不同类型的活动并非彼此截然分开。

对全球中华文化传播活动类型进行提炼,不能仅仅依赖作者的理性分析，还应借鉴前人研究，并结合各国文化传播的实践情况，以实际案例为支撑进行类型划分，从而确保分类的科学性与实用性。

本章以"问题本位研究"和"层次分析"为分类指导原则，提出中华文化传播活动类型分析应兼顾分层与聚类，从性质、时间、空间等多重维度搭建分类框架。

二、前人总体类型划分

前人学者从不同角度和维度对中华文化传播活动进行了分类。

（一）单一层次分类

单一层次分类，即按照内容或性质等某一单一维度进行的分类，是最为常见的分类逻辑。

按照文化层次进行分类。许嘉璐（2017）以呈现文化定义的形式将活动划分为物质文化活动、行为制度文化活动、精神文化活动三种。这一分类从文化本质入手，有助于理解文化活动的深层意义和核心价值。

按照表现形式进行分类。有学者根据文化活动的表现形式将活动划分为表演、语言角、讲座、展览、联欢会和比赛等六种类型（陈涛、央青，2015）。有研究者进一步将文化活动的呈现方式划分为体验式、观赏式和竞技式三种类型（辛欢，2015），这种分类方式便于细化活动类型，贴合受众的参与需求。

按照文化活动与语言教学结合形式分类。王学松（2014）基于文化活动与语言教学的结合情况，将文化活动划分为配合语言教学的文化活动和以文化传播为目的的独立文化活动两大类型。这一分类对国际中文教育中的文化活动设计具有指导性意义。

按照活动范围进行分类。根据活动的覆盖范围，文化活动又可分为课堂范围的文化活动、校园范围的文化活动及社区范围的文化活动（田艳、贺怡然，2017）。这一分类在文化传播实践中较为实用，便于文化活动的层级化管理和推广。

按照活动特点进行分类。可以分为展示型、体验型、对比型、表演型、游戏型、合作型和比赛型等多个类型（朱缇君，2017）。也可以将课堂文化活动细分为趣味性活动、传统节日类活动和竞赛类活动（陈童童，2017）。

按照形式与内容结合进行分类。田艳、陈森、杜怡芬（2023）提出了一种形式兼内容的分类方法，将文化传播活动细化为文化体验、文化展览、文化赛事、文艺演出和专题讲座等类型。文化体验活动指参与者亲身体验、近距离感受文化魅力的文化活动，又可分为传统节日体验活动、传统技艺体验活动、传统饮食体验活动、传统健身体验活动；文化展览活动指利用有限时空，运用实物作品展示文化的丰富性，可分为传统文化用品展览、艺术作品展览、中国形象展览等类别；文化赛事活动指参与者通过参加比赛来完成文化交流和体验，分为综合比赛和单项比赛；文艺演出活动借助表演形式进行展示达到文化传播的目的；专题讲座活动是邀请学者专家以座谈的方式向受众讲授或培训相关知识，可以分为文化专题讲座、中国现状专题讲座、中外关系讲座和文化分享讲座。

（二）多维层次分类

2022年教育部中外语言文化交流合作中心颁发了《国际中文教育用中国文化和国情教学参考框架》（以下简称《参考框架》）。该框架原本定位于文化和国情教学的指导，但因其系统性和多维特征，本研究将《参考框架》视作中华文化传播活动的多维层次分类依据之一。

《参考框架》的分类综合考虑了文化教学内容的系统性和完

整性，并凸显了中国文化的独特性和动态性。这一分类方法便于文化传播活动内容的筛选与活动的组织。以下具体探讨《参考框架》的多维层次分类体系。

1. 学习者的认知水平与教学阶段

《参考框架》根据学习者的年龄、认知水平及教育阶段，将文化教学分为初级（小学）、中级（中学）和高级（大学及成人）三个层次。这一层次划分并非基于文化内容的难易程度，而是根据学习者的认知能力和语言掌握水平，确保文化内容的适切性。

2. 文化内容的模块划分

《参考框架》将文化内容划分为"传统文化""当代中国"和"社会生活"三个模块。传统文化是基于人类学和文化学视角的中国传统文化内容，侧重展示具有历史传承的文化元素，包括历史、文化遗产、文学、艺术等，强调传统文化的核心价值。当代中国是基于社会学视角的国情教学内容，聚焦发展成果，如经济、科技、教育、地理等，展示中国现代化发展的现实情况。社会生活是基于语言学视角，与语言教学密切相关，涵盖生活方式、购物、饮食等日常生活方面，使学习者更全面地理解中国的社会背景。

3. 文化教学内容的系统性划分

《参考框架》在3个一级文化项目之下细分了31个二级文化项目，既维护了文化教学内容的系统性，又突出了中国文化的完整性，保证了文化传播内容的延续性和适用性。

4. 文化教学目标的层次划分

《参考框架》在总体教学目标下，还分设了文化知识、文化理解、跨文化意识和文化态度四个维度，帮助学习者全方位提升文化素养。

上述多维分类依据确保了《参考框架》可以全面、系统地介绍中国文化和当代国情，为海内外大中小学、孔子学院（课堂）和其他中文教学机构在文化课程设置等方面提供了参考，也为中华文化传播活动的分类提供了令人信服的依据。

三、本研究类型框架构建

从前文分析可见，关于国际中文教育领域中华文化传播活动的类型建构已有一定研究成果，为本研究提供了基础。然而仍然存在若干问题：1）一些分类结果略为微观；2）尚未形成系统化的分类结构；3）《参考框架》多维分类并非基于文化活动而设计，因此适用性方面仍需探讨。

基于层次分析理论和问题导向思维，本研究对中华文化传播活动进行多维度分类探索，提出3个一级类别：文化实践类活动、文化赛事类活动和文化推广类活动（田艳，2017）。这一分类基于以下几点考虑：首先考虑的是按活动性质划分，这是最为显性且直观的分类方式；其次要反映文化传播活动的动态发展过程；最后兼顾文化活动数量与形式的均衡性。

文化实践类活动作为中华文化传播活动中的关键形式之一，主要指汉语文化教育机构或教师基于语言文化环境和社会资源，设计并组织的具备计划性和组织性的活动。这类活动与汉语教学关系最为紧密，是汉语教学内容的延展与外化，是国际中文教育学科最早形成的活动类型，也是最具学科特色的活动类型之一。与文化赛事类活动和文化推广类活动相比，文化实践类活动的受众主要为汉语学习者，但也具备一定的开放性。夏令营、汉语角、文化实践汇报展演等常见的活动形式，既可以使学习者亲身体验中国或海外华人文化景观，也能够一定程度上接触到社会现实。这一类活动作为教学延伸，不仅是传播中华文化的有效途径，也对汉语教学形成了有力的支撑。

文化赛事类活动是指通过各类竞赛形式考察文化知识、文化理解和文化技能的活动。这类活动是在全球汉语国际传播的背景下兴起的，有时也与语言类赛事相结合，为汉语学习者提供有组织性、竞争性、展示性和互动性的文化活动。随着汉语国际传播的加速，文化赛事类活动已成为选拔优秀本土语言文化人才、培养"知华友华"国际人才的重要手段（崔希亮，2010）。

文化推广类活动面向海内外汉语学习者及社区公众，通过举办文化节、文化展览、文化巡演等方式，搭建与传播受众之间的互动平台，深化中华文化的国际影响力。这类活动辐射面广，常常涉及展现中国传统节日、民俗风情、艺术作品等文化主题，可以极大地增强受众的文化体验感。活动在内容设置上具有高度包容性，既能够满足汉语学习者的文化需求，也为非汉语学习者提供了深度参与和感知中华文化的机会。这类活动为国际中文教育领域的文化传播提供了更广阔的空间。

上述三个类别的活动分类在实际中并非泾渭分明，而是呈现出一定程度的交织性与模糊性。接下来的三节将基于对这三类活动概念的界定，展开更为细致的类型化探讨。

第二节 文化实践类活动类型

一、文化实践类活动前人研究

学界并未直接提出"文化实践类活动"的分类概念，许多相关研究往往以"文化实践""实践活动"或"课外实践"等广义的概念进行探讨，或者更倾向于聚焦具体的微观活动，如张若梅、张俏然（2016）关于汉语角的研究，而并未上升到大类的高度。我们根据本研究提出的"文化实践类活动"的定义，对相关文献进行梳理，探究学者眼中文化实践类活动的类型。

有关文化实践活动方面的研究累计达几十篇，研究探讨语言文化实践类活动的时代发展、价值意义、组织设计及建议等，为本研究文化实践类活动的类型化分析提供了学术基础。

（一）文化实践类活动研究

文化实践类活动是国际中文教育领域开展较早的文化传播活动类型。在对外汉语教学阶段（大致1977—1999年），学者多从语言实践课或文化实践课的角度进行探究，关注到了参观、访问、观摩等语言文化实践活动类型（崔永华，1998）。但仍有相当多的教学机构并没有把语言文化实践活动作为整个语言教学过程的重要一环来加以考虑（王文虎，1988），因此相关类型划分也是依附于语言教学展开的。当时的研究视角和分类视角，多基于国内的来华留学生。

进入国际教育阶段（2000—2019年），越来越多的学者开始将语言文化实践活动作为独立的形式和内容进行研究（王琳琳，2017；李佳贞、李俊芝，2023）。2020年，随着国际中文教育时代的开启，对文化实践类活动的类型构建也有所细化。

（二）文化实践类活动意义

学者提出，文化实践活动是教育领域中不可或缺的育人形式，是中华文化传播的重要形式（夏侯迎翔，2023），为分类奠定了基调。田艳（2004）对来华留学生语言文化实践活动的性质、意义、分类进行了较为详尽的分析。田艳、王伟（2013）以中央民族大学外国留学生语言实践汇报演出为例，对国际中文教育领域文化实践活动的特点、意义、内容及组织实施等进行了解读。王威（2023）从高校活动、城市活动、中国文化实践活动三个层次探究活动的意义。

(三)文化实践类活动设计

学者们在探究不同类型文化实践活动的组织与实施时,提出了很多有益的类型划分及设计思路。郝晓荣和田艳(2021)对北京、沈阳两所高校汉语角活动的组织设计进行了分析。李寒冰(2022)将造字文化与研学这一实践性强的活动形式结合起来,探讨来华留学生汉字文化主题研学实践活动的组织与设计。

(四)文化实践活动建议

不少学者对不同类型的文化实践活动提出了建议。吕小端(2021)、刘权(2023)等对国别化文化活动类型提出建议;刘念慈(2020)等从不同年龄受众的角度看待多种类型文化活动的开展。贺婉莹(2023)对语言文化体验活动提出了建议。也有学者关注线上语言实践活动。

二、文化实践类活动类型构建

(一)按照活动视角进行分类

根据活动视角,文化活动可以区分为语言、文化和社会三个层面(如图3-1)。其中语言是文化实践类活动中最为基本的层面,这体现了国际中文教育学科的特色,也使该类型活动与文化推广类活动区别开来;文化是文化实践类活动的深层内涵;社会则是文化实践类活动的环境和舞台。三者相辅相成,互为一体。

有些活动侧重语言,有些侧重文化或者社会。当然,也有些文化实践活动是三者兼而有之,如"汉语角"活动、夏令营活动等。

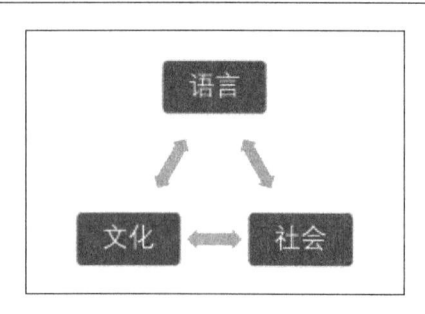

图 3-1　文化实践类活动三维视角

（二）根据活动性质进行分类

精心设计的实践活动能直接、有效地将目的语国家的社会文化与当代人的生活信息传递给学习者（刘继红，2020）。我们按照活动性质，对活动进行了分类，详见表3-1：

表 3-1　文化实践类活动性质分类

类别	特点	项目举例
体验观察类	在一些特定的课外场所开展具有一定规模的体验观察活动	参观农村工厂、造纸博物馆、国家图书馆等
知识讲座类	介绍文化知识、分享文化信息，包括讲座、分享会、沙龙等形式	哈尔滨特色建筑文化讲座、上海犹太文化讲座、边境风光讲座、三星公司周末文化"特讲"
汇报展演类	各类综合性的汇报表演	中文之夜联欢会、"红土情·世界风"活动
竞赛参与类[①]	围绕文化主题进行竞赛比赛	汉字书写比赛、中文歌曲比赛、朗读比赛、中国电影配音比赛
人际互动类	与中国人或华人群体进行交流互动	中外学生联谊会、参观少数民族家庭、去养老院与老人叙谈

---

① 由于该类活动数量及影响力都在不断增加，且具有鲜明的特殊性，因此本研究也将其单独列出进行研究，详见第五章。

续表

类别	特点	项目举例
实地考察类	去户外或外地进行综合考察	昆玉河游船体验、打铁花"非遗"文化体验、黔滇民族地区考察、漠河北极点地标考察、中轴线文化遗产打卡体验

以实地考察为例，学界提倡以教育对外开放带动远途地域文化传播，构建有地方文化特色的文化实践教学体系（王琳琳，2017）。2009年春，北京语言大学组织国际学生进行远途文化实践活动。学生分别前往四川进行经贸考察和西南文化考察，前往洛阳、少林寺和西安了解中原文化，前往福建进行商务考察和闽南文化考察。实践活动结束后，将远途文化实践活动报告的优秀作品结集出版成《学汉语，行中华——北京语言大学来华留学生长途教学实践活动报告精选》。类似地，中央民族大学与美国俄勒冈高校系统合作项目长期举办云南、贵州等地区的考察活动。活动前，带队老师安排美国学生与少数民族学生交流，并进行相关背景的访谈。考察结束后，学生需撰写考察报告。实地考察可以使参与者直接面对最能体现中国文化特色的名胜古迹、市井民俗等，最近距离地接触并了解中国历史、民俗（朱俊华、赵黎明，2010）。学生被带入新的生活环境以便更清晰地意识到自己所处的文化背景，深刻尊重并欣赏多元文化之美，进而构建一种跨文化的共情（工敬慧，2024）。

（三）按照活动内容进行分类

按照活动内容，文化实践类活动可进行如下的分类，见表3–2。

表 3-2　文化实践类活动内容分类

类别	项目举例
消化理解课文	制作中文报纸、中文戏剧表演、汉语故事沙龙
熟悉适应生活	菜市场买菜、餐厅点菜、社会调查
了解中国国情	参观幼儿园、医院等
了解文化艺术	参观名人故居、体验节日习俗、参观音乐学院等
了解城市特点	参观潘家园文物市场、参观北京胡同等
理解当代社会	参观公司企业、探访苏州高科技产业园等
学习中华才艺	书法、武术、绘画、中国歌曲等

以参观企业理解当代社会为例，本书第一作者曾组织国际学生赴全球优质企业联想集团进行文化实践活动。在联想研究院，人力资源部负责人对集团发展历史、企业文化、海外市场拓展现状、产品创新等方面进行了全面讲解，学生们对产品创新设计、科技产品研发、联想集团名称的由来等话题进行提问。学生们也参观了联想全球总部创意园区，其新型和人性化设计的商务办公环境、国际化、时尚化的设计理念给同学们留下了深刻的印象。

图 3-2　国际学生参观联想集团留言

此外，北京理工大学每学期都开展才艺学习体验活动，聘请有关专家进行讲解和传授。学期结束前，还专门组织学生进行盛大的汇报表演。津巴布韦大学孔子学院成立合唱团定期演唱中文歌曲，也将本国歌曲翻译成中文进行演唱。而面向当代中国的文化实践活动，甚至可以细化到具体行业，如中国教育、中医中药、经贸发展、快递物流等，学生们的参与也可以在一定程度上为中国社会和企业的国际化发展带来启示（蔡明均、刘洋，2017）。

（四）根据活动时效进行分类

根据时效性，文化实践类活动可分为固定型和临时型两种类型。固定型是指场所相对稳定、时间周期较为确定的常规活动，如每周汉语角、中国少数民族节日体验活动等；临时型是指在时间上相对不固定、有时也无法预先设定的项目，如参观中小学、逛胡同等活动。云南师范大学面向国际学生举办"初夏之旅"活动，带领学生赴昆明公园展开以"习中华文化，献环保爱心"为主题的户外考察，这一活动属于临时性活动。当然，临时型活动也并非完全不可预见，只要提前纳入到总体的计划中，其可能性和可行性都会大幅提高。

第三节 文化赛事类活动类型

这类活动的主要特点在于通过比赛形式激发参与者的文化兴趣，同时通过竞技与展示的方式加深国际受众对中华文化的认知与认同。

一、文化赛事类活动前人研究

有关语言文化赛事文章数量在2010年以后,呈现大幅增加态势,其中汉语桥赛事分析占比十分明显。

(一)汉语桥赛事活动相关研究

相关研究120余篇,集中在文化传播、试题设计、偏误分析三个方面,下文主要从文化传播的角度简单梳理一下。

王巧娴、徐杰(2014)分析了"汉语桥"系列赛事的文化传播意义,认为文化赛事可以使中国文化及当今社会被更多的受众所感知。臧文轩(2015)、杨敏娜(2018)等通过对"汉语桥"比赛文化传播过程中传播者、受众、讯息、媒介、反馈的分析研究,总结了汉语桥比赛在文化传播方面的价值。刘锐(2018)分析了汉语桥赛事所体现的文化传播内容和方式。也有研究者对线上"汉语桥"大赛进行了分析(傅绎衡,2022)。从诸多学者的研究可以看出,汉语桥这一赛事形式已受到学界的高度关注。

(二)其他赛事活动相关研究

目前可以查找到的探讨汉语桥以外的赛事文献数量不多。这些不多的研究涉及辩论赛、文化视频类赛事等。

宏观分析方面,田艳(2013)对来华外国留学生语言文化赛事进行了总体性的分析,探讨了赛事特点、意义、组织和培训。该文将来华外国留学生语言文化赛事分为"综合类赛事"和"单项类赛事"两种。

具体赛事方面,田艳、陈磊(2011)对于高校留学生辩论赛的特点和内容进行了分析与思考。该文是国际汉语教学领域第一篇针对来华留学生辩论赛进行的研究。田艳、史真(2019)运用调查访谈法、个案分析法和理论提升法等研究方法,对国际学生视频类比赛展开研究。总体而言,学界对文化赛事类活动类型的探究并不十分多见。

二、文化赛事类活动类型构建

文化赛事类活动是一个较为广泛的概念，涵盖了多种形式的文化活动。我们从赛事体量、赛事领域、赛事规模和影响力及赛事性质等几个维度对文化赛事类活动进行类型构建。

（一）按照赛事体量进行分类

根据体量，文化赛事类活动可以分为综合类赛事和单项类赛事两大类。

综合类赛事以全面考察参赛者的文化能力、语言能力以及综合素质为目标，涵盖多项能力的考核，如语言能力、国情知识、中国文化认知及中华才艺等方面。赛事具有较强的系统性和多维度的评估，代表性赛事包括"汉语桥系列大赛"和"北京市汉语之星大赛"。这些赛事不仅注重语言能力，还要求参赛者对中国的历史、文化、艺术等方面有一定的了解与较好的呈现能力。

单项类赛事是对某一特定领域的能力考察。通常聚焦在某一项文化艺术或语言技能的展示和竞争上（田艳，2013），如"外国人唱中国歌比赛""作文大赛""烹饪大赛"等。这类赛事能够细化参赛者的专长领域，进一步展现其在特定文化领域的才能。表3-3列出了部分经典单项类赛事案例：

表3-3 部分单项类赛事经典案例

赛事	内容
中国文学翻译比赛	西班牙格拉纳达大学孔子学院举办中国文学翻译大赛。
诗歌朗诵比赛	华南理工大学组织"如何让留学生讲好中国故事"朗诵比赛。

续表

赛事	内容
主题演讲比赛	北京语言大学举办"讲好中国故事——百国青年共话人类命运共同体"主题演讲比赛，来自78个国家的116名国际学生参与。
唱中国歌比赛	成都电子科技大学举办"留学生中文歌唱大赛"，来自委内瑞拉、埃塞俄比亚、加纳、乌兹别克斯坦等十多个国家的二十余名留学生选手参赛。
汉语作文比赛	教育部国际合作与教育司指导、教育部留学服务中心主办"我与中国的美丽邂逅"征文比赛，吸引了来自上百个国家和地区六千余名来华留学生积极参与。

（二）按照赛事领域进行分类

根据国际中文教育领域现有赛事的实践，我们将文化赛事类活动大致划分为艺术类赛事、语言类赛事以及体育类赛事。

艺术类赛事内涵较为丰富，种类较为多元。其中，文学类赛事如诗歌朗诵比赛、文学创作大赛等，侧重于文学作品的艺术表现和文化创作的能力；音乐类赛事如"唱中国歌曲大赛"、乐器大赛等，考察参与者在中华文化领域方面的音乐艺术表现能力；舞蹈类赛事如现代舞蹈比赛、街舞比赛比赛、民族舞比赛等，考察参与者用舞蹈语汇表达中华文化的能力；戏剧类赛事如话剧比赛、小品比赛等，通过戏剧演绎和表演展示文化内涵；美术类赛事如绘画展、设计大赛等，通过绘画和设计作品展示对中国文化的独到理解。

语言类赛事考察参赛者的语言能力、中文表达水平以及对中国文化的语言展示能力，包括中文演讲比赛、辩论赛等。这些赛事通过对语言的使用和对文化内涵的传达，评估参赛者的中文水平和文化认知。

体育类赛事分为两种类型。一是综合性运动会，如留学生运动会涵盖多种体育项目，通过体育赛事展现实力、增强跨文化交流；二是单项体育赛事，如太极拳比赛、八段锦比赛等，通过传统体育项目比拼，帮助外国学生理解和体验中国传统体育文化。

（三）按照赛事规模和影响力进行分类

根据规模和影响力，赛事可以分为国家级、行业级、地区级及小规模赛事。

国家级赛事。这类赛事通常具有较大的影响力和参与度，可以吸引世界各国的汉语学习者，是代表了文化交流的高水平赛事，如"汉语桥"系列赛事、"英国学生汉语演讲比赛"等。

行业级赛事。这类赛事在特定行业或领域内具有广泛影响力，但相较于国家级赛事，参赛范围稍显局限，如各大高校或文化机构举办的具有行业特色的赛事。

地区级赛事。这类赛事通常聚焦于某一地区的文化传播与交流，参与者主要为该地区的学生或文化群体，如北京市留学生征文比赛、地方性中文演讲比赛等。

小规模赛事。这类赛事通常为特定群体或组织内部举办，规模较小，重点在于小范围的文化展示与交流。在学校或社区内部举办的小型赛事（如留学生摄影展）即为这类赛事。

（四）按照赛事性质进行分类

文化赛事的性质通常决定了赛事的组织形式和核心目标。按照性质，赛事可以分为以下几类：

竞技性赛事。赛事以竞争和比赛为目的，采用评分和排名机制来评判参赛者的表现，如歌唱比赛、舞蹈比赛等艺术类赛事。这类赛事关注参赛者的技能和艺术表现力。

展示性赛事。赛事以展示和表演为核心，并不以竞争为主要目的，旨在展示参赛者的艺术成果和文化水平，如绘画比赛、配音大赛等，活动本身更侧重于文化的交流和表现。

综上所述，通过对文化赛事类活动多维度的分类，我们可以更全面地了解和评估不同类型的文化赛事及其在国际中文教育中的重要作用。

第四节　文化推广类活动类型

一、文化推广类活动前人研究

本节回顾不同地区文化推广类活动的特征、类型及研究发现。

（一）欧美地区文化推广类活动类型

美国文化推广类活动主要以孔子学院为传播主体，涵盖了不同层级的教育机构和活动规模。有学者将美国文化传播活动分为会议讲座类、文化展示类、文化体验类、访问交流类、其他类活动5大类型和论坛讲座、相关会议、晚会表演、文化展览、体验工作坊、各类比赛、文化俱乐部、合作交流、夏令营、培训活动10种活动形式（王丹、梁宇，2021）。也有学者将文化推广类型区分为以讲座、研讨和会议等理性分析层面的活动以及演出、展览和视频放映等感性直观层面的活动（张乐心，2020）。

英国文化推广类活动也主要依托孔子学院展开。陈婧卓（2019）将英国孔子学院文化活动分为表演、文化体验、比赛、展览、讲座会议、比赛、游戏等几大类别。也有研究者将英国文化推广活动分为讲座、汉语角、节日活动几类（陈李戈瑞，2018）。

其他欧洲国家文化推广活动的研究中，一些研究者也提到了类型划分。有学者将意大利大学中华文化活动分为讲座、展览、表演、比赛（郑婕茹，2020）。也有学者将西班牙中华文化活动划分为文化展览、文化演出、比赛、文化宣讲等类型（吴雅萍，2019）。还有学者将葡萄牙中华文化传播活动划分为讲座式、展览式、表演式、比赛式和游戏几个类别（牛士伟，2017）。

（二）亚洲地区文化推广类活动类型

越南中华文化传播活动举办日益频繁，但相关研究十分薄弱。以越南中华文化传播活动为主题的论文目前仅有3篇。吕芳（2019）对河内大学孔子学院文化推广活动实施情况进行了分析，指出中华文化活动形式从最常采用的比赛、讲座、晚会、交流会逐渐拓展到联欢会、推介会、文化体验、演出、海外夏令营等形式。

泰国文化推广活动集中于孔子学院，而孔子学院的文化活动可以分为常规性文化活动、节日类文化活动和比赛类文化活动（刘杨，2015）；也有研究者将泰国中华文化活动分为文艺展演、节庆活动、文化体验、展览、比赛、讲座、座谈会、开放日、文化营等12种类型（潘书霖，2019）。

其他亚洲国家文化推广活动类型的探究涵盖多国。有研究者将韩国中华文化活动划分为文化体验、比赛、讲座、文艺演出、研讨会/会议、展览、交流、论坛、节庆活动、沙龙10种（齐雅文，2021）。有研究者对日本中华文化传播活动类型进行了分析（李文秀，2018），有研究者认为形式方面，包括论坛讲座、展览、文化体验、演出和比赛五大类；主题可分为以下几类：古代艺术类有传统手工艺、传统书画、音乐、戏剧等，生活娱乐类有饮食、游戏竞技、服饰和节目习俗等。此外还有教育类、文学类、古代科学技术和历史地理类等活动。

（三）非洲国家文化推广类活动类型

近年来，非洲地区中华文化传播活动研究逐渐兴起，特别是在活动类型设计和实施方面，相关研究强调了活动设计应注重地域差异与文化需求的结合（沈甘露，2014）。刘权、吴修奎（2017）认为非洲文化活动可以分为如下几类：联谊交流、文化演出、比赛竞技、仪式典礼、展览讲座、纪念日活动等。周海金（2022）从传播内容的角度对文化活动进行分析，将文化活动划分为节庆、武术、体育、餐饮等类别，同时提出中华文化在南非国家的传播，应从传统东方文化向更加开放和包容的现代形态转变。

二、文化推广类活动类型构建

（一）类型构建

结合多年来我们对海外文化推广活动的实地考察以及前人学术研究，本研究在活动形式、时间特点、时限长度、内容性质、参与对象、活动方式等多个维度上，对文化推广类活动进行系统分类，具体分类详见表3-4。

表3-4　海外文化推广类活动类型划分

分类维度	类别	举例
活动形式	常规活动	武术巡演、社区讲座、照片展览
	特色活动	中国文化日、中国文化周及国际文化节
时间特点	独立性活动	北京奥运会文化内涵讲座、高校运动会体验活动
	连续性活动	系列武术巡演、篆刻作品巡展
时限长度	单日活动	参观展览、中国文物沙龙
	多日活动	瓷器文化周、中国电影周、系列讲座

续表

分类维度	类别	举例
内容性质	学术类	讲座报告、文化巡讲、学术研讨、商务晚餐会
	非学术类	游园会、文化节、开放日
参与对象	专业技能类	绘画、棋类、武术、书法、剪纸、乐器
	大众参与类	中文歌曲演唱、中国民族传统服装T台秀
活动方式	展览展示类	中国敬老主题摄影展、老上海回忆照片展、中国水墨画展
	互动体验类	武术推广、按摩培训、知识竞赛、节日庆典、美食烹饪
	仪式庆典类	孔子学院周年庆、夏令营出征仪式
文化范畴	整体文化	中国服饰展、中国古代游戏体验活动
	局部文化	民族文化、地域文化、小众文化

（二）活动案例介绍

1.活动形式

常规活动指具有固定频率或持续多年的文化推广活动，这类活动通常形成了品牌效应，成为推广文化的常见途径。伦敦中医孔子学院每年举办的春节巡演持续多年到各个社区进行演出，已经成为标志性的常规活动。

特色活动具有较强的独特性和主题性，往往围绕特定节日或文化主题举办，强调活动的新颖性。卢旺达大学孔子学院举办的"中国文化进校园"特色活动涵盖剪纸、书法、茶艺等等多种文化展示形式，丰富的活动内容吸引了约1000人参加，极大地提高了中国文化在当地的认知度和吸引力。

2.时间特点

独立性活动指一次性的文化推广活动，通常围绕某个主题进行，具有单一且独立的内容。如乌拉圭共和国大学孔子学院在乌拉圭小学举行的文化体验活动，包含太极扇表演、汉语体验课等，为当地小学学生提供了难得的中国文化体验机会。

连续性活动指定期或不定期持续举办的系列活动，通常以固定主题或内容串联，形成连贯性。如湖南中医药大学面向韩国圆光大学孔子学院连续多年举办"孔子学院文艺巡演"项目，此外还远赴芬兰、爱沙尼亚、挪威、纳米比亚、尼日利亚、利比里亚、菲律宾、马来西亚等八国开展传统功法巡演活动，让中医药文化外化于行。

3. 时限长度

单日活动指在一天内完成的活动，活动内容浓缩而集中，以便观众在短时间内获得最大化的文化体验。如2024年10月，老挝国立大学孔子学院承办"民以食为天"中国饮食文化展。活动现场设置了中老美食体验区，师生品尝中国螺蛳粉、饺子及老挝竹筒饭、烤鸡等特色美食，还举办美食拼图、看图片说菜名、猜中国各省代表菜系等小游戏。

多日活动指为期数天或数周的文化推广活动，内容更为丰富深入，吸引观众多次参与。例如，2024年9月20—25日，巴西孔子课堂教学点里约葡中举办了"中国日"主题活动，庆祝孔子学院成立二十周年以及葡中双语高中揭牌十周年。活动组织了"中国哲学""中国历史""中国神话""中国少数民族""中国文物""今日中国"等主题展演。

4. 内容性质

学术类活动以学术讨论或讲座为主，通常面向学术界或专业人士，旨在深层次地推广中国文化。如巴西戈亚斯联邦大学中医孔子学院举办《中医推拿之术》线上讲座，吸引了巴西及莫桑比克的30余名学员参加。讲座内容涵盖推拿历史、临床应用、手法及养生保健，旨在帮助学员全面了解推拿医学的基本概念与实用价值。

非学术类活动以轻松、互动性强的形式呈现，吸引普通观众参与，具有更广泛的大众传播性。如爱丁堡大学孔子学院的"中秋游园会"为观众提供了体验中国中秋佳节的各类小游戏，让人们在娱乐中感受中国的节庆文化。

5. 参与对象

专业技能类活动指专门针对某些特定技能的文化推广活动，面向对该技能感兴趣的观众。例如，贝宁阿波美–卡拉维大学孔子学院承办"兰亭·雅集"之"画意的书法"活动，为参与者提供有关中国汉字和书法艺术的沉浸式体验，并教授参与者书法令其掌握书法技巧和艺术内涵。

大众参与类活动更注重观众的参与性和互动性，适合所有年龄层次的观众。例如，比利时列日孔子学院在其辐射的中学开展汉服体验活动，不仅展示传统服饰文化，还设置了汉服试穿体验环节，增强了文化体验的互动性。

6. 活动方式

展览展示类活动以视觉展示的方式传播文化，通过实物、图片等媒介吸引观众。例如，巴西孔子课堂与陕西历史博物馆联合举办的文物创意分享活动走进高中，学生们参观了陕西历史博物馆提供的多种文创产品，首次体验到了中国的博物馆艺术。

互动体验类活动注重观众的参与，通常包括动手体验的内容，为观众提供实际接触的机会。上述的汉服体验活动即属于此类活动。

仪式庆典类活动通常包含庆典或重要的仪式性内容。如都柏林大学孔子学院、科克大学孔子学院组织开展"庆祝中爱建交45周年"书画展和品茶等活动，现场观众在感受中国书画艺术魅力的同时，也在茶香氤氲中沉浸式体验中华茶文化的深远意境。

7. 文化范畴

整体文化活动展示中国文化的整体性，使观众对中国文化有全面的认知。例如英国金史密斯孔子学院多次举办中国舞蹈活动，以音律和舞蹈的形式传播中国人的礼仪和智慧。

局部文化活动指聚焦于特定区域或少数民族文化的推广活动，展示中国文化的多元性与地域特征。如都灵大学孔子学院教学点瓦莱达奥斯塔大区的库马约尔高中和都灵市区的斯宾内利小学分别举办新疆舞体验工作坊，将中国少数民族舞蹈带入意大利中小学课堂，让意大利学生们近距离感受中国少数民族的文化艺术魅力。

文化推广活动的分类维度多样，内容丰富。一些分类与文化实践类活动略有交叉，但仍主要侧重于文化的推广和交流。

构建类型体系的意义在于促进对全球中华文化传播活动的系统化、全面化理解。首先，类型的系统性研究能够整合文化传播活动的不同要素形成完整的体系，从而更准确地把握文化传播活动的内涵与发展方向。其次，类型研究的逻辑性和严谨性能够通过明确的理论框架，展现不同文化活动之间的内在联系与相互作用，从而促进文化传播理论的深入发展。

主要参考文献

1. 蔡明均、刘洋:《关于高校来华留学生文化活动的思考》,《教育现代化》,2017年第14期。
2. 陈婧卓:《英国孔子学院文化传播活动现状调查与研究》,天津大学硕士学位论文,2019。
3. 陈李戈瑞:《孔子学院中国文化传播的现状与出路——以伦敦孔子学院为例》,广东外语外贸大学硕士学位论文,2018。

4. 陈涛、央青:《基于数据库的美国孔子学院文化交流活动分析》,《汉语国际传播研究》,2015年第1期。

5. 陈童童:《新西兰小学阶段文化活动的设计与实践——以奥克兰市四所小学为例》,西安外国语大学硕士学位论文,2017。

6. 崔希亮:《对外汉语教学与汉语国际教育的发展与展望》,《语言文字应用》,2010年第2期。

7. 崔永华:《汉语教学的教学类型》,《语言文字应用》,1998年第2期。

8. 傅绎衡:《浅析"汉语桥"比赛对对外汉语教学的启示——以第十九届、二十届比赛为例》,《汉字文化》,2022年第20期。

9. 郝晓荣、田艳:《对国际中文教育中汉语角实践活动的分析与思考——基于对北京、沈阳两所高校汉语角的调查》,《汉语国际传播研究》,2021年第1期。

10. 李寒冰:《来华留学生仓颉造字文化主题研学活动探索》,《汉字文化》,2022年第1期。

11. 李佳贞、李俊芝等:《来华留学生"社会实践+文化体验"协同育人现状与实策略》,《中医药管理杂志》,2023年第1期。

12. 李文秀:《日本孔子学院的文化活动现状研究》,《中华文化海外传播研究》,2018年第2期。

13. 刘继红:《汉语国际教育视域下的跨文化传播》,中西书局,2020。

14. 刘念慈:《"一带一路"背景下泰国孔子学院文化活动本土化发展现状及推进对策——以清迈大学孔子学院为例》,《智库时代》,2020年第4期。

15. 刘权:《非洲孔子学院因地制宜开展中国传统文化活动策略研

究——以非洲两所孔子学院为例》,《汉字文化》,2023年第3期。

16. 刘权、吴修奎:《非洲孔子学院中国文化推广活动的调查分析——以喀麦隆雅温得第二大学孔子学院为例》,《楚雄师范学院学报》,2017年第2期。

17. 刘锐:《"汉语桥"世界大学生中文比赛的文化传播研究》,《中华文化海外传播研究》,2018年第1期。

18. 刘帅奇、吴应辉:《国际中文教育类型体系构建》,《四川师范大学学报(社会科学版)》,2024年第2期。

19. 刘杨:《泰国清迈大学孔子学院中国文化活动调查研究》,云南师范大学硕士学位论文,2015。

20. 吕小端:《加勒比地区孔子学院文化活动发展探究——以多米尼加圣多明各理工大学孔子学院为例》,《现代交际》,2021年第8期。

21. 牛士伟:《里斯本大学孔子学院文化活动的设计与反思——以中国结活动的本土化进行反思》,《华北水利水电大学学报》,2017年第2期。

22. 潘书霖:《泰国孔子学院中国文化活动调查与反思》,天津师范大学硕士学位论文,2019。

23. 齐雅文:《符号互动理论下韩国孔子学院文化传播活动研究》,山东大学硕士学位论文,2021。

24. 沈甘露:《非洲孔子学院中国文化活动推广调查报告》,上海外国语大学硕士学位论文,2014。

25. 田艳:《关于语言实践活动的总体构想》,《北京地区第三届留学生教育学术研讨会论文选》,北京大学出版社,2004.

26. 田艳:《对来华外国留学生语言文化赛事的分析与思考》,《民族教育研究》,2013年第3期。

27. 田艳、陈磊：《汉语国际传播背景下高校留学生辩论赛培训机制探索》，《汉语国际传播研究》，2011年第2期。
28. 田艳：《关于汉语国际教育硕士语言文化赛事组织与培训能力的培养——以"北京市外国留学生汉语之星大赛"为例》，《汉语国际传播研究》，2017年第1期。
29. 田艳、史真：《对来华国际学生视频类赛事的调查与思考》，《社会科学前沿》，2019年第8期。
30. 田艳：《国际汉语课堂教学研究——课堂的组织与设计》，中央民族大学出版社，2010。
31. 田艳、王伟：《对外国留学生语言实践汇报演出的分析与思考》，《汉语国际传播研究》，2013年第1辑。
32. 田艳、陈森、杜怡芬：《美国高校中华文化传播活动的调查与思考》，《教育进展》，2023年第9期。
33. 王丹、梁宇：《美国孔子学院文化活动研究》，《云南师范大学学报（对外汉语教学与研究版）》，2021年第19期。
34. 王敬慧：《互鉴与共情：跨文化思想交流的两种范式》，《对外传播》，2024年第7期。
35. 王琳琳：《留学生汉语言专业实践教学与地域文化协同发展策略》，《鞍山师范学院学报》，2017年第3期。
36. 王巧娴、徐杰：《"汉语桥"的语言文化传播探析》，《文化与传播》，2014年第3期。
37. 王学松：《汉语国际教育语境下的"文化活动"刍议》，《云南师范大学学报（对外汉语教学与研究版）》，2014年第5期。
38. 王威：《来华留学生中国文化认同培养策略研究》，《汉字文化》，2023年第22期。
39. 夏侯迎翔：《传播学视阈下华东师范大学年度国际学生文化活动研究》，华东师范大学硕士学位论文，2023。

40. 杨敏娜:《"汉语桥"比赛与中华文化传播——以2014-2017年"汉语桥"决赛为例》,兰州大学硕士学位论文,2018。
41. 吴传华:《关于中国对非洲文化传播战略布局的思考》,《对外传播》,2017年第11期。
42. 吴雅萍:《西班牙孔子学院文化活动研究——以拉斯帕尔马斯大学孔子学院为例》,浙江科技大学硕士学位论文,2019。
43. 武佳铭:《韩国外国语大学孔子学院"未来中国通"文化活动研究》,北京外国语大学硕士学位论文,2021。
44. 辛欢:《孔子课堂文化活动策划与管理模式初探》,天津师范大学硕士学位论文,2015。
45. 许嘉璐:《中国文化如何影响世界》,《领导决策信息》,2017年第5期。
46. 臧文轩:《以赛代学 寓教于乐——浅析"汉语桥"世界大学生中文比赛落户湖南卫视以来的发展变化》,曲阜师范大学硕士学位论文,2015。
47. 张乐心:《观念 需求 内容——基于美国密歇根大学孔院文化活动数据的思考》,《人民音乐》,2020年第5期。
48. 张若梅、张俏然:《来华留学生社团活动体系构建探索与实践——以"沈阳师范大学汉语角社团"为例》,《科技经济导刊》,2016年第12期。
49. 郑婕茹:《基于知识扩散理论的意大利孔子学院文化活动研究——以米兰国立大学孔子学院为例》,辽宁师范大学硕士学位论文,2020。
50. 周海金:《中华文化在南非传播的意义、内容及路径》,《鲁东大学学报(哲学社会科学版)》,2022年第39期。
51. 朱俊华、赵黎明:《关于留学生文化体验活动的思考》,《辽宁教育行政学院学报》,2010年第4期。

52. 朱缇君:《泰国汶干中学汉语文化活动课有效教学模式探索》,广东外语外贸大学硕士学位论文,2018。
53. 祖晓梅:《文化教学的新理念和新思路——〈国际中文教育用中国文化国情教学参考框架〉解读》,《语言教学与研究》,2023年第3期。

第四章　文化实践类活动组织与实施

第一节　文化实践类活动意义及分级

一、文化实践类活动意义

（一）提供真实情境，语言文化一体

文化实践类活动通过模拟或再现目的语国家的日常生活场景，为受众提供真实的语言文化情境，实现语言教学与课外学习的一体化（王珊，1999），从而使活动场域具有"实地感"，更具"中国化"特质。

在国际中文教育的视阈下，文化实践类活动常常与语言实践活动紧密相连，有时也被称为"语言文化实践"活动。这种现象并不难以理解，因为语言是文化的载体，而文化是语言的灵魂。

文化实践类活动通常涉及视觉、听觉、触觉等多种感官体验。通过多元感官的体验，参与者不仅可以掌握相关的语言知识，还能感受到文化背后的历史和习俗。此外，文化实践类活动提供多元化的文化视角，使参与者能够从多方面理解语言背后的文化逻辑。文化实践类活动不仅可以促进语言能力的提高，还能增强跨文化交际能力，从而实现语言学习与文化理解的双重提升。

（二）内化文化知识，传播文化理念

文化实践类活动为体验者提供沉浸或半沉浸式的体验，使其获得对社会文化知识的深入理解。在目的语环境中，学习者能够亲身感受中国的各个方面。在海外非目的语环境下，可以利用当地的语言文化景观进行实践活动。文化实践活动能有机而和谐地将课堂中静态、孤立、平面的文化知识交织在一起，其真正目的是使文化被理解、被吸收和被接受（洪波，2010）。通过文化实践类活动，体验者进行文化观察，感知文化构架，进行文化语码转换，从而内化文化知识。

文化实践类活动促进文化理念的传播。活动可以面向中国情怀教育展开，如参观长城等历史遗迹及中华民族共同体体验展等。很多国际学生在毕业后从事中外交流活动，他们是中外友好的桥梁。对这一群体开展该类活动，可以培养起他们对中国的深厚感情，为成为知华、友华、爱华的传播人才做准备（王威，2023）。

（三）综合开放特质，激发个人成长

文化实践类活动具有综合性特征，对参与者情感和精神世界的影响是全面的。受众特别是汉语学习者通过文化实践类活动可以深入到中国社会生活或海外华人场域的各个层面中去，更快地适应中国生活或者为来华进行准备。此外，参与者在活动过程中可以发现文化行为规则、形成文化理解意识，最终形成个人文化能力。

文化实践类活动具有开放性特征，可以面向多样化的个体需求，利用丰富的社会资源，为参与者提供广阔的发展空间，学习者可以根据自己的兴趣和特长选择不同的参与方式。同时，开放性的文化实践活动能够整合学校、社区、企业等多方资源，如博物馆、文化中心等。学习者通过自主探索和解决问题，在活动所提供的社会互动中培养创新思维，提升社会适应能力。

二、文化实践类活动分级

除一些规模较大的机构全体成员参与的文化实践活动（如语言文化实践汇展演、参观故宫），小范围的文化实践类活动可以进行一定的分级，各个层次的小团体可根据自身特点开展相应等级的文化实践类活动。具体分级依据主要有三个方面。

（一）语言掌握程度

语言掌握程度是文化实践类活动分级的基本依据。初级汉语水平人士可以参与一些语言难度不太大的活动，如中国餐厅体验活动；中高级汉语水平人士可以开展诸如中外学生朗诵比赛、看中文电影、热门话题辩论等文化活动。值得注意的是，同一个活动可以在不同汉语水平的受众中多次进行，实施不同的活动内容。比如同样是包饺子活动，针对初级水平可以巩固相关的简单动词和形容词；针对中级水平可以举办与饺子相关的文化背景的文化沙龙，如饺子起源、各地饺子差异等；针对高级水平则可以进行中外面食文化比较或饮食文化变迁的主题演讲。

（二）文化认知水平

文化认知水平是文化实践类活动分级的重要因素。那些具有典型中国特色和一般常识性的文化内容，如中国广场舞体验活动，即使是初级汉语水平人士也是可以尝试的。茶文化代表了典型的中国特色，也可以打破文化认知层级的限制。而深层文化内容，如参观科举考试博物馆等，因对文化认知能力有所要求，所以一般面向中高级汉语水平人士。

（三）社会了解深度

参与者对社会的理解和需求程度也影响活动的选择。有些受众对聋哑学校、老人院等机构感兴趣，也有些受众想了解城市外来务工人员的生存状况。但并不是所有受众都对这类活动感兴趣。所以应考虑受众对中国社会的理解和需求程度，选择适当的时机开展适当的活动。

当然，兴趣和动机是重要的驱动力。有的活动即使参与者不具备相应的语言水平、文化认知能力或者社会了解深度，但是由于对活动保持高度的热情和探究意识，也是可以参加的。因此，所谓的"分级"只是大概的区分，并没有绝对严格的界限，需要组织者根据受众特性制定具体的活动计划。

第二节　夏令营活动

夏令营（冬令营）活动能够在假期为国际学生提供深入体验不同文化、语言环境和社交环境的机会，具有文化交流与体验、语言学习与提升、建立友谊与联结等功能。

一、泰国夏令营活动
（一）"中国文化体验之旅"夏令营[①]

2024年6月，泰国文华国际学校举办了历时十天的"中国文化体验之旅"夏令营活动，营址选在广东湛江。活动与中国湛江

---

① 信息来源：https://mp.weixin.qq.com/s?__biz=MzUxNjc1OTAyMw==&mid=2247535862&idx=1&sn=fd8c812725a766d7a315b691c7e8e01c&chksm=f82cc7b3d2971342965f80cd91c0b6f4fb8503836a00c60fc0f54f5bde034f16d500df7cd765&scene=27

科技学院和培才学校联合举办，参与者多为中小学生。学生参观了博物馆、观看了文艺演出、感受了包饺子、制作了鲜花饼，还与中国学生进行了交流沟通和联谊活动，在中国真实语境的情况下进行了沉浸式语言学习。通过夏令营活动，泰国孩子们亲身体验了中国博大精深的文化，欣赏了湛江的秀丽景色及风土人情，在幼小的心灵中埋下了一颗热爱中国的种子。

（二）"体验中国文化"夏令营

泰国曼松德·昭帕亚皇家师范大学孔子学院带领近30位中文系学生和其他6所中学的学生赴天津进行了为期21天的"体验中国文化"夏令营活动。

此次夏令营活动由天津师范大学国际教育交流学院与泰方联合举办，主题是"体验中国文化，搭建中泰友谊桥梁"。活动制定了详细的日程安排，内容丰富充实：从名师主讲的基础汉语课程，到精心准备的中国文化介绍；从"在做中学"的语言实践，到体验丰富多彩的中华武艺、中国书法，再到学做中国菜；从畅游北京名胜、奥运场馆到参观滨海新区；从品尝北京烤鸭，到品尝自制菜肴，再到中泰学生文化交流联谊活动。充满中国文化特色的活动安排使中泰师生们建立了深厚感情。

二、华裔学生寻根之旅夏令营[①]

华裔学生寻根之旅夏令营主要针对华裔青少年举办，对于华文教育具有特殊的意义，目前已经形成了多个系列，成为夏令营活动的经典品牌。活动可以激发华裔学生对汉语言产生兴趣，对中华文化产生情感，并提升其民族意识和归属感。因此在有力传播和弘扬中华文化的同时，也帮助华裔学生树立了民族自尊心和

---

① 信息来源：http://www.cq.xinhuanet.com/20240703/3ac3bfae8d1e48a8b3584237fc4c315f/c.html

自豪感。

2024年7月，由中国侨联主办的2024"中国寻根之旅"夏令营在中国多地正式开营。重庆营由重庆师范大学负责承办，来自印度尼西亚、俄罗斯、英国、美国、委内瑞拉的60名华裔青少年走进巴渝大地，开启了为期10天的寻根之旅。重庆具有独特的巴渝文化，学员们赏山水画卷、品巴渝文化、览古今历史，体验重庆的文化底蕴和民俗民情，感受高速发展的中国和山城重庆。

图 4-1　全球首届海外华裔青少年中国诗词大会夏令营[①]

活动不仅设置了民族舞蹈、中国武术等具有中华文化特色的体验活动，还通过参观访问、互动交流等形式走进中国三峡博物馆、荣昌陶博物馆、白鹤梁石刻等人文景观，探访重庆国际物流枢纽展示中心等地，使华裔青少年"听"传统故事，"读"经典古诗，"学"中华文化，"阅"巴山渝水，"品"重庆风味，"看"重庆发展。

---

① 图片由活动组织者贺怡然老师提供。

第三节 汉语角活动[①]

一、汉语角活动由来

"汉语角"一词借鉴于"英语角"（English Corner）这一概念，在1978年至1992年英语角蓬勃发展之后逐步兴起，旨在帮助学习者和参与者感拓展中华文化空间，推广中国语言文化。目前汉语角已成为海内外颇具特色的文化实践活动，既活跃了当地社区的文化生活，又将中国文化渗透至普通人士。校园汉语角的组织者通常为汉语教师和中国学生，参与者主要是外国汉语爱好者，双方一般就一些话题进行讨论或展开互动。活动组织者还会设计丰富多彩的文化主题活动，帮助参与者感知和体验中国文化。

汉语角类型多样。从大的地域范围划分，可分为国内和国外两种形式。从小的地域范围划分，可分为校内和校外两种形式（曹诗淇，2015）。从内容上看，可分为以语言为主和以文化为主两类。从组织者的角度来看，可以分为学校组织的汉语角、社会机构组织的汉语角及社会人士自发组织的汉语角三类。

通过文献检索发现，目前学术界对英语角的研究较多且较为成熟，如许晓雯（2001）、吴红霞（2013）等。而有关国际中文教育学科汉语角的相关研究相对薄弱，目前仅见几篇文献，且这些文献对汉语角的分析略显零散，相对缺乏整合性。

[①] 本节部分内容参照了郝晓荣、田艳:《对国际中文教育中汉语角实践活动的分析与思考——基于对北京、沈阳两所高校汉语角的调查》,《汉语国际传播研究》第1期,（2021）。

图 4-2　美国 S 大学汉语角活动

二、汉语角活动意义

（一）锻炼汉语运用的能力

汉语角可以为国际学生提供相对宽松的交际平台，通过较为真实的输入及输出机会，实现运用汉语进行交际的目的。

我觉得汉语角很有意思。因为我总是跟意大利人在一起，所以平时很少说汉语，汉语角对（提高）我的口语水平特别有用。（朱同学，意大利学生）

汉语角又能提高我们的汉语口语水平，又能（让我）学到中国各个地方的风俗文化，所以我觉得很好。（藤田同学，日本学生）

参加汉语角的国际学生可以运用所学的知识自由地探索和表达自己，并借此机会提高自己的潜能。

（二）加深文化理解的能力

汉语角举办的活动往往生动有趣，如汉服文化主题活动、茶艺主题展示活动及画脸谱主题活动等，参与者可以通过与中国学生的交谈了解中国丰富的文化。汉语角还可以为学生的跨文化接触和沟通交流提供有力的支持。携带着不同文化信息的学生参照其他文化发现本文化的个性，接纳并欣赏其他文化，从而增强了多元文化意识（田艳、王伟，2013）。因此，汉语角活动有利于加强参与者的文化适应能力和理解能力（张若梅、张俏然，2016）。

（三）扩大社会交际的范围

参与汉语角的学生不限于国际学生及汉语国际教育专业的中国学生，其他专业的学生、其他学校的学生，甚至社会人士都可以参与其中。不同专业、不同年级的学生聚集在一起，为国际学生结交中国朋友、扩大交际圈提供便利。

我认识了很多国家的人，了解了很多不同的文化，交到了很好的朋友！难得有这样的机会，很感谢汉语角。（索同学，汉语国际教育硕士）

（四）扩大汉语文化的影响

汉语角以其鲜活的话题导向、真实宽松的语言环境、丰富多彩的文化活动吸引了汉语学习者以及更多潜在的汉语爱好者。在海外，汉语角活动甚至被赋予了"民间外交"的性质（段跃中，2010），形成了独特的"汉语共同体"，构建了良好的海外汉语文化生态环境。

三、海外高校汉语角活动

（一）日本东京汉语角

2007年，日本侨报社在东京创办了首个星期日汉语角，成为中日文化交流的平台和文化传播的窗口。该汉语角每次设定一两个主题，邀请专业人士讲解中国政治体制、中国文学作品、中国企业等。结束后还安排了一些延伸性的活动，如观看中国电影、唱中国歌曲或者吃中国食物。参与者包含中国人、日本人，还有韩国人、德国人、美国人、澳大利亚人等多个国别的人士。涉及的职业及群体包含外交官、大学教授、作家、艺术家、企业家、留学生、公司职员、家庭主妇以及低龄学习者。据《日本侨报》报道，2009年8月2日，日本侨报社星期日汉语角在东京举行第100次活动，日本前首相村山富市、日本经济财政担当大臣、中日友好协会及中国驻日大使馆负责人等都给汉语角发来贺电。

（二）西班牙G大学汉语角

西班牙G大学孔子学院汉语角活动通常为20—30分钟，主题设计一般会考虑到当地汉语学习者的语言水平、语言交流的习惯以及孔院文化活动组织的大框架等因素。内容丰富多样，有跨文化对比，如"上海的早餐和西班牙的油条"；有跨文化交际，如"外国人眼中的中国广场舞"；现代中国人的生活，如"电影《爱情神话》中的休闲方式"；传统中国的魅力，如"介绍故宫及故宫猫""京剧及国风歌曲中的戏腔"。其他话题有"吃在中国，玩在中国""改变中国的科技""中国年轻人的休闲方式""一起来过中国端午节"等等。

四、国内高校汉语角活动

我们运用文献研究法、实地观察法、访谈调查法及统计分析法对北京B大学、沈阳S大学两所高校汉语角的活动安排、活动内容及活动组织特点等进行调查。

（一）汉语角活动安排

1. 基本情况

目前各所学校举办汉语角的频次各不相同，基本上为每周1—2次不等。地点多为固定的教室，遇到大型的文化活动，也会在大厅、礼堂等地点举办。

北京B大学的汉语角创立于2011年，已逐渐成为该校国际学生文化实践活动的品牌。从2017年开始，活动每周举行两次。参与者来源丰富，包括中外师生及社会人士，每次活动参与人数40—60人。活动内容通常为话题讨论或文化感知与体验。活动步骤相对固定，分为三个阶段：前期准备、活动进行及后期总结。

2.活动内容

各所学校的汉语角活动内容侧重点略有不同。B大学的汉语角侧重于语言方面，2017年秋季学期共举办活动20次，其中话题讨论18次，文化感知与体验2次。而S大学的汉语角则侧重于文化感知与体验类活动。下面为我们调查的三个案例。

（1）"武动乾坤，侠行天下"文化感知活动

该活动是S大学组织的汉语角活动，以国际学生感知体验中国武术文化为主旨。活动具体步骤见表4-1。

表4-1 S大学汉语角活动具体步骤

步骤	阶段	具体内容
1	呈现阶段	组织者播放武侠经典视频和中国功夫视频，引发参与者兴趣；国际学生现场表演双节棍。
2	讲解阶段	组织者介绍少林、武当、峨眉等武术流派。
3	体验阶段	参与者跟随组织者学习手势舞和太极拳。
4	互动阶段	双方进行"比武功"游戏。
5	学习阶段	参与者学习武术用语和武行规矩；组织者教授时尚武术动作和武功造型。

从表4-1可以看出该活动包含了多个环节，设计合理、内容全面，是一次较为成功的文化实践活动。

（2）汉服文化体验活动

B大学举办了"汉服文化体验"活动，管理者特别邀请该校汉服社团的成员，通过幻灯片为参与者展示汉服的历史、类型等

文化知识。汉服社团还为汉语角提供了各式各样的汉服,国际学生纷纷试穿拍照,近距离体验了汉服文化。

我觉得这个活动很有意思,我们课上也学过汉服,但是(当时)我们看到的是图片。参加这个活动可以亲眼看到(汉服),还能摸一摸,(也)了解(了)各个朝代的汉服的样子。(酒井同学,日本学生)

（3）嘉年华文化感知活动

该活动是S大学举办的一次较为大型的文化实践活动,内容包括书法、剪纸、画脸谱、茶艺、太极拳、民族舞、编中国结、踢毽子等。

嘉年华让我们看到了各种中国文化,有书法、民族舞、剪纸……非常有趣,我们学到了很多中国文化知识。(李同学,泰国学生,汉语角管理员)

平时汉语角的时候(一般)只讨论一种中国的文化,但是这次我们可以(一次)了解很多中国文化,所以我觉得活动很好。(村冈同学,日本学生)

我觉得汉语角的活动形式很好。其实我们有选修课《传统民族文化》,但那个课有人数限制,很多人不能上(那门)课。所以不能在选修课学的东西,可以来这里学。(藤田同学,日本学生)

（二）汉语角活动组织

结合所调查学校的实际情况,我们对汉语角活动的组织及宣传方式进行了归纳和分析。

组建专门机构。S大学在2011年创办了"汉语角协会",全面负责该项活动的开展。协会积极组织各种中外文化交流活动,不仅负责汉语角日常活动的组织和运营,也举办类似于文化演出等文化交流活动。依托这一机构,汉语角活动得到了强大的支持，获得了稳固的保障。

配置参与人员。以B大学为例，参加汉语角的人员包括不同年级不同专业的中外学生、外籍教师、外校学生等。中方组织者为专职教师及汉语国际教育硕士和本科生。一般由专职教师进行总体设计和督导，由汉语国际教育专业的学生实际负责和组织策划汉语角活动，并进行宣传和反馈。组织者决定着汉语角的风格、特色，是汉语角活动的灵魂与核心。其他人员多为校外人员和社会人士，较为不固定。汉语角活动人员构成较为多元，参与者携带的信息多样，可以扩大汉语传播的范围领域，增加参与者的获得感。

多方进行宣传。高校积极利用多种渠道和途径扩大汉语角的影响。1）组建微信交流群。B大学建立了拥有300多名由中外学生组成的汉语角交流群，组织者会在群里发布相关信息，对汉语角活动进行宣传推介；2）建立微信公众号。S大学和B大学均建立了微信公众号，发挥内容宣传、内容介绍、后期反馈等多种功能；3）海报宣传。由于新媒体的冲击，海报的影响力似乎有所下降。不过由于海报具有较强的可视性及传播的及时性等优势，利用海报仍是校园内宣传汉语角的主要方式之一。此外，高校汉语角还利用微博、小红书等多种形式进行推介。

（三）汉语角活动建议与反思

1. 对汉语角的建议

形式方面应更加注重趣味性。在调查中我们发现，部分活动的话题介绍是由国际学生轮流担任的，介绍时长通常在三分钟左右。由于有时没有借助多媒体等辅助手段，整体较为单调。建议今后在介绍话题时，可以使用幻灯片、图片、视频等媒介。此外，话题讨论部分是组内成员依次进行自我介绍，然后轮流讲述自己的故事或者表达自己的见解，讨论过程略显枯燥。建议组内讨论时，主持人采用图片展示、游戏活动、情景互动等方式以使活动更加生动有趣。还可增加小组汇报环节，即讨论结束时小组选派一位成员上台汇报小组讨论的情况。

内容方面应更加注重创新性。避免只关注表层文化，缺乏对文化深层知识的介绍；同时，不仅要注重传统文化，也要探索其他的文化主题。一些学校的汉语角总是围绕太极拳、书法这些高重复性的活动进行，不如另辟蹊径，探索新的主题。S大学汉语角举办过"中国之娱，百民之乐——中国传统游戏"的主题活动，受到了学生的广泛欢迎。创新性还体现在不仅要注重知识文化，还要注重交际文化。

2.对汉语角的思考

我们所调查的学校汉语角活动已形成了特色和品牌，也形成了较为成型的管理模式，即"组织–内容–实施"三维体系。

汉语角组织体系是汉语角活动运转的基础。汉语角如果想可持续发展，必然需要组织的支持。一般是学院总体安排，由了解文化活动的专职教师进行指导或辅导，中国学生进行具体的实施和操作。汉语角内容体系是汉语角活动开展的核心，包括语言和文化两大部分。其中文化部分可以分为文化感知、文化体验和文化推广几个部分。汉语角实施体系是汉语角活动推进的保障，包括策划设计、宣传推广、实际开展、反馈评价等环节。

汉语角三维体系的构建，有助于将文化实践活动系统化、整合化，使汉语角成为有特色、有品牌的文化实践平台。

第四节 语言文化实践汇报展演①

有关语言文化实践汇报展演的研究多为新闻报道或消息杂谈，学界研究较为薄弱。本节基于对T大学国际教育学院该项活动进行的长达十年的追踪调查，对语言文化实践汇报展演特点、意义、内容等进行解读和思考。

一、语言文化实践汇报展演特点

语言文化实践汇报展演是一项综合性、集体性的文化实践活动，具有拓展性、实践性、综合性等特点。

（一）拓展性特征

时空拓展性首先体现在展演包含了多种形式，如小品、朗诵、演讲、舞蹈等形式；同时融合了诸多场景，如宿舍、校园、地铁、商场、医院、饭店以及多个虚拟时空。国际中文教育要培养学习者成功地在目的语文化中进行交际、交流、发展与记忆，培养具有国际视野和跨文化交际能力的专门语言人才（刘志刚，2022），这一特质决定了学生必须在大量文化实践活动中掌握语言文化知识与技能。通过语言文化汇报展演所营造的特定情境和时空，参与者可以运用语言，体验情感，感知文化，发展能力。

（二）综合性特征

综合性表现在语言文化实践汇报展演的主题内容上，也体现在学生综合运用语言方面。在主题方面，展演可谓包罗万象，从

---

① 本节部分内容参考了田艳、王伟（2013）《对外国留学生语言实践汇报演出的分析与思考》，《汉语国际传播研究》第1期。

多角度、多层面表现了学生对社会、文化、生活的认识和理解。同时运用多种语言形式（朗诵、唱歌等）进行综合性的语言表达。如短剧《留学在北京》讲述捷克学生给朋友过生日的事情，涵盖了电话通知、邀请同学、确认时间、确定地点、询问朋友口味等功能和语境。通过表演，学生学到了在多种情境下运用地道的汉语和文化交际策略与中国人进行交流的技能。

二、语言文化实践汇报展演意义

搭建文化适应的平台。文化适应理论关注个人在文化交往和变迁中如何自我定位以及如何调整心态以获得最终的适应。语言文化实践汇报展演可以提供了解中国社会、文化以及风俗的机会，来自不同文化场域的学生在准备表演的过程中能加深对中国文化和社会的了解，平衡自身的文化和身份认同。在观看其他演出节目时也能对文化社会进行反思，从而全面地提高自身的文化理解能力和文化适应能力。

搭建文化交流的平台。语言文化实践汇报展演具有"类仪式"的特征（彭兆荣，2007），因此具有很强的情感互动、人文指向意义及凝聚功能。"跨文化交流可以滋生文化的多元性，而文化的多样性和多重性并不会使人们失去其个人身份"（辛巴，2009），反而会增加文化间的互动与互识。语言文化实践汇报展演为跨文化接触和沟通交流提供了有力的支持。

三、语言文化实践汇报展演内容

国际学生语言文化实践汇报展演是T大学国际教育学院推出的品牌活动，于每个学期的期末举办，已有20余年的历史，在中外学生群体中产生了较大的影响。下面对其近10年的展演活动内容进行分析。

（一）语言形式方面

1. 各地曲艺

一些学生不满足于只说普通话，而是采用较难的艺术形式，如曲艺来进行表演。博士班的泰国学生运用说唱形式表演"东北二人转"《夸哈尔滨》及小品《一起相亲》，由于嵌入了东北地方曲艺及天津快板的元素，语言风格诙谐风趣。相声、三句半等曲艺形式也深受欢迎。这些极具中国地方特色的表演形式，有利于学生深入了解中国人的地域特征。

2. 诗歌朗诵

朗诵是一种重要的口语交际形式和传情艺术，体现着汉语的音律美和凝练美。学生选择诗歌朗诵表演的节目有《沁园春·雪》《明月几时有》《乡愁》《雨巷》等。朗诵形式丰富多样，有领诵、齐诵、小组诵等形式。朗诵过程中还巧妙自然地加进了音乐，甚至配以书法展示。诗歌朗诵可以很好地表现学习者良好的语音面貌以及对诗歌背后中国文化的深刻理解。当然，就语言表现形式而言，也有采用讨论、辩论等形式进行的表演。

（二）文化内容层面

1. 中国传统文化

中国五千多年的历史是挖掘汇报演出素材的宝库。中国传统故事等包含了中国人的道德思想、民族气质及处事原则等内涵。舞台剧、小品《梁山伯与祝英台》《白娘子传奇》《愚公移山》《西游记》等很好地展示了中华传统文化的精髓。通过表演中国传统故事，参与者对中国的人文传统、思想意识、民族性格等也有了更深的认识。

2. 中国社会生活

中国社会生活的展示不仅反映了当代人们的生活价值观（如《做个志愿者》和《一诺千金》），也呈现了学生来华后所面临的社会生活问题（如《讨价还价》和《7班同学的购物经历》）。对这些社会现象的表演可以拓展参与者观察生活的视角，体验到中国社会的多样性和复杂性，也促进他们对社会现实的理解和思考。

3. 当今流行文化

国际学生是充满活力的群体，他们对中国的流行文化有着敏锐的洞察力。因此，当前流行的话语方式、影视作品以及时尚的都市生活方式也纷纷融入到他们的汇报演出中。例如，有的学生生动地模仿歌曲《忐忑》和《喜羊羊与灰太狼》中的片段；有的通过"穿越"，将古今时空巧妙融合；有的演唱流行歌曲《对面的女孩看过来》和《浪花一朵朵》；还有的则改编了电影剧本《功夫熊猫》，并用小品的形式演绎了出来。这些演出不仅展示了他们对中国流行文化的理解，还增添了演出的时尚性和观赏性。

4. 校园日常生活

不少学生将校园生活中的经历和记忆引入展演，宿舍、食堂、校园超市、澡堂、操场等场景都被搬上舞台。《如此老师》《来，一起来表演》等节目将留学生汉语学习过程中，同学之间、师生之间及个人与学校之间发生的种种情绪体验、情感纠葛抑或是令人难忘的故事展现了出来。

5. 中国民族文化

T大学汇集了全国56个民族的英才，也汇集了丰富多彩的民族文化。因此语言文化实践汇报展演的舞台上总少不了民族服饰、民族歌舞、民族风情、民族饮食等民族文化元素。以《中国美》为例，该节目以中国旅行为主线，将朝鲜族歌舞《阿里郎》、维吾尔族歌舞《达坂城的姑娘》、藏族歌舞《天路》等串联起来，展现了中国民族歌舞、节日饮食等的魅力。另外，彝族舞蹈《燃烧的七月》、傣族舞蹈《孔雀飞来》、佤族舞蹈《佤山火》、藏族舞蹈《雪域欢歌》等也于绚烂的民族歌舞中展现了其精美的民族服饰和独特的民族风情。

6. 世界多元文化

在小品《谁不说俺家乡美》中，越南学生介绍下龙湾、会安古镇及越南美食；美国学生介绍夏威夷、西雅图及大峡谷国家公园；韩国学生展示出景福宫、济州岛、汉拿山；法国学生把埃菲尔铁塔、凯旋门、凡尔赛宫作为国家符号展示出来；泰国学生介绍了风采迷人的曼谷、清迈和旅游胜地普吉岛。小品《月亮代表我的心》介绍了日本、美国、韩国、法国等不同国家的风俗习惯。另外，汇报演出中各国学生还将外国的著名童话、戏剧、传说表演出来，如《白雪公主与小矮人》《灰姑娘》《罗密欧与朱丽叶》《桃太郎的故事》等。来自不同种族、民族的同学可以通过汇报演出更多地了解世界，利于培养学生开放包容的世界观。

总之，语言文化实践汇报展演不仅为学习者提供了展示语言技能和文化理解的平台，还显著促进了跨文化交流与理解。

第五节　贵州黔北文化研学活动[①]

一、文化研学活动背景

贵州黔北文化研学活动是融合重要演讲比赛而举办的文化实践类活动。"汉语桥"－"诗琳通公主杯"东盟来华留学生演讲大赛自2016年创办以来，已连续举办数年，每年吸引众多东盟国家的留学生参与。这一赛事不仅是对留学生汉语语言能力的展示，

[①] 本节写作感谢贵州遵义医科大学蒋熠院长、陈鏾霖老师、付蛟蛟老师的帮助。

更是东盟留学生了解和体验中国文化的重要窗口。

为深化交流效果，主办方特别设计了"中文演讲＋实地研学"的文化传播模式，通过组织黔北文化研学活动，增进东盟留学生对中国社会、历史和贵州区域经济发展的了解与认同。这一活动是中国国情和地方文化的一次生动展示。

二、文化研学活动内容

2023年和2024年的黔北文化研学活动以体验贵州的地方文化和自然景观为主，吸引了来自泰国、柬埔寨、老挝、新加坡等东盟国家的近20名留学生参与。多层次、跨学科体验使留学生们进一步理解了中国文化的深度和多样性。表4-2列举了2023年及2024年贵州研学活动的具体内容。

表4-2 贵州黔北研学活动内容一览表

活动性质	活动内容	地点
校园参访	参观校史、生命科学馆	遵义医科大学
专题讲座	《中医学》	遵义医科大学
参观考察	参观遵义会议会址	遵义会议会址
参观考察	参观公馆桥	遵义市绥阳县
参观考察	参观浙江大学	遵义市湄潭县
参观考察	参观飞龙湖乌江大桥 遵余高速湘江大桥	遵义市余庆县
专题讲座	《贵州少数民族文化》	遵义医科大学
参观体验	游遵义老城区	遵义老城区
文化体验	游览万亩茶海	遵义市湄潭县
文化体验	游览双河溶洞	遵义市绥阳县
手工活动	面塑泥人手工制作	遵义医科大学

续表

活动性质	活动内容	地点
交流总结	交流总结及结束典礼	遵义医科大学

（一）传统文化体验

1. 面塑艺术

在遵义的万里路新华书店，留学生们参与了传统面塑手工制作的体验活动。活动由本地面塑艺术家亲自指导，从材料准备到造型塑造的每一步都细致演示，留学生们亲自动手体验了面塑的制作过程，充分感受了中国传统工艺的细腻与韵味。这种互动式学习让他们在实践中感受到了中国传统手工艺的独特魅力。

2. 茶文化体验

在湄潭县，留学生们被带入中国茶文化的核心区域，参观了万亩茶园，体验了中国茶艺的基本礼仪和茶叶采制过程。他们不仅学习了茶的种类和冲泡方法，还从茶艺师的讲解中了解到茶文化的历史和在中国文化中的地位。

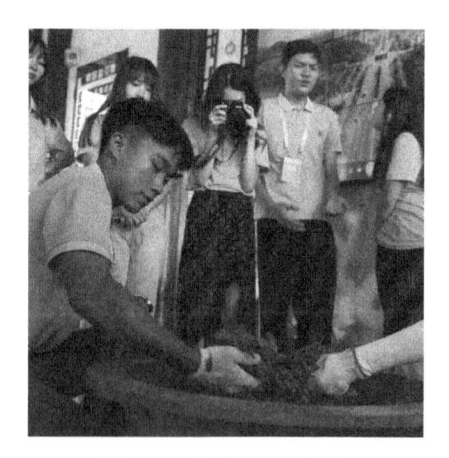

图 4-3 参观湄潭县茶海

（二）历史遗址参观

1. 遵义会议会址

留学生们参观了中国共产党早期重要的革命遗址——遵义会议会址。讲解员深入浅出地向留学生们介绍了遵义会议的历史背景、会议内容及其在中国革命中的重要意义。通过参观珍贵的历史文物和纪实图片，留学生们直观地了解了中国近代史中的革命精神，这不仅是一次历史学习，也是一种思想上的触动。

2. 遵义老城区

留学生们在参观完遵义会议会址后，游览了遵义的老城区，体验了浓郁的地方民俗风情。从街边的小吃到手工艺品，老城区丰富的历史氛围让留学生们深刻感受到贵州地方文化的独特性。

（三）自然风光探索

1. 双河溶洞探访

双河溶洞是贵州典型的喀斯特地貌景观。在专业导游的带领下，留学生们进入溶洞，观赏了各种奇异的钟乳石景观，了解了喀斯特地貌的形成过程及其地质特征。这一过程让留学生们不仅见识到中国的自然奇观，还感受到自然地理学的科学奥妙。

2. 公馆桥与红色遗址

留学生们前往了绥阳县的百年石拱桥公馆桥，了解了其建筑特色及历史背景。这座历经百年风雨的桥梁在现代依然坚固完好，令留学生们对中国传统建筑工艺无比惊叹，同时也对贵州的红色历史文化有了更深刻的感悟。越南学生陈阮英芳参观完公馆桥后说："这座石拱桥经历了百年还可以正常通行，中国古代桥梁建设太令人赞叹了。"

三、文化研学活动影响

研学活动增进了留学生们对黔北文化的认知和理解。参与者感受了贵州的绿水青山和新鲜的空气，见证了贵州交通经济发展的巨大变化，增进了国际学生对中国、对贵州发展的认同，对推介宣传多彩贵州和红城遵义起到了积极作用。

（一）深化文化认知

通过面塑制作、茶艺体验等丰富的传统文化活动，留学生们深刻感受到了中国传统工艺的精湛技艺和文化内涵的深厚底蕴。相比于课堂讲解，这种亲身参与的实践体验不仅激发了他们对中国传统文化的兴趣，也使他们更易从情感上产生深层共鸣。此外，在参观遵义会议会址的过程中，他们目睹了中国共产党早期革命的艰辛历程，深刻理解了革命历史在国家记忆和民族精神中的重要地位，也使他们对中国社会发展的历史背景有了更全面的认识。

（二）拓展文化视野

在遵义医科大学举办的中医基础知识专题讲座中，留学生们深入了解了中医的基本原理、传统治疗方法及现代中医的发展方向，这种跨文化医学知识的交汇极大激发了他们对中国医学的兴趣，也拓宽了他们的学术视野。此外，通过参观遵义医科大学的校史馆，留学生们见证了中国医科教育的独特性及其发展历程，也让他们对中国高等教育体系的特点有了更深的理解。

（三）促进文化交流

本次研学活动后，《遵义晚报》等地方媒体对留学生的行程进行了报道，进一步扩大了活动的影响力。许多学生表示，贵州的自然风光和人文底蕴令人印象深刻。通过实地参观和亲身体验，他们对中国尤其是贵州地区的文化产生了更深的认同感。来自缅甸的刘好真说："遵义是一座拥有深厚文化底蕴和美丽自然风光的城市，我很乐意把在遵义的所见所闻分享给家人和朋友。"此外，此次活动不仅加强了东盟留学生对中国文化的理解，也为贵州地方文化"走出去"发挥了积极的推动作用。通过留学生的个人传播和社交分享，这次研学活动在东盟国家逐渐产生了广泛影响，进一步促进了跨文化之间的相互理解和信任。

主要参考文献

1. 曹诗淇:《基于对外汉语教学的汉语角活动研究》，辽宁大学硕士学位论文，2015。
2. 段跃中:《汉语角：公共外交的窗口》,《公共外交季刊》，2010年第2期。
3. 郝晓荣、田艳:《对国际中文教育中汉语角实践活动的分析与思考——基于对北京、沈阳两所高校汉语角的调查》,《汉语国际传播研究》，2021年第1期。
4. 洪波:《地方高校留学生旅游文化实践课教学探索》,《韶关学院学报》，2010年第8期。
5. 刘志刚:《孔子学院多元化传播格局及其典型案例研究》,《云南师范大学学报（对外汉语教学与研究版）》，2022第20期。
6. 彭兆荣:《人类学仪式的理论与实践》，民族出版社，2007。
7. 田艳:《关于语言实践活动的总体构想》，载《北京地区第三届留学生教育学术研讨会论文选》，北京大学出版社，2004。
8. 田艳:《国际汉语课堂教学研究——课堂的组织与设计》，中央民族大学出版社，2010。
9. 田艳、王伟:《对外国留学生语言实践汇报演出的分析与思考》,《汉语国际传播研究》，2013年第1辑。
10. 王珊:《关于对外汉语课课外延伸教学的思考》，载《中国对外汉语教学学会第六次学术讨论会论文选》，华语教学出版社，1999。
11. 王威:《来华留学生中国文化认同培养策略研究》,《汉字文化》，2023年第22期。

12. 吴红霞：《基于Bialystok二语学习策略模式的英语角功能研究》，《教育学术月刊》，2013年第11期。

13. 辛巴：《在武汉的留学生对中国文化的社会表征研究》，华中师范大学博士学位论文，2009。

14. 许晓雯：《对学生英语角活动的调查与思考》，《四川教育学院学报》，2001年第9期。

15. 张若梅、张俏然：《来华留学生社团活动体系构建探索与实践——以"沈阳师范大学汉语角社团"为例》，《科技经济导刊》，2016第12期。

第五章 文化赛事类活动组织与实施[①]

第一节 文化赛事类活动背景及意义

一、文化赛事类活动开展背景

进入21世纪以来,各国政府愈加重视自身语言文化的传播与推广,面向国际人士举办各类语言文化赛事成为重要举措。其中,日本和韩国的语言文化赛事推广经验尤为成功,且以演讲比赛为主要形式。例如,日本自1960年起每年举办外国人日语辩论大会,至今已吸引来自数十个国家的国际学生参赛,成为推广日语和日本文化的有效渠道。在韩国,影响力较大的赛事是全球外国人韩语演讲大赛,每届赛事围绕不同主题展开,如"韩国之美""工作的韩国"和"韩国文化体验"等,均紧扣韩国文化的国际传播目标。

随着汉语国际传播的速度加快,汉语教学规模迅速扩大(吴应辉,2011)。在"中国文化走出去"的时代背景下,全球范围的汉语文化赛事也日益增多并备受关注,成为传播中华文化的重

[①] 本章部分内容参照了田艳:《对来华外国留学生语言文化赛事的分析与思考——以中央民族大学为例》,《民族教育研究》第3期,(2013)。

要平台。例如,"来华留学生汉语桥"大赛每年吸引百余所知名高校的数千名国际学生参与,部分届次参赛人数甚至接近万人。各类汉语文化赛事的社会影响力逐渐扩大,也吸引了多方媒体的广泛报道。优酷网、北京汉语网等平台积极关注赛事的动态,进一步提升了这些活动的知名度和传播效果。

作为中华文化传播活动的一种重要形式,文化赛事蕴含着丰富的中华文化内涵。以"北京市外国留学生汉语之星"大赛为例,第三届复赛环节中设有自由辩论,讨论现代邻里关系、环保意识、婚姻观念和养老方式等时代话题,为参赛选手提供了深入探讨中国社会问题的机会。

二、文化赛事类活动意义

汉语文化赛事兼具知识性和教育性,其举办符合汉语国际传播的主旨,有助于增进国内外传播受众对中国语言文化的理解,进而产生良好的中华文化传播效应(田艳,2017)。

(一)扩大中华文化影响

文化赛事类活动比赛内容涵盖十分广泛,包含中国历史、文学、艺术、语言、饮食、地理等多个方面,并深入探寻和展示现代中国人的精神世界和时代特色。赛事密切联系中国社会背景,反映中国当代的经济与文化发展,还关注社会热点,展现出鲜明的时代气息(田艳,2013)。这一特性决定了参赛者在语言、文化乃至情感等方面必须全情投入,与中国语言文化进行深度接触。此外,参加比赛的选手多为高端汉语学习者,赛事发挥了良好的示范效应,促使各国学生用鲜活的语言表达对中华文化的独特见解。同时,这些活动的举办不仅吸引了中国各地的观众,还通过社交媒体和网络传播吸引了国际社会的关注,使更多的外国民众通过赛事深入了解中国文化。

（二）拓展文化传播空间

随着现代媒体的飞速发展，诸多文化赛事突破了有限的物理场域，借助电视及网络声画多通道的方式营造了独特的文化时空，形成了可融入型的文化互动环境。赛事将真实的社会文化情景带入其中，强化了参与者和更为广泛的受众的文化体验，帮助他们在头脑中建立文化联系。在此过程中，赛事媒体化和互联网化的发展不仅打破了时间与空间的局限，也使得不同文化背景的观众更容易接触和理解中国文化。因此文化要素的流动可以像经济要素那样更加深远地传至各国受众，为海外文化传播注入新的活力。

（三）培养参赛者中华文化深层认知

在全球交流日益增多的背景下，各种文化的融合与互鉴已成为普遍现象（刘纪新、赵文玲，2012）。在赛事展现形式方面，选手们通过演讲、辩论、歌曲、舞蹈、书法、故事、情境展示等多样化的形式，表达他们对中国的热爱以及对中华文化与社会的多重理解。例如，第八届世界大学生比赛设计了"白娘子""包公""洋悟空"等经典国粹形象。一些选手通过快书、相声、京剧、秧歌、二胡、书法、武术等形式，对中国传统文艺进行了创新演绎。同时，来自不同文化背景、拥有不同价值观的选手，作为自己国家的文化代言人，也向其他选手展示了本国的文化特色，从而增进了中国与国际社会的友好往来与相互理解。正如C.恩伯与M.恩伯（1988）所言，文化总是在不断变迁。赛事的试题能够较为真实地反映当代中国的现状，使参与者能够全面、立体地触及中国，并从多视角体察中华文化的多层次特性。文化赛事类活动为参赛者提供了一个接触和研究中国文化的平台，在参赛过程中，他们的文化理解力和表达能力逐渐提高。

（四）丰富中华文化传播活动形式

以汉语桥系列赛事为例，该项赛事以"语言竞赛、文化交流"为核心宗旨，集趣味性、益智性与综艺表演于一体，注重传播的表现力。试题内容涵盖影视片段、图片文字、综艺表演等多种素材，涉及当代中国人关注的各个社会文化生活领域。此类赛事将中华文化内容以生动的形式呈现，使参与者和观众在愉快的氛围中了解中国文化，丰富了中华文化的表达形式。在娱乐与知识的结合中，这些赛事有效增强了文化传播的渗透力，拓宽了文化推广的途径。此外，这些多样化的形式既能有效吸引年轻一代的关注，也能借助现代媒体渠道，实现更广泛的国际传播。通过短视频、直播、虚拟互动等形式，赛事活动得以触达更大范围的观众，成为融入观众日常生活的文化展示窗口。

（五）培养中华文化传播使者

在一些综合性赛事中，参赛选手在较长时间内完成多轮次比赛任务，对中国语言和中华文化的理解逐步加深，认知能力和传播能力逐步提升，中文水平及对中国文化的理解能力显著提高，达到了自我成长的目的。这种深入的体验式学习不仅帮助他们掌握了汉语知识，更形成了对中华文化的深层认知，并逐步发展为能够传播中华文化的使者。

参赛选手具有分布广泛、视角多元、形象亲切的优势。他们了解双重文化，在中国文化传播方面具有较好的掌控力和亲和力，在民间外交和文化传播方面具有明显的优势。他们对中华文化的独特理解能够与国外听众产生情感共鸣，对受众起到积极的心理示范作用，从而帮助海内外汉语文化学习者形成积极的情感动力，也由此培养出一批中华文化的代言人和意见领袖（田艳、谭斌，2021）。这些选手不仅仅是学习者，更是未来可能在全球范围内传递中华文化的民间大使,他们通过真实而生动的体验将中国故事带回各自的国家,有助于架起中国与世界文化沟通的桥梁。

第二节 综合类文化赛事典型案例[①]

本节将"汉语桥"系列赛事作为经典案例进行分析。

一、汉语桥比赛基本情况

以"汉语桥"为代表的面向国外学习者的汉语赛事举办得较为成功,为汉语国际推广和中华文化的全球传播开拓了新的思路。

"汉语桥"大赛由前人大副委员长许嘉璐命名,寓意连接中国与世界的文化之桥、心灵之桥、思想之桥(都艳,2009)。赛事是国家汉语国际推广领导小组办公室和孔子学院总部举办的系列赛事,参赛对象为非中国籍、母语为非汉语高级汉语学生者,分为"世界大学生中文比赛""世界中学生中文比赛""在华留学生中文比赛"和"商务汉语大赛"等几个类别。其中"汉语桥——在华留学生中文比赛"影响力最大,比赛以中央电视台国际频道为平台,复赛以及初赛等以专题的形式在CCTV 4播出,决赛期间面向全球连续20余天在黄金时间直播赛事,是专为

[①] 本节部分内容参照了彭赟、田艳:《"汉语桥"在华留学生中文比赛的分析与思考——基于第六届"汉语桥"比赛试题》,《汉语国际传播研究》第1期,(2015)。贺怡然、田艳:《大型语言文化赛事资源引入海外汉语口语课堂的思考》,载王鹏飞主编《区域国别视域下文化教学与传播研究前沿》,吉林大学出版社,(2023)。

留学生举办的少数国家级语言文化赛事之一。凭借国际化的视野和丰富的内涵，每届都吸引了来自几十个国家的数千名在华汉语学习者参与其中。

如今，"汉语桥"赛事利用电视和网络手段，对中国语言文化进行全球普及和推广，已成为在世界范围内具有良好影响力的文化事件和汉语国际传播与中华文化传播的经典品牌。

以往对这类汉语赛事的研究120余篇，主要从语言层面进行分析，集中试题设计（何现云，2015；杜丹，2020；毛晓倩，2021）、偏误分析（章曦之，2017；张育露，2021；陈炫如，2023），而从中华文化国际传播的视角进行综合分析的学术研究发展略晚。本节，我们将"汉语桥"赛事作为文化传播活动典型进行全面分析。

二、汉语桥比赛题型设计

汉语桥赛事一般是汉语和文化教学专家团队与电视节目制作团队合作完成，因此题型方面进行了精心设计。下文将结合具体赛事，对不同比赛阶段及决赛阶段文化题型设计进行梳理分析。

（一）不同阶段题型设计

以第三届在华留学生汉语桥比赛部分阶段的比赛内容为例，从赛事主题、形式以及文化考察重点三方面进行梳理。

表 5-1　第三届"在华留学生汉语桥大赛"不同阶段文化考点

阶段	主题及形式	文化考察重点
15进12	内容：拍摄婚纱照 地点：公园和演播室 形式：五人合作	要求：向相对保守的观念进行挑战。 内容：劝导说服老人拍婚纱照。 措施：从老人艰苦的一生入手，令其回忆他们年轻时浪漫的事。 考察：选手说服协调、劝导安慰的能力。通过选手与中国老人的真实交流，揭示当代中国老人的心理状态和心路历程。
	内容：兜售大碗茶 地点：荷花市场 形式：多人合作	要求：向行人兜售夏日大碗茶。 措施：兜售大碗茶有销售额度的要求。在兜售的过程中，运用讨论价钱及其他营销策略（如演唱卖茶歌曲、讨好客人）。 考察：向中国人售卖产品的能力，展现当代中国人的销售文化和消费心理。
12进9	一分钟演讲	要求：60秒时间内，对所选主题（如"我最喜欢的一个汉字""我的国，我的家"）进行个性化发挥。 考察：选手的语言组织能力及文化理解能力。
9进5	解释成语并表现出来	要求：解释成语并用肢体进行表现。 内容：成语有"长吁短叹""眉飞色舞""捧腹大笑""目瞪口呆"等。选手理解成语并运用道具和肢体进行阐释或猜测。 考察：对中国语言和文化的深层理解。
	自圆其说	要求：用大转盘抽出特定人物。对该人物进行阐释和自圆其说的解读。 考察：对于角色人物的理解。
	超级辩论会：《恋爱结婚麻烦多》	要求：对文化话题观点发表观点。 考察：逻辑能力、表达能力及其对中国社会的了解深度及文化底蕴。

续表

阶段	主题及形式	文化考察重点
决赛	第一环节:《弦外之音》	要求：现场聆听由专业驻唱歌手演唱的歌曲，大屏幕同步播放歌词，根据对歌曲和歌词的理解回答问题。 考察：分析歌词所包含的语言与生活现象。
	第二环节:《闪电红娘》	要求：现场即兴扮演红娘的角色，为另外一男一女两位选手介绍对象。 考察：快速进行语言反应的能力以及对中国人心理和风俗的体察能力。
	第三环节:《情景对对碰》	要求：在4分钟里找出搭档主持人的五处错误。 考察：语言文化功力。

（二）决赛环节题型设计

我们对"第五届在华留学生汉语桥"决赛环节30余种题型进行了梳理，如表5-2所示。

表5-2 第五届"在华留学生汉语桥大赛"决赛题目

序号	比赛环节	形式与规则介绍
1	自我介绍	一分钟内自我介绍。要求语言自然流畅、内容真诚充实、符合汉语文化情境。
2	你说我唱	通过唱中文歌曲来展现自我。
3	各显其能	展示中华才艺。
4	情景影院	想象自己置身于电影院场景中，观看电影片段并回答有关问题。
5	爱看电影	通过观察电影海报，欣赏电影片段来回答有关电影文化的问题。

续表

序号	比赛环节	形式与规则介绍
6	情景聊天室	三人一组选择话题，然后在聊天室情景中与主持人进行交谈。
7	品茶一席谈	选手分组与主持人在茶室品茶聊天，讨论话题。
8	命题讲述	根据所选主题，在一分钟内完成讲述。
9	晒晒我之最	以"最"为话题，进行自我描述或讲述个人经历。
10	情景对对碰	选择图书馆、餐馆、医院等情景地点，然后与主持人分别饰演角色进行即兴表演。表演中主持人故意说出一些意义曲解的词语和成语，选手及时指出错误。考察其对词语和成语的文化理解能力。
11	中国之旅	欣赏中国文化纪录片，并在一分钟内结合观后感，复述影片内容。
12	看视频答问	选择视频主题，观看视频后回答文化问题。
13	舌尖上的汉语	欣赏中国饮食纪录片，描述饮食文化知识，并与本国菜品进行对比阐释。
14	实景外拍	在情景剧中扮演中国婚礼中的某个角色，并完成交际任务或处理婚礼中的突发事件。
15	五人行动组	五人一组以团队形式在户外真实情景中完成交际任务。
16	情景辩论会	首先以小品的形式引出有关中国文化或社会的热点话题。再将选手分为正反两方，模拟辩论会现场进行辩论。
17	时空大挪移	现场选取一个历史人物或历史故事，然后观看相关动画片，最后按题目要求运用道具演绎历史情景中的历史人物。
18	我为喜剧狂	抽到特定的剧目后展开场外排练，然后返回舞台进行演出。

续表

序号	比赛环节	形式与规则介绍
19	赏歌舞答问	欣赏与古诗词有关的歌舞表演，然后回答相关的问题。
20	我是大歌迷	现场看歌词听歌曲，回答与歌词相关的问题。
21	弦外之音	专业歌手现场演唱，考查对歌词含义的理解。
22	朗诵提问	两人一组表演诗朗诵，然后设计问题互相进行考验。
23	创意配音秀	观看电影片段，根据题目给影片配音。考察其反差创意的能力。
24	今夜故事会	随机抽取几个词语，然后将词语合理地创编在一个完整的故事里。
25	自圆其说	根据抽签选取的词语和随机选择的道具来讲述故事。
26	请你别换台	五人一组现场模拟主持，每人代表一个频道。评委随机点播与换台，评委点播时间长的频道和选手获胜。
27	T台主持秀	以主持人的口吻向观众解说T台走秀表演。
28	成语达人	五人一组，在规定时间内用字典准确查出题板上汉字的页码，然后排列字序组成成语并解释。
29	幸福来敲门	扮演推销员上门推销商品。考察讨价还价的交际过程。
30	情景销售	模拟商店中向评委充当的顾客推销产品。
31	我爱中国字	用毛笔写下最爱的一个汉字，并讲述喜爱该汉字的理由。考察书写能力及对中国文字的理解能力和表达能力。

三、汉语桥比赛文化内容

"汉语桥"赛事的题目内容可以作为文化传播的内容加以关注。

（一）考察内容全面，体现博大精深

语言应用能力既涉及语言知识和语用知识，还包括目的语文化知识（田艳，2010）。"汉语桥"大赛内容全面，涉及"汉字文化""词汇运用""时尚影音""社会热点""史地民俗""饮食文化""实践能力"及"才艺展示"等诸多题目。汉字题目全面细致，从"字音相同／相近汉字辨析""字形相近汉字辨析""汉字字义辨析"方面对选手汉字知识水平进行考察。词汇题目涵盖广泛，包含中国人使用频率较高的词语。在"弦外之音""我是大歌迷"环节，选手通过听歌看歌词熟悉生词语境，然后解释词义。熟语题目注重实用。熟语蕴含着中华民族的智慧，"成语达人"环节考察选手查字典的能力及成语熟悉度；"情景对对碰"环节，主持人故意说出一些不符合典故的熟语和成语，如"董事长是懂事的年长者""满盘皆输是一盘子的书"等，考察选手对熟语和成语的把握。

（二）多种题型配合，考察文化能力

题型包括"知识类试题""综合类试题""才艺类试题"等。以前两例试题中的"幸福来敲门"和"情景销售"题型为例，选手需要以推销员或售货员的身份完成产品推销，展示其对中国商界文化的熟悉程度。"才艺类试题"分为现场表演类和学习表演类两类。现场表演类试题要求选手展现的是自己以往较长时间内习得的才艺技能。学习表演类设计了"名师高徒秀"环节，选手场外拜师并在短时间内速成学习，如师从著名表演艺术家小香玉学习豫剧表演艺术，并在比赛现场与场外名师共同展示所学才艺。

（三）运用多种媒介，讨论社会热点

赛事注重运用多元化的媒介形式，引入社会热点话题以引发讨论。如"情景辩论会"以小品的形式引出有关中国文化或社会热点话题，再将选手分为正反两方，以"跨国婚姻好与坏""生活在大城市好还是小城镇好"等为辩题展开讨论。此外，在"我爱看电影""情景中国之旅"等环节中，选用"非诚勿扰""卧虎藏龙""舌尖上的中国"等经典影视及纪录片资源进行考核。

（四）显性隐性表达，促进文化传播

中国元素贯穿汉语桥比赛的始终。从参与者角度来说，是一次深刻、具体的文化体验和一次精心、诚挚的文化展演；从文化传播的角度来看，可分为显性表达和隐性表达两类。

显性表达主要集中在文化常识的客观题考核及中华文化的才艺表演等。隐性表达无处不在，通过电视媒体呈现中国社会真实场合，然后通过评委、选手、主持人、观众间的互动，传达中国人推崇的世界观、价值观、人生观等深层次的文化特质。一名美国选手以"一"作为自己最喜欢的字进行演讲，当他说到"一生二、二生三、三生万物，所以万物归一，和谐统一"时，赢得了评委和观众的喝彩，因为他道出了中国人的世界观。

文化多样性是人类的共同遗产，是人类社会进步的基础，是文化创新和发展的源泉（章新胜，2005）。作为国家级赛事，节目保证了文化要素选取的经典性和节目制作的高质量，也使得参与者对中华文化的认知得到了空前的发展。

参加汉语桥比赛活动，增强了我对中国文化的感情。能与这么多来自五湖四海的同样爱好中国文化的朋友们相聚，高涨了我努力学习中文的热情及继续传播中国文化艺术的信心（匈牙利参赛选手晓峰）。

我深深地热爱中国的悠久历史和古老文化。通过比赛，我认

识到要想了解一个国家，不仅要学习语言还要研究其历史和文化（孟加拉国参赛选手柯修）。

"汉语桥"系列赛事的举办，在推动汉语走向世界的同时，使开放、现代的中国成为越来越多外国人向往的国度，中国文化及当今社会被更多的受众所感知，是汉语言文化全球国际化沟通的体现（王玲玲，2006）。"汉语桥"承载着中国向世界传播汉语言的梦想，也承载了中西文化交融及中华文化传播的功能。

第三节 单项类文化赛事典型案例

一、"国际好声音"唱歌比赛[①]

（一）大赛主旨

本研究第一作者组织过"中央民族大学国际好声音大赛——蒙面歌王大赛"，赛事基于作者开设的"中华文化传播"课程而创办。作者作为主讲教师带领本科三年级国际学生（共13人）创办了一项面向全校国际学生的演唱中国歌曲的比赛，旨在提高国际学生语言文化项目组织与实施能力，同时增强选手对中国文化的热爱和理解，培养国际学生中华文化传播的意识和能力。

在比赛前期的策划与宣传过程中，国际学生向主讲教师请教赛事组织实施的具体情况。在比赛的具体实施过程中，国际学生需与学校管理教师、主讲教师及学校工作人员等多方打交道，在这一过程中锻炼了汉语表达能力以及人际交往能力。可以说，组

---

① 此部分参照了田艳、史真：《汉语国际教育专业本科国际中华文化传播能力培养初探——以"中央民族大学国际好声音大赛"的组织与实施为例》，《中央民族大学本科论文集》，中央民族大学出版社，（2019）。

织国际好声音大赛能够提高、激发国际学生对中国歌曲和流行文化的兴趣，提升其中华文化传播能力。

（二）统筹策划

1.比赛阶段策划

经过师生讨论，决定本次比赛面向学校全体留学生，包括语言生、本科生、硕博研究生。比赛分为初赛、复赛和决赛三个阶段进行。各比赛阶段具体情况如表5-3所示：

表5-3 国际好声音大赛各阶段赛制

阶段	晋级情况	比赛方式和内容
海选	面向学校国际学生招募参赛选手。	提交个人演唱音频或视频。
初赛	从海选选手中选出20位晋级复赛。	评委依据评分标准对作品进行评选。
复赛	从初赛选手中选出前8名晋级决赛。	选手现场清唱两分钟歌曲片段。评委背对选手聆听演唱并进行评分。
决赛	评出一、二、三等奖及优秀奖各若干名。	选手依次戴面具演唱，随后回答评委提问。

2.人员分工安排

主讲教师根据"前期准备"和"比赛现场执行"两个环节的特点和任务，确定全班13名国际学生的职责。前期准备中，学生团队负责"分发海报并讲解规则""整理报名信息和参赛作品""联系并邀请评委""预算花销及采购用品""设计并装饰比赛现场"五项工作。在比赛现场，学生团队负责"选手签到及接待""现场采访选手""记录比赛进程""拍摄"等工作。13名国际学生全部参与到了比赛的组织工作中，有的同学还参与了2—

3项任务。主讲教师对每项工作中都予以指导。

（三）组织实施

国际好声音比赛除初赛阶段是由评委对选手提交的视频作品评分外，复赛和决赛均需现场进行。

1. 文案写作

包括撰写主持人讲稿、制定比赛流程及晋级规则、设计获奖选手奖状、制作比赛背景幻灯片、制作评委评分表和制作请柬和撰写赛后新闻稿等六个方面。主讲教师请学生先提出思路、初步组织语言，然后撰写文案，主讲老师则亲自逐字修改，最后完成定稿。以评委邀请函为例，由于邀请函语体正式规范，对汉语写作要求很高，国际学生一般难以独立完成。因此主讲教师予以多次打磨，以更加符合汉语的表达规范。

2. 工作人员选择

包括制定选拔标准、招募考核参赛选手、选择及联系邀请评委。在选择及邀请评委方面除要考虑参赛选手比较熟悉的汉语老师外，还需选择声乐方面的专家，以增加比赛的专业性和公平性。

决赛阶段共邀请五位嘉宾评委和二十位大众评委。其中三位嘉宾评委为国际教育学院专任教师，另外两位为声乐专家。二十位大众评委由汉语国际教育专业硕士担任。可以看出，决赛评委在组成方面更加多样化。

3. 比赛组织

包括组织初赛报名及作品提交、复赛和决赛现场秩序维持两个部分。初赛时需要对参赛选手提交的材料及演唱音频视频进行检查。复赛和决赛时，需要对到场选手进行登记、安排选手在休息区候场、指引评委老师及担任大众评委的汉语国际教育专业的硕士生入座相应座席。主讲教师指导学生预测可能出现的意外情况,并做出恰当的应对措施,如现场音响设备故障、参赛选手未到场等,并做好应急预案。

4.赛事宣传

包括"制作比赛宣传海报和宣传单页"和"制定宣传方案并实施"两个部分。主讲教师指导学生注意比赛的时间、地点、宣传语、比赛特色等信息,并将这些最有价值的信息准确地呈现在海报上。从最后的设计成果可以看出,海报设计较为到位,并富有创意。

图 5-1　国际好声音大赛宣传海报

5.道具制作

包括制作标牌及决赛选手需要使用的面具、为决赛评委制作专属人物手绘肖像、准备参赛选手所需乐器及音响设备。本次比赛采用蒙面表演的方式,既可体现比赛的公平性,又可以极大地提高观众的兴趣,因此道具的制作尤为关键。国际学生团队一共制作了20幅面具,还依据每位评委老师的形象特点手绘了肖像。

这项工作由主讲教师提出基本思想，国际学生团队在短时间内制作完成。制作面具既凸显了本次大赛的特点，又极大地提升了大赛的品牌价值和影响力。

6. 后勤服务

后勤服务是确保比赛能够顺利实施的重要环节，包括购买装饰现场用品、准备评委和选手的饮料和小食、购买决赛颁发给选手的奖杯，统计所有花费、整理发票，一并向国际教育学院申请借款。经费审批前，需要国际学生对赛事各个环节的物品采买做出合理预算。由于国际学生对学校的经费审批制度和流程不熟悉，因此主讲教师帮助学生顺利完成费用的审批工作。

（四）反思启示

课程设置。主讲教师首先根据《汉语国际教育本科（国际学生）培养方案》和《国际汉语教学通用课程大纲》，在中华文化传播课程中增加了语言文化项目组织与实施能力的培养。将课程分为课堂教学部分及课外实践部分，在课外实践部分对本次赛事予以指导。

学生能力培养。参与赛事组织的13位国际学生全部参加到了大赛的策划与实施工作中。在前期准备及后期落实的过程中，学生的汉语表达能力得到了全面锻炼，执行能力及对中国流行文化的认识也得到了提升。主讲教师课后对学生进行了追踪访谈，发现13位学生均认为自己获得了极大的锻炼，中华文化传播能力得到了切实提高。

二、国际学生辩论赛[①]

随着汉语学习者能力的提高，面向中高级汉语学习者举办的

---

① 此处部分参照了田艳、陈磊：《汉语国际传播背景下留学生高校辩论赛培训机制的探索》，《汉语国际传播研究》，2011年第11期。

辩论赛成为颇受欢迎的重要赛事。辩论赛可以充分彰显汉语的美和特质，在促进中华文化传播、扩大汉语影响力、传递中国人的价值理念方面有着积极的作用。

在众多的辩论赛中，"北京市高校留学生辩论赛"独树一帜，渐成品牌。由北京市汉语国际推广中心主办、北京汉语网承办的北京市高校外国留学生辩论赛始于2009年。组委会每年邀请在国际汉语教学和留学生教育方面表现突出的高校参加比赛，北京大学、北京语言大学、中央民族大学、清华大学等著名高校都得到过邀请，意在将赛事打造成为北京市汉语文化赛事的精品。

组委会根据国际学生的特点，将比赛环节设定为集体开场、一辩立论陈词、二辩讲述论据故事、三辩一对一攻辩、自由辩论及四辩总结陈词几个部分。赛制的改革使得比赛的观赏性、激烈性都得到了很大的加强。

本研究第一作者担任M大学国际学生辩论队的领队和教练，带领团队获得了北京市高校留学生辩论赛的亚军。下面对该次辩论赛的组织实施进行分析。

（一）开场部分

参赛队借助唱歌、跳舞、乐器表演、情景短剧等多种艺术形式巧妙地介绍本方队员、表达本方观点并展现本队才艺和风采。开场部分3分钟是比赛的一大亮点，其表现计入总分。

M大学在辩题为"机遇是成功的关键"的开场中独具匠心地设计了一个和辩题相吻合的短剧。两位辩手扮演年轻人，另一位辩手扮演"机遇老人"，手捧象征机遇的钥匙，等待人们来发现并取走。这两位年轻人在遇到"机遇老人"时表现出了不同的态度：一位从机遇老人面前匆匆而过，无视机遇老人的存在，最终因错过机遇而失败；而另一位在努力的同时，发现并抓住了机遇老人手中的钥匙，最终用这把钥匙打开了那扇象征成功的大门。

选手精心准备道具、服装和音效，加上表演到位，给评委和观众留下了很深的印象。

（二）破题立论阶段

双方一辩首先发言，时间分别为90秒。

首先要对辩题进行严格审题，对辩题字面上的每个概念进行分析，即"破题"。辩论双方都会从辩题中关键概念的解释入手进行争辩，有时甚至会出现整场辩论始终围绕这一解释来进行辩论的情况。因此破题时要设法站在一定的理论高度，做出有利于本方观点的界定。当然，破题要划定恰当的阵地，比如在"幸福感取决于财富"这个辩题中的"财富"就应该是物质财富。如果将精神财富也涵盖进来，就显得有失风度了。

破题后即要立论，这是整场辩论中极为重要的一环。立论既是本方理论的基础，又是最能体现思辨能力的环节。一场好的辩论赛应该在本方所设立的立论框架中逐步延伸。而要寻找出一个好的立论框架和逻辑链条，花费的功夫也往往很大。现将"机遇是成功的关键"辩题作为参考进行分析：

尊敬的主席、评委、观众，大家好：

我方认为：机遇是对人有利的时机、境遇和机会；成功是在不侵犯他人的利益下，逐步实现有价值的目标的过程。而关键是事物的紧要部分，是对情况起决定作用的因素。

我方并不否认成功需要很多关键因素，但机遇是成功必不可少的、起关键作用的因素。理由如下：

从微观层面上看，任何一件事情的成功都需要机遇，比如一场球赛的胜利，关键就在进球时的机遇。塞缪尔·约翰逊说："人生道路上不时散发出芳香的花朵，是从遇到机遇而落下的种子生长起来的。"可见机遇是成功的必要条件，有什么样的成功必定伴有什么样的机遇。

从中观层面上看，任何一个社会团体的成功都需要机遇。例如中国女首富张茵就是凭借全世界都开始注重环保意识这一机遇，取得了其环保造纸的成功。这样的例子比比皆是，所以说机遇是成功路上的临门一脚，是起决定作用的因素。

从宏观层面来看，机遇背后隐藏着必然性，机遇的出现是有规律可循的，是偶然性与必然性的统一。人类史上的每一次革命都使时代弄潮儿们获得了成功。无可否认，任何国家的崛起都需要时代的机遇，这是一个国家赢得主动、赢得优势、赢得未来的关键所在。

所以我方坚定地认为，机遇是成功的关键！

从上文可见，破题时对辩题中的三个概念界定得明确、清晰并且没有漏洞，然后又从三个层次延展开来逐层立论，总体而言简明有力、富有气势。

（三）二辩故事

时长120秒。故事一般要求有具体的形象和感人的情节，因此十分适合国际学生辩论赛。下面是M大学辩论队二辩罗素同学在"情商比智商重要"辩论中所讲述的故事：

大家好，我想给大家讲一个我自己的故事。小的时候，有一天，妈妈做了很好吃的蛋糕来接待客人。我和我的姐姐都很想吃，但是妈妈告诉我们必须等到客人来了才可以吃。看着这么好吃的东西，我们实在是有点忍不住，不过还是控制住了自己，一直等到客人来了才吃。等客人走了以后，妈妈称赞了我们。我一直不明白，蛋糕有很多，为什么一定要等客人来了才给我们，后来我看了一篇文章才明白。1960年斯坦福大学心理学家瓦特Watt做了一个实验：在幼儿园的每个小孩子面前放一颗糖并告诉他们要等老师回来才能吃。一些小孩子没有坚持住就把糖吃了，但是另一些孩子还是忍住没有吃。之后他们继续调查，发现能控制住自己的人上学后成绩往往很好，合作精神也很好，进入社会后也能更快适应社会。这项实验使人们意识到，过去智力在人生作用方面的价值被估计过高。现在，我非常感谢我的妈妈从小对我在情商方面的培养。

罗素把自己的亲身经历和一个著名的实验结合在一起，整个故事足以打动所有在场的人。这个二辩故事为本队占得了优势，也有力地支持了本队的观点——情商比智商更重要。

（四）攻辩及自由辩论阶段

先由双方三辩进行一对一的攻辩，提问不超过20秒，回答不超过40秒。随后双方四位辩手针对辩题展开自由辩论。每队时长180秒。

1. 攻辩阶段的准备

此阶段三辩只能发问或者回答。发问时一般会把对方无法回答的"真理性"问题提出来，让对方只能围绕问题侧面进行解释，而无法正面直接回应。回答问题时，因多数问题无法事先预测，所以需要依靠辩手的机智应对。

2. 自由辩论的准备

可将对方主要观点——列出，然后进行准备。现举辩题"网络使人更亲近"自由辩论阶段筹备过程中设计的案例来说明问题，见表5-4。

表5-4 自由辩论阶段模拟问题

	对方论点	本方反驳
1.	网络上存在欺诈行为。	书信、电话甚至现实生活中都存在欺诈的可能，这么说来，是不是所有的交流方式都会让人疏远？
2.	网络只能促进信息交流，信息交流与情感交流是不同的，因此网络并不能使人们之间的情感更为亲近。	信息交流难道不是情感交流的必经之路吗？

续表

	对方论点	本方反驳
3.	网络使现代人不愿出门与他人进行真实的交流。	现代人工作如此繁忙，回家后通过网络跟朋友保持联系会省去出门堵车的麻烦，也使疲劳的身体获得更多的休息，这不是一举两得吗？
4.	网络出现后，沉迷网络的现象严重。	对方辩友提到网络沉迷这一问题，还有电话沉迷、读书沉迷等等，为什么对方辩友单单抓住网络不放呢？
5.	网络的弊端很大。	对方一再否认网络的好处，难道是让我们回到农业时代，只跟邻里相交，跟外界的人老死不相往来吗？
6.	网恋的成功率极低。	网恋容易失败，现实生活中年轻人恋爱成功的概率就高吗？网络使更多人相识、相恋却是不争的事实。对方辩友怎么会看不到这一点呢？

（五）总结陈词阶段

双方四辩进行总结陈辞，时长各为1分30秒。主办方根据国际学生的特点，提出要积极运用诗词、歌曲等多种方式。下面是M大学就辩题"机遇是成功的关键"所做的总结陈词。

主席、各位评委、观众，大家好：

今天比赛最大的分歧是对"关键"的理解。

首先，对方一直在证明"个人能力""个人努力"对成功的重要性，我们不否认这一点。但请注意今天的辩题，对方应该证明的是"机遇不是成功的关键"。

其次，根据字典的定义，"关键"是起决定作用的因素。需要注意的是，关键并不具有排他性，成功的关键不止一个。

再次，不是所有的机遇都能带来成功，但所有的成功都离不开机遇。换句话说，机遇是成功的必要条件，因此机遇起决定作用。按照定义，机遇是关键！对方能给我们列举一个不需要机遇的成功吗？不能！

整场辩论，我方已经列举了无数的例子来说明：大大小小的机遇促成了个人和群体的成功。综上所述，我方已经充分论证了本方观点——机遇是成功的关键。

在成功的道路上，
我们需要一颗火热的心，
我们需要一双聪慧的眼，
我们需要才智与信念，
但是我们更需要机遇。
假如成功是翱翔的雄鹰，机遇就是它的双翼；
假如成功是航行的轮船，机遇就是它的风帆；
假如成功是美丽的彩虹，机遇就是那背后灿烂的阳光；
朋友们，让我们用机遇这把钥匙去开启成功的大门吧！

四辩的总结陈词不但要指出对方整场漏洞，还要再次强调本方观点的正确性。上述陈辞首先抓住了对方的漏洞——对"关键"一词解释的错误，然后寻找突破口并对其进行攻击。其次，把立论融入驳论之中，驳中有立、立中有驳。整篇结论的精彩之处就在于最后排比诗句的使用，当辩手富有激情地把"火热的心""聪颖的眼""双翼""风帆""彩虹"等诗意的画面呈现给观众时，不仅主题更加升华，也同时表现了国际学生的中文功底：既是在辩论，又是展示朗诵风采，整场辩论在高潮处完美落幕。

三、文化视频类赛事[1]

（一）赛事基本情况

该项赛事是选手根据主办方规定的主题，通过调查研究、访谈等手段，拍摄时长三分钟到十分钟不等的视频，介绍中国生活，表达对中国的见解，反映当代中国的经济发展与社会生活。我们对面向国际学生举办过的一些视频类赛事进行了调查，现举例如下：

表 5-5　文化视频类活动举例

序号	主办单位	比赛名称	内容主旨及基本要求
1	山东省委宣传部	中华传统故事微视频比赛	用视频讲述中华传统故事。要求主题突出、积极向上、情节生动感人、富有感染力。
2	天津市公安局出入境管理局	"平安校园杯"视频比赛	内容涵盖外国留学生平安出行、证照办理、校外租住等各类校园安全主题。
3	昆明都市时报	说昆明话比赛	拍摄一段自己说昆明方言的视频。旨在加深对昆明的了解，帮助昆明市民了解当地国际学生的风采。
4	北京市教委	北京市留学生汉语之星大赛半决赛阶段微视频比赛	半决赛阶段设置了"我看北京"环节，选手们通过亲自拍摄短片，从城市建筑、京味文化和在北京留学感悟等多个角度诠释北京，表达对北京的了解和热爱。
5	北京大学	"有朋自远方来"幽默微视频大赛	拍摄时长在三到十分钟，展现学生眼中的中国或北京大学。视频应富有创意，幽默风趣。使用的语言以汉语为主，允许有少量其他语言。

---

[1] 本章部分内容参照了田艳、史真（2019）《对来华国际学生视频类赛事的调查与思考》，《社会科学前沿》第8期。

续表

序号	主办单位	比赛名称	内容主旨及基本要求
6	中央民族大学	"视谈中国"视频采访及讲说比赛	每位国际学生与两位中国学生组队，通过视频采访的方式亲身感知中国的社会现状以及优秀的传统文化。
7	福建医科大学	"i-Med杯"医学汉语视频大赛	要求选手围绕医学汉语教学内容，自编、自导、自演医学主题情景剧。

从表5-5可以看出，文化视频类赛事主办机构多元、题材较为广泛。下文以中央民族大学"视谈中国"视频采访及讲说比赛活动为例，进行个案分析。

（二）赛事特点分析

主办方类型多样。涵盖了高等教育机构、省级政府部门、报社、大使馆以及公安局等。不仅丰富了赛事的主题和内容，也体现了社会各界对国际学生文化能力培养的广泛关注和支持。

社会影响较为广泛。参与视频类赛事的国际学生通常会深入中国社区，就当今中国社会的热点问题进行采访和探讨。他们制作的视频作品经常通过社交平台、视频网站或手机应用发布，其中一些优秀作品引发了广泛的关注和讨论。这些作品不仅增强了公众对国际学生活动的认知，还促进了跨文化交流和理解的深化。

主题内容拓展丰富。传统的文化教育往往局限于介绍中国历史文化和传统艺术，向国际学生视频类赛事的主题已大大扩展，如关注环境问题、新型交通工具、留守儿童等当代社会议题。多样化主题不仅展示了国际学生对中国多方面的兴趣和理解，也反映了他们对当今世界各地社会问题的关注和思考。

(三)赛事个案分析

中央民族大学国际学生"视谈中国"视频采访及讲说比赛(以下简称"视谈中国")是国际教育学院推出的重要文化活动,旨在让国际学生通过视频采访的方式感知中国社会现状及优秀文化,聚焦当前中国社会热点问题。本研究第一作者担任该项赛事的评委。

比赛面向所有在校国际学生。赛前,每位学生选择一个感兴趣的话题,与两位中国学生组成团队,完成视频采访和拍摄工作。比赛当天,选手观看完视频后回答评委提出的问题,评委根据视频拍摄质量和选手现场表现进行评分。决赛视频的主题详见表5-6。

表5-6 "视谈中国"大赛作品主题

序号	主题	序号	主题
1	中国的饮食文化	9	你是"宅男/宅女"吗?
2	中国人的业余生活	10	当今网络暴力问题
3	中国学生军训生活	11	中国高中生的生活
4	中国便利化生活	12	中国古代的特别文化
5	共享单车的使用	13	中国的网红文化
6	留守儿童/留守老人问题	14	中国高校国际学生的生活
7	中国最近五年的发展	15	国际学生的就业选择
8	中国的环境情况	16	年轻人的婚恋观

从表5-6可以看出,该项赛事的主题涉及中国的社会现实、经济发展和网络文化等,关注时事社会发展。为加深对"视谈中国"文化赛事的了解,我们对三位来自不同国家的活动参与者进

行了访谈。三位选手分别是来自印度的龙辉（Rahul）、来自埃及的文昊（Lotfy）和来自乌兹别克斯坦的尼克（Abdulloh）。

龙辉同学来中国前在印度学习了四年汉语。文昊同学在埃及学习了两年汉语，并在埃及的汉语桥比赛中获得了冠军。尼克同学学习汉语已有一年。我们向这三位同学提出了以下三个问题。

问题一：请问你为什么参加"视谈中国"比赛？

龙辉：我觉得拍摄视频、做采访这种形式非常新颖，还可以认识很多中外朋友，提升汉语水平。参加这次比赛我才知道，即使是自己的同班同学，汉语水平也比自己好很多，所以我更加明确了以后努力的方向和目标。哦，还有，我的朋友们把我们的视频传到了网上，很多中国同学都觉得很新颖，很有意思。

尼克：我对比赛的主题很感兴趣。我可以通过视频把说不出来的心里话展现出来。

问题二：请问通过参加这场比赛，你有什么收获？

龙辉：我是一个很内向、害羞的人，但是这个比赛需要我去采访中国学生。第一次采访时我紧张得一直说错话，但是我的队友不断鼓励我，指导我该怎么说。

文昊：在拍摄视频的过程中，我需要跟中国同学就文化问题进行商量，就拍摄和剪接的问题进行协调，我从中学习了很多新的表达方式，也了解了很多中国的当代文化。

问题三：请问在参加比赛的过程中，你遇到了哪些困难？

文昊：尽管我在埃及获得了汉语桥比赛的第一名，但是用汉语表达如此深入的内容，仍然有很多困难，这也使得我今后更加努力学习汉语、掌握中国文化。

尼克：我们组抽到的题目是"中国高中生的生活"。找到高中生进行采访，对我来说是最难的问题，因为我平时没有什么机会接触到这些人。拍摄后，也认识了一些中国高中生，了解了他们的生活和心理状态。

语言文化赛事的类别还有很多，限于篇幅，这里不另做阐释。

主要参考文献

1. C.恩伯、M.恩伯著，杜杉杉译：《文化的变异——现代文化人类学通论》，辽宁人民出版社，1988。
2. 都艳：《汉语的奇迹 我们来创造——第一届汉语桥背后的故事》，《艺海》，2009第9期。
3. 贺怡然、田艳：《大型语言文化赛事资源引入海外汉语口语课堂的思考》，王鹏飞主编《区域国别视域下文化教学与传播研究前沿》，吉林大学出版社，2023。
4. 刘纪新、赵文玲：《论"汉语桥"在华留学生汉语比赛的文化内涵——以中央电视台总决赛为例》，《云南财经大学学报（社会科学版）》，2012年第3期。
5. 彭蓥、田艳：《"汉语桥"在华留学生中文比赛的分析与思考——基于第六届"汉语桥"比赛试题》，《汉语国际传播研究》，2015年第1期。
6. 田艳：《国际汉语课堂教学研究——课堂组织与设计》，中央民族大学出版社，2010。
7. 田艳：《对来华外国留学生语言文化赛事的分析与思考——以中央民族大学为例》，《民族教育研究》，2013年第3期。
8. 田艳：《关于汉语国际教育硕士语言文化赛事组织与培训能力的培养》，《汉语国际传播研究》，2017年第1期。
9. 田艳、陈磊：《汉语国际传播背景下留学生高校辩论赛培训机制的探索》，《汉语国际传播研究》，2011年第2期。
10. 田艳、谭斌：《国际学生传讲中国故事多重路径探究》，《社会科学前沿》，2021年第10期。
11. 袁博平:《写在"汉语桥"世界大学生中文比赛举办十周年之际》，《世界汉语教学学会通讯》，2011年第2期。
12. 王玲玲:《汉语的国际化及传播与维护》，《语言文字应用》，2006年第3期。
13. 吴应辉:《国际汉语教学学科建设及汉语国际传播研究探讨》，《语言文字应用》，2010年第8期。
14. 吴应辉:《国家硬实力是语言国际传播的决定性因素——联合国五种工作语言的国际化历程对汉语国际传播的启示》，《汉语国际传播研究》，2011年第1期。
15. 章新胜:《加强汉语的国际传播促进多样文化的共同发展》，《求是》，2005年第16期。

第六章　文化推广类活动的组织与实施[①]

本章第一节探究文化推广类活动的特点；第二节至第五节聚焦于典型活动案例的具体组织与实施过程，揭示这些活动在组织和设计方面的创新点。通过案例分析与理论探讨，本章深入探究文化推广类活动在不同文化场域下的实践经验与挑战，并提出相应的策略与建议。由于前人学者对于该主题的研究相对分散，本章探讨的内容多为原创性的思考。

第一节　文化推广类活动特点

文化推广类活动是中华文化传播中最具显性特质和最为典型的活动形式。这类活动可以增强受众对中华文化的认知、理解和热爱，成为自塑国家形象的重要途径（刘权，2023）。

[①] 本章写作感谢赵忾博士、李博文老师、贺赟老师、于天昱老师、秀均老师等的大力支持。

一、活动主体丰富多样

活动的传播主体可以是海外孔子学院/孔子课堂，也可以是海外大中小学，有时也会与海外华侨社团、华文传媒等联合举办。由于民间力量的参与，这些活动更容易被国际社会所接受，并展现出广泛的渗透力。当然，国内一些机构也可以举办这类活动，向更广泛的受众推广中华文化。通过多主体举办的活动，中华文化可以展示其包容性和跨文化的感染力，在交流中体现出兼容并蓄的开放精神和多样化的格局。

二、活动范围十分广泛

不同于与课堂教学关系紧密的文化实践类活动，文化推广类活动较少受到语言和空间的限制，可以借助汉语开展，也可以直接使用当地语言进行。因此活动的受众范围更广，活动覆盖面广泛，可以超越汉语学习者，辐射到整个社区和更广泛的国际受众。在内容上可以包含传统节日庆典、文化体验、文化参观等活动，通过生动的体验帮助受众理解中华文化。这种超越课堂、深入社区的推广方式，显著提高了中华文化的传播深度和广度，使其在各国社会中获得了更广泛的关注与认同。

三、国别区域差异较大

由于文化推广类活动主要在海外开展，因此在不同国家和地区中存在显著差异。国别区域差异体现在活动主体、内容选择、活动规模、区域适应性以及影响力等方面。例如在欧美国家，这类活动通常与当地的高校合作，围绕中华文化经典和当代议题展开；而在东南亚地区，活动更多地结合传统民俗与华侨文化开展。这些差异是因各地区的文化需求和受众特征的差异性所致。针对不同的文化背景，活动内容和形式需做出适应性调整，才能达到更佳的预期效果。

四、影响因素较为多元

文化推广类活动的影响因素较为多元复杂。活动中的互动是各方以活动符号为媒介的交往过程，受到传播组织工作人员、社区民众和师生对特定活动情境的理解和解释的影响，是各方对活动情境意义进行双向建构的过程。活动组织者的文化背景、对受众的了解程度以及活动设计的本土化策略，都会影响活动的效果；而参与者对活动的态度和情境理解也会影响他们的参与程度。通过互动过程，活动情境的意义在传播主体和受众之间不断被建构和解构。如果传播主体与当地社区民众在活动情境定义上取得一致，互动过程就会更加积极，活动的传播效果也将更加显著。

第二节　开放日活动

一、孔子学院日

（一）活动基本情况

2014年9月27日，孔子学院成立10周年之际，孔子学院总部举办的首个全球"孔子学院日"启动仪式在北京举行，全球123个国家和地区的近1200所孔子学院和孔子课堂在各自国家和地区同时举办了共计3000余场的各类中国语言文化体验活动。[①]

孔子学院总部"孔子学院日"活动在每年孔子诞辰纪念日于北京孔子学院总部大楼举行。活动包括系列文化体验活动和学术讲座，同时也举办一些业务洽谈活动。参加人员主要是孔子学院

---

① 人民网：《"学院日"首次确立 汉语学习人数攀至1亿》，2014-9-28, http://edu.people.com.cn/n/2014/0928/c367001-25754689.html

奖学金生和来华留学生，也有国内教育机构的代表和来自世界各地教育机构的代表。

（二）活动具体内容

本研究第一作者带领各国学生参加了第一届和第二届北京孔子学院总部开放日活动，并对活动的内容进行了调查梳理。活动类别和内容如表6-1所示。

表6-1　孔子学院总部开放日活动

活动类别	活动内容	具体范例
启动仪式	国家领导人发来贺信；国家领导人光临启动仪式。	刘延东副总理开启孔子学院日活动，主持人宣读国家主席和总理的贺信，举办世界各地孔院活动主题展映。
文化体验	设置专门的文化体验区：1）中国传统艺术展示（如书法、绘画）；2）茶艺体验课；3）中国传统手工艺制作（中国结、扇子等）。	前来参观的各国朋友可以亲自捏泥人、剪纸、品中国茶。书画家亲临现场，指导有兴趣的观众现场创作书法作品。
语言体验	提供中文语言体验课，使参与者有机会了解中国语言文化。	全天开设四次趣味中文体验课，教授"你好""谢谢"等用语，帮助参与者短时间内掌握简单汉语。每次课时长约15—20分钟。
互动交流	举办文化讲座、座谈会等学术交流活动，促进中外文化学者和爱好者的交流；设立咨询台，为有兴趣进一步了解或加入孔子学院的人士提供信息和指导。	国际学生"故事会"沙龙邀请来自北京语言大学、中央民族大学等高校的20名"孔子学院"奖学金生，现场以"我的梦想与中国"为主题讲述他们的故事。还同时举办孔子学院知识交流竞赛活动。
静态展览	举办多个静态展览，现场展示各类作品。	全球教学资源展；全球汉语志愿者教师摄影展；全球孔子学院万里传书活动；孔子学院10周年纪念展览；各国孔子学院纪录片展。

续表

活动类别	活动内容	具体范例
讲座分享	邀请专家学者进行文化讲座。在问答环节，参与者与专家互动交流，分享中国文化的深层内涵和现代发展之路。	清华大学教授带来《简论儒学与中国文化》；北京中医药大学教授讲述《养生之道》；中央音乐学院教授以古琴阐释中国音乐历史发展与文化内涵；著名书法家作为资深"票友"跨界讲述《京剧的魅力》；西班牙学者讲述《中西绘画比较》。
文艺演出	中国传统文艺表演（京剧、民乐等）展现中华文化独特韵味。	北京舞蹈学院带来"中国风"节目；中国戏曲学院邀请观众现场学习身段和唱腔；首都体育学院学生现场表演功夫；中央民族大学国际学生诗朗诵《我有一个梦想》。
交流合作	加强孔子学院总部与企业机构的联系，拓展中外文化交流合作的领域。	社会团体、中资企业参与孔子学院建设座谈会，就孔子学院与经贸界的良性互动展开专题研讨。此外，举办文化沙龙《孔子学院在中国对外文化交流中的角色》。

由表6-1可知，孔子学院总部举办的孔子学院日活动内容富有层次、形式丰富多样。活动促进了中外文化的交流与融合，提高了孔子学院的知名度和影响力。

图6-1 孔子学院总部活动日标志

二、海外开放日
（一）活动功能、内容及形式
1.活动功能

开放日通常由孔子学院和海外文化教育机构组织，通过推广和展示中国语言文化加强与当地机构和社区的联系，加深国际社会对中华文化的了解。当然，也可以提高教育机构的知名度和影响力。

开放日具有宣传功能，组织开放日的师生本身就是中国文化的代言人，也可以宣传本机构的工作内容。参与开放日活动的人士可以是所有对中国文化感兴趣的人士，包括当地民众、华裔家庭、中外学生等各群体。开放日也具有教育功能，可以提供汉语实践和文化体验的机会，使慕名而来的潜在学习者和文化体验者产生成就感和自豪感。

2.活动内容及形式

开放日通过安排一系列丰富多彩且具有互动性、参与性的文化体验项目（如中国书画、茶艺、语言体验课、汉服展示），为参与者提供全方位的中国文化体验。主办方还可能邀请当地专家学者或中国文化爱好者举办讲座、座谈会等学术交流活动。

此外，一些机构的开放日活动不再限于室内，还走向了户外。例如，波兰密茨凯维奇大学孔子学院深入农村小学，开展"认识中国文化日"活动，帮助更多人接触和了解深层中国文化。

图 6-2　波兰小学开放日　　图 6-3　英国爱丁堡大学孔子学院开放日

（二）海外开放日活动个案探究

全球各地的开放日各具特色，精彩纷呈。如佐治亚州立大学孔子学院"第九届联合国中文日——中国语言文化开放日"设置了品味中餐、茶礼茶道、太极艺术、中医课堂、针灸体验等活动，还设计了公园快闪"海草舞"等活动。下面对三个具有特色的开放日活动典型案例进行阐释。

1. 法国普瓦提埃Renaudot"幼儿园校园日"

幼儿园校园日活动是普瓦提埃大学文化活动的组成部分和一大特色。活动当天，普瓦提埃大学孔子学院的老师为Renaudot幼儿园3—6岁的孩子们组织设计了趣味横生的"中国文化开放日"活动。

老师们用中国结、红灯笼把幼儿园装饰得非常喜庆，还设计了折纸组、剪纸组、编中国结组、生肖手工制作组及汉语表达组供孩子们选择。在生肖手工制作组，孩子们提出很多问题，如"我出生在2007年，我是马吗"？老师们则解释道："汉语说——我属马，不说我是马。"

普瓦提埃大学孔子学院与当地小学、初中和高中积极合作多次开展中国文化体验活动，这次是孔子学院第一次走进幼儿园为幼儿举办"中国文化校园开放日活动"。家长们说这次活动使中国和中文开始在他们幼小的心灵中落地发芽。

2.德国汉堡大学"汉语开放日"

2007年，汉堡大学孔子学院举行了揭牌仪式后的第一次开放日活动，向汉堡社会各界公众展示孔子学院形象，激发人们对中国语言文化的兴趣。上百位来宾参加了开放日活动，众多应届法国高中毕业生及家长到场。

开放日设计了体验汉语讲座、书法体验等活动。为使德国青少年和成人对汉语和中国文化产生直观的认识，开放日组织了两场"体验汉语"的讲座，以生动的事例向受众展示汉语的特性。随后，中国赴德留学生在宣纸上为德国孩子进行书法示范，学生们则怀着浓厚的兴趣进行体验。

在随后的酒会上，中国驻汉堡总领事致祝贺词，对开放日的成功举行表示祝贺，并祝愿孔子学院在日后的教学及各项推广中国语言文化的活动中，能起到连接中德两国桥梁的作用。酒会后孔子学院德方院长进行了题为《孔子学院在德国和世界各地》的讲座，介绍了汉堡大学孔子学院发展计划、活动策划及课程设置；中方院长则进行了题为《中国文学中的上海形象》的演讲，以多部文学作品为例展示了上海形象在中国现当代文学中的变迁。

3.法国拉罗谢尔大学"汉语开放日"①

2023年，拉罗谢尔孔子学院的全体教师和志愿者教师组织了开放日活动。老师们在环境设计上进行了精心的准备：教室被布置成充满中国文化氛围的空间，墙壁上装饰了中国书画作品，教

---

① 该部分写作感谢拉罗谢尔孔子学院中方院长李小丽老师的帮助。

室里摆放了中文书籍和中华文化元素的装饰物,使前来的学生和家长们感受到了沉浸式的中华文化氛围。

老师们首先向来宾详细介绍了孔子学院的历史和文化活动,随后对学生和家长提出的各种问题进行了耐心细致的解答,帮助前来参观的学生和家长更好地了解孔子学院的教学资源和文化活动的特色。

通过开放日活动,拉罗谢尔大学孔子学院承担起了教育机构交流桥梁的作用。学院与当地民众进行了交流互动,把来自不同文化背景的人们连接在了一起,也为拉罗谢尔大学带来了文化的多样性和国际化的视野。

第三节 国际文化节[①]

国际文化节一般由中外学生共同创办。参加国际文化节的人员包括各国学生和本国学生、机构教师和管理人员,活动一般也向社区居民开放。活动旨在传播世界优秀文化,促进人们对全球文化多样性的尊重和理解,提升民众的国际素养(王勇、杨薏璇、马博,2018)。国际文化节往往设定一个或多个主题,并围绕主题展开系列活动。

一、国际文化节创设缘由

语言表达的需要。国际文化节为中外学生提供了语言表达交流的窗口。对于国际学生来说,他们需要结交中国朋友,进行口

---

① 本文部分参照了田艳、徐小童:《对高校国际文化节活动的分析与思考》,《教育新探索》第2期,(2020)。

语锻炼和汉语表达。对中国学生来说，他们平时较难接触到国际学生，缺乏与国际学生交流的机会。因此，国际文化节为双方提供了绝佳的沟通表达的契机。

文化展示的需求。各国设置展台和摊位，展示不同文化的传统服饰、手工艺品、美味食物等，让参与者直观地感受世界文化的多元，同时也会安排文艺演出。此外，有的国际文化节还举办文化讲座和工作坊，邀请专家学者或民间艺人讲解文化背景和制作过程。

文化交流的需要。活动具有兼容并包、多元并存的跨文化传播功能（罗玲、王柯月，2018），旨在展示世界各国各族的优秀文化，诠释特定的文化经验。国际文化节具有文化展示的仪式性，各种文化元素在其间互动交融，为中外学生提供了"认识世界、了解中国"的窗口。

人才培养的需要。2015年，国务院发布的《统筹推进世界一流大学和一流学科建设总方案》明确提出，要提高我国高等教育的国际竞争力。在国际学生的教育方面，通过有意义的文化传播活动，培养学生理解诸多文化体系的表达模式，提高跨文化交际能力和移情能力，逐步成为知华、友华、爱华的国际人士。在中国学生的培养方面，可以使学生观察和体验不同的文化内涵，理解不同文化体系的表达方式。此外，国际文化节一般由中外学生联合策划和实施，有助于学生平等交流、相互学习，提高学生的跨文化交际能力，最终培养出具有广阔国际视野、能力突出和高效行动力的人才。

二、国际文化节总体情况

我们对举办国际文化节活动的高校进行了调查统计，下面是其中一些学校的举办情况，详见表6-2。

表6-2 高校国际文化节情况调查举例

序号	举办高校	主题内容与具体实施
1	北京大学	主题为"世界无界,未来已来"。将国际化发展理念与文化活动结合、将文化与科技相融合,展示各国服饰、乐器、手工艺、特色美食。还特别推出"游园惊梦"光影科技展及"跨界造极"实验室活动,实现体验人文与体验科技的高度契合。
2	清华大学	主题为"地球村"。来自128个国家和地区的3800名国际学生参加。分为三个部分:一是地球村国际文化博览会,通过特色展棚、舞台演出和游戏互动等环节带领参与感受世界文化魅力。第二部分是"Yeah!世界"主题活动,通过风情东南亚、不夜首尔城、日本学园祭、非洲庆典日四个活动展现异国风采。第三部分为中外达人秀,不同国家选手进行才艺比拼等活动。
3	北京理工大学	主题为"共筑北理梦"。设立40个国家的展台,包含美食鉴赏、传统服饰展示、手工艺品、趣味游戏等活动。为响应"构建人类命运共同体"的倡议,还专门设置了海陆空基地特别展区,呼吁保护环境、关爱地球,为构建人类命运共同体做出贡献。
4	北京语言大学	世界文化节是素有"小联合国"之称的北京语言大学的王牌活动,每年吸引世界各地近百个国家和地区的留学生参加,是以中外学生共校为基础,面向社会大众的游园博览会。参与者以展棚、巡游、节目表演等多种形式展现本国文化特色。
5	重庆大学	主题为"融多元文化、庆九秩华诞"。包括世界风情展、中外学生文艺汇演、"感知中国"文化作品交流以及活动图片展示几大类活动。既有东南亚国家的民族舞蹈,又有中国戏曲类节目。共有50多个国家和地区的约500位学生参与活动。

续表

序号	举办高校	主题内容与具体实施
6	哈尔滨工程大学	主题为"展示多元文化魅力、培养跨文化交流能力"。黑龙江中医药大学、哈尔滨工业大学、中国地质大学、北京理工大学等10余所高校师生代表参加了开幕式。设置45个国家特色展区和10个龙江"非遗"展区,有来自60余个国家和地区的留学生和中国学生欢聚一堂,他们或载歌载舞,或品尝美食,或体验"非遗"文化,活动被打造成了一场微型的"世博会议"。

通过调查我们发现,各高校国际文化节主题不断丰富、内容不断扩展。通过特色展棚、舞台演出、游戏互动等主题活动,实现"地球村"中各个国家的互相融合互通。此外,部分高校也将其与文艺演出及各类比赛融入其中,使内容更加多元化。

三、国际文化节个案调查

1.M大学国际文化节由来

本小节重点介绍M大学国际文化节。作为全国最早开展留学生教育的高校,M大学于2013年被教育部评选为首批"来华留学生示范基地单位"。该校鼓励国际学生与校园主流文化实现良性互动;同时通过多种方式拓宽中国学生的国际视野。

M大学国际文化节2015年首次举办,每年一届,如今已成为该校特色品牌活动。活动面向全体中外师生,同时秉承"开放、融合、互动、共享"的理念,邀请使馆工作人员及兄弟院校的国际学生。纵观该校"国际文化节"的发展,活动已从最初单一的文化展台形式发展到歌舞表演、主题展览、美食广场、游戏互动等多种内容为一体的大型综合活动。表6-3为第六届国际文化节活动内容。

表6-3 M大学第六届国际文化节各国活动内容

序号	国别	国别（英文）	活动内容
1	哈萨克斯坦	Kazakhstan	美食、历史简介、风俗习俗、传统服饰与服装、游戏、民间舞蹈与乐器
2	泰国	Thailand	历史简介、传统服装、美食、景点介绍、泰语学习、手工艺品
3	越南	Vietnam	越南风情、文化艺术、特产美食、手工艺品、民族服装、歌曲舞蹈
4	缅甸	Myanmar	传统工艺品（漆器、刺绣、宝石、绘画）、景点介绍、美食、传统护肤品、传统服装
5	塔吉克斯坦	Tajikistan	特产美食、传统服饰、文化特色、历史简介
6	蒙古	Mongolia	蒙古书法、传统服饰展示、传统食品和小吃
7	乌兹别克斯坦	Uzbekistan	传统美食、民间舞蹈、手工艺品、国家简介
8	俄罗斯	Russian Federation	民族服装、美食、工艺品、文化特征、旅游点
9	日本	Japan	美食、传统服饰、景点介绍、文化艺术
10	印度	India	纪念品、传统服装、国家介绍、手工艺品
11	韩国	South Korea	历史简介、文化习俗、传统美食、游戏互动、韩国服饰
12	中国	People's republic of China	历史简介、文化习俗、音乐、著名景点介绍
13	吉尔吉斯斯坦	Kyrgyzstan	美食、传统舞蹈、民间游戏、手工艺品、民族服装

续表

序号	国别	国别（英文）	活动内容
14	刚果布	Republic of the Congo	文化介绍、生活方式、历史简介、传统美食、传统服装
15	埃及	Egypt	历史简介、文化简介、手工艺品
16	印度尼西亚	Indonesia	历史简介、传统服装、景点图片、传统美食

2.M大学国际文化节访谈调查

"M大学第五届国际文化节"活动结束后，我们对来自五个国家的六位中外学生进行了调查。

问题一：你为什么会参加国际文化节？

欧拉（哈萨克斯坦）：这是一次非常好的活动，可以认识很多来自不同国家的朋友，了解到不同国家的生活方式和文化内容，这对我来说非常具有意义。

婉妮（泰国）：我精心准备了泰国的美食，有冬阴功汤、泰式面条等。看到大家都很喜欢吃，我觉得非常开心幸福，这让我觉得我与中国朋友们又近了一步。

罗程（中国）：学校是"美美与共"的大家庭，生活着中国56个民族的学生和各个国家的留学生。我作为中国学生，对各国的文化也有了更深一步的了解。

问题二：你认为本次国际文化节的举办有什么意义？

美丽（吉尔吉斯斯坦）：我了解到了各个国家不一样的魅力，也感受到了中国各个民族文化的魅力。中国蒙古族同学展示了他们民族的马鞍，新疆同学展示了民族舞蹈，这些都让我印象特别深刻。

阿木古楞（蒙古）：世界各地的学生可以相互交流互动，这是一次非常难得的机会。国际文化节为我们搭建了友谊的桥梁，我希望把蒙古的优秀文化介绍出去，让更多人了解我们的优秀文化。

白杨（中国）：作为一名即将出国学习的中国学生，活动能够帮助我更好地了解中外文化的差异，从而在今后更快地融入海外生活，有效地进行跨文化交际。

3.对国际文化节的反思和建议

加大对国际文化节的支持力度。国际文化节一般由各高校国际教育学院主办。然而，由于国际学生人数以及各方面条件的限制，仍需学校更多部门的支持与配合。教育机构应站在国际文化传播的角度，在场地安排、人员配置及宣传力度等方面加大对国际文化节筹备过程的支持。

提高中外学生的交流互动程度。目前，中外学生在国际文化节筹备过程中的合作与互动较少，与中国学生社团的互动也不充分。例如，韩国语社团若能与韩国学生合作开展活动，必将对中外学生的交流互动起到推动作用。希望今后各院系和社团都能参与到国际文化节的筹备中，提高活动的互动程度和质量。

增加国际文化节的特色风格。目前一些国际文化节缺乏识别性和特色。因此，除"展位设计"和"服装表演"等形式，在主题设置和展台设计等方面还可以凸显特色。例如，北京理工大学将"熊猫"卡通人物贯穿其中，M大学展示中国各民族的特色服饰与美食。教育机构可以通过独特的设计打造属于自己的"文化品牌"，实现国际文化节的长效发展。

第四节 汉字文化周

围绕不同的文化符号可以举办不同的文化周,如汉字文化周、电影文化周、丝路故事文化周等。文化周一般持续5至7天,可以从不同角度充分呈现文化符号的价值,使传播受众获得丰富的知识、深度的体验和情感的满足。

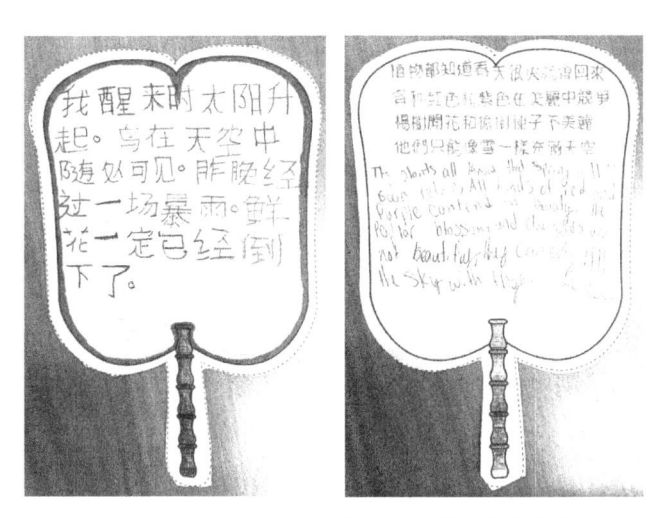

图 6-4 美国北卡州 Onslow 学区 D 中学汉字文化节活动

一、汉字文化周功能与特点

汉字文化周具有仪式性。汉字作为中华文化的呈现载体,能唤醒人们对文化的共同记忆。汉字文化周可以连接受众的情感和价值,通过倡导互动性、创造性和参与性,进入共同的仪式观场域。参与受众聚集在一起,通过参与系列活动,了解汉字文化的演变，体味汉字的趣味知识和凝结其上的精神价值，感受汉字文化的魅力与精神，并对汉字产生出一种全新的感受。

汉字文化周具有空间性。文化传播是一个共享文化的过程，文化周可以建构文化传播的共同场域。汉字本是二维静止的文字符号，但通过文化周构建的特定的文化空间，汉字文化被聚合在一起，以平面、二维、多维的形式供受众体验和想象。人们可以回望汉字历史，拥抱汉字时空，感知汉字厚度，叠加对汉字的情感，从而生成更为强大的文化力量。

汉字文化周具有交互性。人们在参与文化周活动时，通过看汉字、玩汉字、拼汉字、猜汉字等活动，与汉字产生交互和共享，从而潜移默化地接纳汉字文化内涵，提升汉字文化认同（龚珍，2023）。

总之，汉字文化周的举办可以加深参与者对汉字起源、演变过程及文化内涵的理解，提高其汉字书写技能，感受汉字趣味，增强对汉字文化的信心。

二、汉字文化周个案调查[①]

（一）汉字文化周基本设置

1.基本情况

泰国K学校每年举办一次汉字文化周，每次持续五天。文化周主题多样，比如"遨游汉字王国，传承汉字文化""字韵千年""一字千金"等。

文化周活动形式分为"汉字感知""汉字任务"及"汉字英雄"三个部分。其中"汉字感知"为文化周常设活动，通过展示和讲解汉字的起源、演变及其文化内涵，使参与者了解汉字背后的故

[①] 我们对泰国K中学汉字文化周活动进行了调查，感谢美莲老师的大力支持。

事和历史。"汉字任务"是为期三天的游园活动，每天一个主题。活动设置多个展位，每个展位提供与汉字相关的游戏和任务，如汉字拼图、汉字找错和汉字猜谜等。"汉字英雄"是为期两天的汉字比赛，包括汉字知识竞赛和汉字演讲比赛，参赛者表达和展现对汉字的理解和情感。

K学校对汉字文化周的主题及形式进行了富有创意的设计：结合游园会的形式，设置有趣且互动的展位和任务。

2.竞赛规则

参与者竞赛。文化周设置不同的展位，每个展位根据每日主题的变化推出不同的活动。参与者需要完成展位布置的任务，每完成一个汉字任务，即可从该展位获取一个勋章。

展位竞赛。参与者会提前从游园组委会领取一定数量的代金券，每到一个展位参加一个活动需缴纳一张代金券。最后，收获代金券数量最多的展位获胜。

（二）汉字文化周活动内容

1.常设活动：汉字感知

"汉字感知"常设活动分为三个部分：猜字谜、读诗句、学习资源区。

猜字谜：提供难度适中的字谜，字谜为手工制作并被张贴于字谜活动区域。通过竞赛性质的猜字谜活动，学生可以体会不同类别汉字的特点，摸索汉字构字规律；读诗句：将古诗、对联等内容张贴于游园会，学生以小组合作的方式合作读出诗句内容；学习资源区：包括汉字图书教材和视频资源两类。图书教材有《体验汉字》《遨游汉字王国》等，视频资源有《"字"从遇见你》《汉字五千年》《汉字乐园》等汉字教学片。

2.汉字游园：汉字任务

"汉字任务"为期三天，每天一个主题，分别是：汉字结构、汉字演变和汉字组词。表6-4为活动示例。

表6-4 K学校汉字文化周之"汉字任务"

时间	内容	活动范例举例
第一天	汉字结构	活动1：丢沙包。在沙包板上张贴"口""氵"等部件。参与者选择展台上的部件卡，然后通过投掷，从沙包板上选出合适的部首，最后将二者组成正确汉字。如学生抽到部件卡"胡"，就可以向沙包板上的"氵"部件投沙包，以组成"湖"，但是不能向"口字旁"投沙包。
		活动2：套圈。设置两组汉字，一组是"口""国"等全包围结构的汉字，另一组是"和""道"等非全包围结构汉字。根据老师指令，向相应结构的汉字进行套圈。
		活动3：加一笔。给出一个汉字或者部件，让学生加上一笔变成另一个汉字。如"日"加一笔变成"白""电"等字。成功改造一个部件或一个汉字可以盖一个章。
第二天	汉字演变	活动1：猜汉字。给出简单的象形字（如日、月）和一些小篆、隶书字体的字卡，让学生读出字音并写出汉字。展位旁可设置回答排行榜，并实时更新。
		活动2：排序。给出一个汉字演变的各种形式，让参与者依时间顺序将演进过程（篆书、隶书、楷书等）正确展示出来。
第三天	汉字组词	活动1：生字开花。给选中的汉字找朋友，即组词开花、词汇拓展；或给选中的部件找朋友，组成一批含有这个部件的字。最终，制作一幅"字中有画，画中有字"的生字开花图。
		活动2：汉字迷宫。在汉字组成的迷宫里，将临近的汉字连成词语，并沿着给出的汉字及词语走出迷宫。

3.汉字比赛：汉字英雄

在室内进行汉字演讲比赛和汉字书写大赛。

演讲比赛的主题为"我与汉字的故事"。选手围绕主题准备一个2分钟的演讲，演讲内容为介绍一个汉字（喜欢的汉字或与这个汉字发生过的故事）。演讲结束后，大家投票选出心目中十位表现最好的选手，根据得票数确定最终名次。

汉字书写大赛包括汉字书法大赛和汉字听写大赛。选手提交书法作品，教师将作品张贴在比赛栏板或醒目的地方，由专业书法老师进行专业评审，全校师生也可参与投票。

汉字文化周通过猜字谜、读诗句、设置学习资源区、安排汉字任务和汉字比赛等丰富多样的活动，让学生从不同角度感知汉字的音、形、义。

第五节 瓷器嘉年华[①]

FIESTA（嘉年华）是西班牙语中庆祝、热情、欢喜的意思，嘉年华活动意为充满乐趣和活力的集体活动。中国是瓷器的故乡，瓷器已成为全球公认的中国代表性文化遗产，有着漫长而辉煌的历史。瓷器的设计和制作融入了中国人的哲学思想和艺术审美。每一件瓷器都是艺术家心血的结晶，每一次烧制都是对自然力量的挑战和敬畏。

瓷器嘉年华活动是围绕中国瓷器而举办的系列富有层次的文化推广类活动，当然也可以有丝绸嘉年华、服饰嘉年华等活动。

[①] 感谢陈欣、杜晓飞、霍春敏、赖司宁、谢丽丽几位国际中文教育硕士的大力支持。

本文结合第一作者教学实例，指导职前汉语教师设计了一场"瓷器主题嘉年华"活动。下面对此次活动的创意设计进行阐释。

图 6-5　瓷器主题嘉年华活动

一、基本情况

（一）活动背景

文明因多样而交流，因交流而互鉴，因互鉴而发展。回望历史，陶瓷艺术便是在千百年来的交流互鉴中发展壮大起来的。

为使更多的国际青年从陶瓷文化中了解中国文化，感受中国历史，见证发展变化，Q大学以瓷为媒，以瓷会友，举办"瓷韵中华"中国瓷器文化周活动，以传承弘扬中华优秀传统陶瓷文化，讲好中国故事，传播中国声音。

（二）活动时间及地点

活动时间：3月22日至27日。

活动地点：Q大学国际教育学院及艺术学院展厅、北京潘家园旧物市场、中国国家博物馆瓷器馆及中关村手作馆。

二、前期准备

主要分为六个方面：活动申请、场地安排、人员安排、活动宣传、线上宣讲及其他工作，如图6-6所示。

图 6-6　瓷器嘉年华活动前期准备流程图

活动申请阶段，向学院及学校有关部门提交策划方案，完成报备工作。

场地安排阶段，联系国家博物馆瓷器馆部门，预约参观讲解时间；联系中关村手作馆，商议并预约手工制作费用时间。

人员安排阶段，首先招募活动志愿者30名，其中开幕式闭幕式表演10人、图片展讲解4人、海报分发4人、常务6人、宣传3人、后勤3人。其次，确定开幕式、闭幕式出席嘉宾名单。随后联系学院领导、老师，并发送请柬。最后，邀请大学历史文化学院或艺术学院的老师进行瓷器讲座，联系国家博物馆瓷器馆部门预约讲解人员。组委会对所有参与的国际学生进行分组，每组5人，请他们进行有关中国瓷器的文化调查，并撰写调查报告。

活动宣传阶段，包括多个环节。1）网络宣传。在学院官方网站、官方微信平台、官方视频号发布活动通知；2）海报张贴。学校操场、食堂及学院门口等醒目位置张贴活动海报；3）海报分发。在校园内人流量较大的区域发放活动海报；4）线上宣讲。告知国际学生文化周全部活动安排。此外，还有一些工作涉及确认节目名单、道具准备、展品借用及车辆预约等，具体如表6-5所示。

表6-5　瓷器嘉年华活动其他准备工作示例

其他工作	具体内容
节目名单	确定开幕式、闭幕式表演学生名单及节目内容。
道具准备	制作并打印海报、易拉宝、集章卡，撰写宣传新闻稿、通知。
展品借用	联系学校学博物馆、艺术学院、摄影家协会等部门，协商借用瓷器摄影及绘画作品共计45件。
车辆预约	预约接驳车。

三、活动内容

活动分为"瓷韵中华·知""瓷韵中华·观""瓷韵中华·行"三个部分。

（一）"瓷韵中华·知"

内容包括"瓷韵中华"中国瓷器文化周开幕式、"窑火中国——中国瓷窑"讲座、"瓷器里的光影"瓷器摄影和绘画作品展及"瓷行天下——瓷器贸易主题夜"四项活动。

1. "瓷韵中华"中国瓷器文化周开幕式

时间：3月22日上午8：00—9：00

地点：Q大学国际教育学院报告厅

人员：国际教育学院领导、老师、国际学生

内容：首先学生演唱歌曲《青花瓷》，其他学生身着青花瓷样式旗袍伴舞。其次，学校领导致辞并宣布"瓷韵中华"中国瓷器文化周正式开始。随后，主持人介绍文化周活动流程及规则，发放集章卡和活动手册。

目的：宣布活动开始，介绍活动细则。

2."窑火中国——中国瓷窑"讲座

时间：3月22日19：00—20：30

地点：Q大学知行堂

人员：国际教育学院国际学生

内容：中国瓷窑文化讲座

目的：介绍中国瓷窑文化，激发参与者兴趣。

3."瓷器里的光影"瓷器摄影及绘画作品展

时间：3月22日—23日，8：00—22：00

地点：Q大学艺术学院展厅

人员：国际学生

内容：展出30幅瓷器摄影作品、15幅瓷器绘画作品。

目的：观赏二维瓷器作品，为后期实物参观预热。

备注：安排志愿者进行讲解

4."瓷行天下——瓷器贸易"主题夜

时间：3月23日晚19：00—21：00

地点：Q大学知行堂

人员：国际学生

内容：观看瓷器贸易纪录片《China瓷》，随后围绕中国瓷器贸易、中国瓷器与母国的联系等话题发表看法、交流意见。

目的：建立参与者对瓷器的基本认知，激发兴趣。

（二）"瓷韵中华·观"

内容分为"漫游之夜"和"穿梭千年的瓷"两大部分。

1."漫游之夜"——北京潘家园旧物市场参观活动

时间：3月24日18：00集合，19：00开始参观

地点：朝阳区华威北里潘家园旧货市场

人员：国际学生

内容：18：00在学院门口集合、乘坐接驳车；19：00自由参

观旧物市场，21：30集合、乘坐接驳车返回学校。

目的：带领国际学生直观感受民间旧物市场瓷器风貌。

备注：引导国际学生进行街头调研走访。

2."穿梭千年的瓷"——国家博物馆瓷器馆参观活动

时间：3月25日中午集合；下午13：00开始参观

地点：东城区东长安街16号天安门广场东中国国家博物馆

人员：讲解人员、国际学生

内容：中午组织学生在学院门口集合乘坐接驳车。下午参观瓷器馆，工作人员全程讲解。17：30集合返回。

目的：带领国际学生参观中国瓷器精品，感受瓷器魅力。

（三）"瓷韵中华·行"

分为瓷器DIY活动及"瓷韵中华"中国瓷器文化周闭幕式暨瓷器作品展。

1.瓷器DIY活动

时间：3月26日8：00集合；8：30开始

地点：Q大学主校区大门口、中关村手作馆

人员：工作人员、国际学生

内容：8：30开始制作瓷器，工作人员讲解并引导。

目的：引导国际学生参与瓷器动手实践，体验瓷器工艺，感受瓷器魅力。

备注：瓷器烧制完成后送至国际教育学院；撰写新闻稿及所有瓷器介绍，供次日瓷器作品展网络投票使用。

2."瓷韵中华"中国瓷器文化周闭幕式暨瓷器作品展

时间：3月27日19：00

地点：Q大学国际教育学院多功能厅

人员：国际教育学院领导、老师、国际学生

内容：19：00参观瓷器展品。19：30现场抽奖。19：40副院长总结致辞。20：00国际学生代表进行瓷器文化周调查报告展示。20：30网络抽奖。20：40现场嘉宾及观众进行投票，学生进行民族舞表演。21：00宣布投票结果，为获奖选手颁奖。

目的：总结活动成果。

四、活动预算及活动用具

1.活动预算

活动预算包括活动海报、邀请函等项目，如表6-6所示。

表6-6 瓷器嘉年华活动预算一览表

名称	单价/元	数量	费用/元	备注
海报	0.5/张	100	50	图文打印
集章卡	6/张	50	300	
活动手册	10/册	50	500	
邀请函	5/份	5	25	
名牌打印	2/个	5	10	
入场券	0.5/张	60	30	
青花瓷笔	3/支	25	75	活动奖品
精品牡丹瓷	160/只	1	160	
精品茶具套装	110/套	2	220	
冰裂纹瓷碗	30/只	5	150	
青花瓷样式旗袍	50/件	5	250	服装租赁
印章	5/只	7	35	其他
矿泉水	20/箱	3	60	
易拉宝	2/个	10	20	
总计：1885（元）				

2. 活动用具

包括请柬、海报、集章卡及印章等物品，如图6-7所示。

图6-7　瓷器嘉年华活动海报、请柬及印章设计图

中华文化推广类活动形式多样，内涵丰富，可以辐射到全球广泛的受众，以上仅取其中有限的几种类型进行分析。随着活动的不断成熟，文化推广类活动的形式、主题也在不断地进行创新发展，分众化、区域化、时代性等特征均会得到发展。

主要参考文献

1. 龚珍：《5W视域下西塘汉服文化周文化传播研究》，重庆工商大学硕士学位论文，2023。
2. 孔子学院：《"开放日"活动精彩纷呈 孔子学院总部宾朋满座》，《孔子学院》，2014年第6期。
3. 孔子学院：《创新孔子学院日文化品牌》，《孔子学院》，2016年第1期。
4. 刘权：《非洲孔子学院因地制宜开展中国传统文化活动策略研究——以非洲两所孔子学院为例》，《汉字文化》，2023年第3期。

5. 刘延东:《在首个全球"孔子学院日"启动仪式上的致辞》,《孔子学院》,2014年第6期。
6. 罗玲、王柯月:《论北京大学国际文化节的功能》,《中外人文交流》,2018年第4期。
7. 田艳、徐小童:《对高校国际文化节活动的分析与思考》,《教育新探索》,2020年第2期。
8. 王勇、杨蕙璇、马博:《高校国际化建设中的育人模式初探——以北京大学国际文化节为例》,《北京教育(德育)》,2018年第2期。

第七章　各区域中华文化传播活动情况调查[①]

全球各区域中华文化传播活动呈现出丰富多样且差异鲜明的特征。本章运用实地调查法、田野观察法、内容分析法、案例研究法等多元研究方法，以亚洲国家（越南、泰国）、英美国家（英国、美国）和非洲地区为案例，进行深入分析。

第一节　亚洲国家文化活动调查

一、越南文化活动

越南地处东南亚的中南半岛东南端，独特的地理环境和历史背景使该地区普遍具有语言丰富、政体多元、信仰多样等特征。2014年，越南第一所孔子学院设立，进一步加速了汉语及中华文化在越南的传播。随着国际中文教育在越南的不断推进，越南中华文化传播活动举办日益频繁，文化教学受到更多重视（曾小燕、阮德英，2023），但是相关研究却较为薄弱。

[①] 本章写作感谢杜怡芬老师、张一平老师、陈森老师、孙静远老师、王龙吟老师、阮玉千金老师的帮助，特此感谢。

（一）越南文化活动总体调查[①]

由于越南中小学文化传播活动开展略为滞后，数据十分缺乏，因此本节主要针对越南高校中华文化传播活动进行调查。通过中国知网、越南官方媒体以及中越媒体报道等渠道，我们收集了近5年共158场越南高校的中华文化传播活动，并从地域划分、活动形式、内容层次、文化类别、参与受众五个维度进行分析。

1. 按照活动地域划分

根据调查数据，越南高校中华文化活动多举办于河内市（92场），少量分布于胡志明市（38场）和其他城市（28场）。

越南首都河内合作开办的孔子学院和开设中文专业的大学数量远高于其他城市，因此文化活动也多集中于河内。以2021至2022年间越南举办的50场中华文化传播活动为例，河内大学孔子学院作为独家主办方举办的活动就达到了26场，联合主办的活动也有7场，整体占比达到了66%。可见，河内以其作为国家首都的优势，逐渐成为中华文化传播活动的主阵地。

2. 按照活动形式划分

我们将越南中华文化传播活动按照形式划分为五类：中国文化体验、中国文化展览、语言文化赛事、文艺演出以及专题讲座。具体情况见表7-1。

[①] 第一和第二部分内容参照了杜怡芬、陈森、田艳：《国际中文教育视域下越南中华文化传播活动：现状、问题及策略》《世界汉语教学学会2022年论文集》，待刊，（2025）。

表 7-1 越南中华文化传播活动形式

序号	活动形式	具体活动内容	举办场次	占比
1	中国文化体验	节日、技艺、饮食、健身	24	15.1%
2	中华文化展览	文化用品、艺术作品、中国形象	22	13.9%
3	语言文化赛事	综合类赛事、单项类赛事	62	39.2%
4	文艺演出	歌唱、舞蹈、杂技表演	36	22.7%
5	专题讲座	文化专题、中国现状、中外关系、培训教育	14	8.1%
合计			158	100%

如表7-1所示,"语言文化赛事活动"共62场,占比达39.2%,已成为主要的活动形式;专题讲座相对较少,只统计到14场,占比8.1%。其中,语言文化赛事多以演讲和辩论为主,在所统计的56场语言文化赛事中,演讲比赛的举办场次就达到了29场,占比超过该类型活动的50%。

3.按照文化内容划分

文化内容按层次可以分为物质层、心物结合层与心理层,或者物质文化、制度文化和心理文化三个层面(H.Stern,1992)。由于统计数据中物质文化占比明显,约86%,我们进一步将其细分为知识性文化和技能性文化。最终将文化内容层次划分为四类:知识性文化、技能性文化、制度性文化及心理性文化。

其中,知识性文化主要以中医、民族服饰、中国美食等为代表;技能性文化以书画、歌舞、器乐、戏曲、剪纸、棋类、养生运动等为代表;制度性文化以各类节日民俗为代表;心理性文化包括诗词文学、神话故事等。技能性文化是越南中华文化传播活动的主要内容，占比达到了73%；其次是知识性文化活动，约占14%；心理性文化和制度性文化占比较少，分别为7%和6%。

图7-1　越南河内大学戏剧脸谱彩绘体验活动①

4.按照文化类别划分

《国际中文教育用中国文化和国情教学参考框架》（2022）将文化分为"传统文化""当代中国""社会生活"三个模块。参照该框架对收集的数据进行统计，发现越南中华文化传播活动的时代性特征差异较为显著。"传统文化"占比最高，其中艺术类活动举办场次达到45场，占全部活动的28.4%；"社会生活"次之，其中饮食类活动举办数量较多；而"当代中国"占比最小，最多的"教育类"也只有7场，活动科技和休闲活动则仅有3场。由此可见，越南地区更倾向于传统文化类活动。

---

① 照片由清玄同学提供。

5.按照参与受众划分

调查发现，参加文化传播活动的受众以越南学生群体为主，少部分为普通民众和汉语爱好者。以学生为主体的活动场次最多，有97场，占比61.4%；同时面向越南普通民众和汉语爱好者的活动为30场和41场，分别占18.9%和25.9%。

（二）越南文化活动个案分析

越南河内大学原名越南河内外语大学，是越南教育与培训部直属大学。2014年12月，越南河内大学和中国广西师范大学合作创办了越南第一所孔子学院。孔子学院自成立以来，开展了汉语教学、汉语教师培训、汉语学习教材编制、汉语水平考试、相关领域科研以及中越两国文化交流等工作，有效地推动了越南汉语教学多层次、全方位的发展。[①] 表7-2为2015—2024年河内大学孔子学院部分文化传播活动情况。

表7-2 越南河内大学中华文化传播活动（不完全统计）[②]

序号	时间	活动
1	2015年9月	世界大学生"汉语桥"比赛
2	2015年9月	中国文化周
3	2016年5月	世界大学生"汉语桥"比赛
4	2016年6月	端午节文化交流会
5	2016年6月—7月	教工家属暑假汉语班
6	2016年9月	中秋节文化交流活动
7	2016年9月	中国文化周暨孔子学院日系列活动

---

① 数据来源：孔子学院官方网站 https://ci.cn/en/site/1431001000/jj

② 部分内容来源：https://www.facebook.com/vienkhongtuhanuvn/ 及 https://www.hanu.edu.vn/a/109340/

续表

序号	时间	活动
8	2017年1月	春节联欢会
9	2017年4月	孔子学院书法活动
10	2017年5月	河大汉字硬笔书法比赛
11	2017年6月	世界大学生"汉语桥"比赛
12	2017年9月	书法展示活动
13	2018年5月	世界大学生"汉语桥"比赛
14	2018年8月	河内大学孔子学院汉语短期班
15	2018年9月	越南北部大学生中华才艺大赛
16	2018年11月	首届越南大学生汉越口译大赛
17	2019年3月	开设中文书法培训班
18	2019年5月	开设HSK-HSKK中文辅导班
19	2019年5月	河内大学演讲比赛
20	2019年9月	河内大学孔子学院中国文化周
21	2019年12月	河内大学孔子学院五周年庆典晚会
22	2020年12月	第二届越南大学生汉语口译大赛
23	2020年5月	开设HSK-HSKK中文辅导班
24	2020年9月	国际中文教师奖学金推介会
25	2020年10月	越中文化交流概况座谈会
25	2020年10月	汉字书写比赛
27	2020年11月	第二届越南大学生汉语口译大赛
28	2021年4月	越南北部汉语专业高中生才艺大赛总决赛
29	2021年4月	越南-中国青年民歌文化交流活动
30	2020年10月	21世纪初至今越中文化交流关系研讨会

续表

序号	时间	活动
31	2022年5月	中国文化艺术讲座
32	2022年9月	汉字书法大赛
33	2022年9月	中国文化周暨孔子学院日活动/写汉字比赛
34	2022年11月	HSK、留学中国暨中国文化体验专题活动
34	2022年6月	河内大学教职工及子女中国文化体验夏令营
35	2023年4月	国际中文日
36	2024年4月	中国文化周

每年，河内大学孔子学院都会举办"汉语文化周""中国文化体验日"等活动，并向大学周边的中小学进行辐射。2022年11月至12月，河内大学孔子学院分别与富寿省雄王大学、北江省北江农林大学及申仁忠中学、河内工业大学外国语－旅游学院合作，举办了"2022年HSK、HSKK、留学中国暨中国文化体验"专题活动。

孔子学院还与中国文化机构联合举办活动。如2023年4月与广西师范大学出版社共同举办的"国际中文日暨中国文化体验活动"，内容包括中国画、汉服、剪纸、中国结、中华美食、画脸谱、中越艺术交流、中国书法交流、中越民歌对歌等（阮英芳，2023）。此外，河内大学孔子学院还通过"脸书"（Facebook）为汉语学习者提供交流平台和信息查询渠道。

图 7-2　越南河内大学"中国文化周"书法体验活动①

二、泰国文化活动
（一）泰国文化活动总体调查②

根据新闻报道及孔子学院官方公布的数据，从2015年至2019年，泰国孔子学院共组织了290场文化活动，平均每年约58场。以下是对泰国孔子学院文化活动的调查分析。

1.活动组织情况

在活动组织频次上，宋卡王子大学孔子学院表现突出，共举办51场文化活动。紧随其后的是泰国农业大学孔子学院和普吉中学孔子课堂，分别为26场和24场。整体来看，文化活动的组织情况在不同年度存在波动：2015年组织59场，2016年49场，2017年43场，2018年显著增加至83场，而2019年回落至56场。这一变化显示了泰国孔子学院在不同年度对社会需求的灵活应对。

---

① 照片由清玄同学提供。
② 数据来源于陈贤德、檀照杰、张男：《泰国孔子学院文化活动组织现状及发展策略研究》，《北部湾大学学报》，第12期，（2020）。

2.参与规模与影响力

2015至2019年期间,泰国孔子学院的文化活动表现出较强的吸引力。超过500人的活动共计45场,占总活动的12%;而200至500人参与的活动则有72场,占24%。其中,川登喜大学素攀孔子学院举办的"中部华文名校联谊会第九届中文学术比赛"参与者超过3000人,国光中学孔子课堂的"第八届汉语桥·国光杯"吸引了2500余人参与,宋卡王子大学普吉孔子学院举办的"泰国儿童节文化体验活动"更是有超过1500名儿童参与。

泰国文化活动的规模和影响力不断扩大,活动参与人数不仅展示了孔子学院的组织能力,也体现了泰国社会对汉语学习和中国文化的高度关注。

3.文化活动的受众与需求

孔子学院应深入了解当地风俗习惯、风土人情,发现中国文化与当地文化的契合点,使中国文化活动逐渐成为人们生活的一部分。

泰国孔子学院文化活动受众广泛,不仅服务于各类在校学生,还积极满足泰国各阶层对汉语的不同需求。例如,彭世洛醒民公立学校孔子课堂为军人、社区居民和在校师生举办了"'迎东盟共策划'汉语培训班",以支持泰国顺利举办东盟会议。松德昭帕亚皇家师范大学孔子学院开办了"第二届曼谷及周边地区汉语教师培训班"。此外,为加深学校中医药教育、临床专业教职工对中医的认识,华侨崇圣大学中医孔子学院举办了"中医师资访华夏令营"。

4.活动形式的多样性

泰国孔子学院文化活动主要分为七种类型:讲座式、展览式、表演式、比赛式、培训式、体验式和复合式。通过数据显示,举办数量最多的文化活动形式为体验式,共92场;其次为比赛式和表演式，分别有70场和45场。

总体来看，泰国孔子学院的文化活动在数量、参与规模和受众覆盖面上均表现优异，充分体现了其在促进中泰文化交流和汉语推广方面的重要作用。

（二）泰国文化活动个案分析①

自2007年起，朱拉隆功大学孔子学院累计举办130余场汉语文化活动，平均每年举办20余场，吸引近四万名参与者。下面以朱拉隆功大学为例进行个案分析。

2011年8月，朱大孔院成立了"中国体验中心"，内设展示区和体验区，并配备多媒体互动设备。

受新冠疫情影响，2020至2021年间朱大孔院的文化活动从线下转移至线上，不过依然通过创新形式继续推广文化。线上活动包括"最·孔院"中泰文化短视频大赛、"过中秋说汉语"中秋节活动、"大美中华中秋文化之旅"活动以及"泰国本土汉语教师教学与科研发展的思考"学术讲座等。这些活动通过数字平台的互动，保持了中泰文化交流的热度。

朱大孔院的文化活动涵盖中国传统节庆、两国社会热点及中泰文化竞赛等，通过联欢会、音乐、舞蹈、戏剧和诗歌朗诵等形式使泰国民众感受中华文化的魅力。例如，2021年8月举办的"最·孔院"短视频大赛吸引了来自泰国各地的93名选手参加；2021年9月的"过中秋说汉语"线上活动，通过歌曲演唱和中文故事表演展示了浓厚的中秋节文化。表7-3为2021年朱拉隆功大学孔子学院部分活动的汇总。

---

① 本节数据来源于EKACHAI WIANGSAMUT（王亮）：《泰国朱拉隆功大学孔子学院文化活动研究》，福建师范大学硕士学位论文，（2022）。

表 7-3　2021年朱拉隆功大学孔子学院部分活动汇总表

序号	时间	文化活动名称
1	2021-02-05	朱大孔院中泰教师为诗琳通公主祈福
2	2021-04-02	朱大孔院中泰教师为诗琳通公主祝寿
3	2021-08-29	"最·孔院"短视频大赛
4	2021-09-21	邦高皇家圣谕中学"大美中华中秋文化之旅"
5	2021-09-23	"过中秋说中文"线上活动

此外，朱大孔院还积极开展汉语教学研讨会、专家讲座及教师培训等文化活动。例如，2021年3月举办的"巨龙的新方向"中国发展规划研讨会线上讲座吸引了超过1000人参加；由朱大孔院协办的"泰国本土汉语教师教学与科研发展的思考"讲座，在泰国中文教师培训领域开启了新的合作模式。详见表7-4。

表 7-4　2021年朱大孔院部分学术研究活动汇总

序号	时间	活动类型	学术活动名称
1	2021-03-27	研讨会	"巨龙的新行动"线上学术讲座
2	2021-07-10	讲座	泰国华文教师交流日学术讲座
3	2021-08-15	讲座	国际中文教育标准专家论坛
4	2021-09-27	研讨会	泰国孔子学院（课堂）发展联盟成立大会
5	2021-09-27	研讨会	泰国孔子学院（课堂）发展研讨会
6	2021-10-09	讲座	泰国地区汉语考试考点考务培训大会
7	2021-10-17	讲座	泰国本土汉语教师教学与科研发展讲座
8	2021-11-16	研讨会	线上汉语教学法研讨会

续表

序号	时间	活动类型	学术活动名称
9	2021-11-27	讲座	"泰国学生学习中国文化必要性"讲座
10	2021-12-10	讲座	2022年北京大学泰国招生宣讲会

这些文化活动和学术活动共同构建了朱拉隆功大学孔子学院的核心推广模式，有效推动了中泰文化的深入交流与理解。

第二节 英美国家文化活动调查

一、英国文化活动

（一）英国文化传播活动总体情况

在中英两国友好关系不断深化的背景下，中华文化传播活动在英国大中小学不断涌现。活动旨在向英国学生介绍中国的历史、语言、艺术、饮食等多方面的文化内容，增进他们对中国的了解和兴趣。同时，活动也有助于提升英国学生的跨文化交际能力，培养他们的国际视野和包容心态。目前，中华文化传播活动已成为英国推动多元文化教育和增强中小学生了解中国文化的重要途径。下面以中小学为例，对英国中华文化传播活动进行梳理。

文化体验活动。这类活动以文化传播为主要目的，通过文化体验的方式开展起来。英国地区多个孔子学院在各中小学积极推行中华文化传播活动。例如，曼彻斯特大学孔子学院积极举办文化体验活动，并辐射到曼彻斯特地区的50余所中小学，在曼彻斯特及整个英国地区都具有广泛的影响力。活动内容包括舞蹈、乐器、书法、武术和折纸等十多个主题（杨岩，2015）。

特色文化活动。一些孔子学院基于自身特色，面向中小学开展特色文化传播活动。如伦敦中医孔子学院以中医文化海外推广为特色，赴中小学开展诊所参观行、健康咨询路、推拿之体验、亮相"活力秀"、举办养生周、讲座话中医、茶艺与中医等特色活动。除此之外，该孔院还建立了中医工作坊，包含毫针针刺、无烟艾灸等，为当地英国中小学生带来新鲜的中医文化体验。

文化巡演活动。活动一般依托重要节日，在不同地区、场所进行一系列文化展示和表演活动。伦敦中医孔子学院每年面向多所合作中小学举行30场左右的春节巡演活动。2024年的春节巡演活动以ST James Church of England小学作为第一站正式启动，到2024年3月27日在Harris Peckham Academy结束，期间共到访了20所小学进行表演。表演项目包括：唢呐独奏《正月十五闹雪灯》、蒙古族独舞《吉祥》、器乐合奏《梁祝》、武术《破阵》等。最后，一场结合了武术、舞蹈和器乐表演的《九州同》巧妙地将"九州大同、天下归一"的和谐理念融入艺术表演中。

（二）伦敦中医孔子学院文化活动个案分析

1. 伦敦中医孔子学院发展历程

欧洲孔子学院着力发展独具特色和具有代表性的文化项目，打造属于自己的品牌（金志刚、郑婕茹，2019）。中医孔子学院是以中医药文化的推广和对外传播为目的而建立的极具中医特色的教育机构。目前，全球共有5所中医孔子学院，分布于欧洲、大洋洲、亚洲和美洲。

英国伦敦中医孔子学院是中医特色孔子学院中规模最大的机构。2007年，在中国国家汉语国际推广领导小组办公室的支持下，由哈尔滨师范大学、黑龙江中医药大学和英国伦敦南岸大学

(London South Bank University)三方联合创办了世界上第一家中医孔子学院（通常简称伦敦中医孔子学院）。学院以中医学为切入点推广中华文化，开展"中医与养生"特色文化项目，举办中医养生专题讲座，大力推广中国传统医学，促进了中医药的传播交流。多年来，该孔院以实用易学的健康养生讲座、中医药文化展览以及丰富多彩的文化活动吸引了当地民众，被评为全球示范孔院。孔院下设教学点50余所，公派教师和志愿者教师人数106人（2019年），全日制汉语学生人数15000余人。

2.伦敦中医孔子学院文化活动特色

伦敦中医孔子学院的宗旨是：A centre of Excellence for Traditional Chinese Medicine(TCM) and Chinese Wellbeing（建立卓越中心，推广中华文化）。

课程设置方面，开设了中医针灸专业本科学位课程，参加该课程学习的学生来自世界各地近二十个不同的国家。其他课程包括医学汉语课程、中医历史、中医基础理论、针灸推拿和临床实践等。学习期间，学生还有机会前往中国开展研学旅行，到黑龙江中医药大学实习基地参加至少半年的临床实习。毕业后，可直接获得由英国针灸协会颁发的针灸师职业资格证书。此外，还开设了武术、气功、食疗等文化课程。

文化活动方面，伦敦中医孔子学院举办活动包括中国节庆习俗、传统文化体验、中医养生文化和中国文化展览巡演等。一些活动的参与人数多达数千人，涵盖伦敦市区各个街区的人群。通过"中华养生周"等活动的成功举办，伦敦中医孔子学院将中国文化，尤其是中医文化的影响力扩展到了整个英国，甚至影响到了其他欧洲国家。

3.伦敦中医孔子学院文化活动调查

经过多年的努力，伦敦中医孔子学院已经形成了相对完备的文化传播活动内容体系，详见表7-5。

表7-5 伦敦中医孔子学院文化传播活动一览表

活动类别	主要项目	案例
中医中药	中医工作坊、诊所参观行、健康咨询路、推拿之体验、亮相活力秀、举办养生周、讲座话中医、茶艺与中医	在伦敦圣约瑟夫学校教授学生八段锦 在橘子上练习针灸、拔罐、学习中药称重 在英国展览会"活力秀（Vitality Show）"上秀中医文化 在英国议会中展出养生图片 参加英国议会举办的中医论坛 每月进行中医义诊 中药全球巡回展 到联合国儿童基金会推广中医
武术运动	开设武术班、使馆武术课、武术工作坊、武术俱乐部、武术比赛日、公园太极月	在皇家公园举办太极月 在南岸大学开设武术讲座 举办"孔子杯"武术比赛 在大型购物中心举办春节武术表演
中国音乐	民歌情讲座、中国民歌课、民歌俱乐部、民乐工作坊、春节民歌秀、民歌开放日	进入英国议会进行中国古筝表演 参加英国议会春节庆典 赴西敏斯特中学举办音乐工作坊
中国舞蹈	舞之魂讲座、舞蹈俱乐部、春节舞蹈秀、课后舞蹈班、舞蹈工作坊、舞蹈开放日	Belmont学校表演新疆舞、傣族舞 St Joseph's学院进行手绢舞蹈互动

续表

活动类别	主要项目	案例
其他活动	文化类讲座、文化俱乐部、中小学开课、文化工作坊、与机构合作、文化出课堂	开展剪纸、中国结、风筝制作、书法、京剧脸谱绘画等活动 文化走进公司企业年会和英国社区集会 在大英博物馆进行文化展演 赴几十所学校进行大型春节巡演活动 举办欧洲孔子学院会议 与中国驻英国使馆合作，启动"熊猫伙伴关系"演讲会 与新华社合作举办新华图片展 举办饺子茶艺工作坊、中小学舞龙工作坊、京剧脸谱工作坊、书法绘画工作坊

由表7-5可知，伦敦中医孔子学院结合中医药养生理念，组织了极具特色的文化活动。此外，孔子学院指导并支持当地中小学开展文化活动，连续多年赴周边几十所学校进行文化演出，内容包括中国功夫、民族乐器、民族舞蹈、民乐串烧等，演出后还举办艺术工作坊活动。此外，伦敦中医孔子学院也深入当地社区组织的文化活动，为社区开展剪纸、绘画、书法等活动，并提供健康咨询和养生服务。

图 7-3　伦敦中医孔子学院春节巡演活动①

（三）爱丁堡大学孔子学院文化活动个案分析②

爱丁堡大学苏格兰孔子学院（以下简称爱丁堡大学孔子学院）成立于2006年。因其优质的工作和广泛的影响，连续五年被授予先进孔子学院称号，并荣获孔子学院开创者奖和孔子学院突出贡献奖章。2016年与全球另外10家孔院一起入选文化示范孔院。成立以来，爱丁堡大学孔子学院已开设数千节中文学期课程，学习人数超过万人；举办文化传播活动近千场，参与孔院各项活动人数已达数万人。下面对爱丁堡大学孔子学院文化活动类型及文化活动符号进行分析阐释。

---

① 照片由杜老师提供。

② 相关数据资料来源：爱丁堡大学苏格兰孔子学院文件；《爱丁堡大学苏格兰孔子学院2007 — 2011》https://www.confuciusinstitute.ac.uk/wp-content；爱丁堡大学苏格兰孔子学院文件《Confucius Institute for Scotland in the university of Edinburgh 2006-2020》。

本节写作部分参考了张齐红、田艳：《英国孔子学院文化发展探究 —— 以爱丁堡大学苏格兰孔子学院为例》，王鹏飞主编《多元创新融合多元·创新·融合：区域国别视域下文化教学与传播研究前沿》，吉林大学出版社，（2023）。

1.爱丁堡大学孔子学院文化活动类型

考虑到可操作性的难易度及具体数据覆盖类别，我们将英国爱丁堡孔子学院文化传播活动样本数据分为会议讲座类、文化展示类、文化体验类、课程培训类和其他（文化交流、比赛、辩论）五大类型。如表7-6所示。

表7-6　爱丁堡大学孔子学院文化活动类型（2007—2022）

排名	活动类型	数量	占比
1	讲座会议	105	49.52%
2	文化展示	62	29.25%
3	文化体验	29	13.68%
4	课程培训	13	6.13%
5	其他活动	3	1.42%

从表7-6可以看出，爱丁堡大学孔子学院开展的文化活动类型表现出一定的差异性。其中讲座会议类活动最多，占比49.52%。文化展示类活动排名第二，占比29.25%，文化体验类活动第三，课程培训类活动排名第四，其他活动则很少。

第一，讲座会议类活动。包括讲座和会议两种形式。孔子学院会定期邀请来自世界各地的权威专家作为主讲人。讲座内容涵盖中国历史、艺术、文学、语言、文字等。会议类活动则更强调围绕某一领域话题，与参会人员共同探讨，会议主题中多为国际中文教育。

第二，文化展示类活动。分为文化表演及艺术展览两种形式。文化表演类活动多与当地文化机构合作，把中国传统文化及当代文化介绍给苏格兰民众。文化表演有戏剧表演、传统音乐会、中国服饰秀等多种表现形式。如2018年爱丁堡艺穗节上，中国旗袍时装秀亮相爱丁堡，为当地民众展现了中国传统服饰及当代服饰之美，The Scotsman等多家媒体纷纷进行了报道。艺术展览指通过展览的形式，将带有中国符号的作品呈现给参观者。组织的展览包括中国元素大型灯展、电影展、雕塑展等，为当地民众提供了近距离接触中国文化的机会。

第三，文化体验类活动。该类活动占比13.68%，位列第三位。活动通常以体验工作坊、文化比赛、游戏、文化比赛、辩论等形式进行，内容涉及多种传统艺术表现形式，如剪纸、书法、服饰、茶艺等等。除每年固定的孔子学院日、中文日等庆祝活动外，多为庆祝某一传统节日而举办，其中为庆祝新年举办的相关文化体验的系列活动规模最大。如2012年爱丁堡孔子学院龙年主题春节联欢会就吸引了300余人参加。有时，文化体验活动并非以单一形式出现，而是与其他文化活动类型相结合，以增强参加活动者的参与感。如2022年9月举办的中国书法绘画讲座结束后另设书法体验环节。

第四，课程培训类活动。分为文化课程及语言文化教学培训。文化课程多面向学生，是非学期制的文化体验课程，因时间多为一到两天，故本研究也归入文化活动中。孔子学院定期为小学阶段学生举办中国日活动，提供书法、中国音乐、太极、舞蹈等文化体验课程。2012年，爱大孔院联合苏格兰中国教育（SCEN），启动了针对小学阶段学生的语言外延计划，帮助更多的学生参与到项目中来。而语言文化教学培训多面向教师。苏格兰汉语教学大会是爱丁堡大学孔子学院主办的汉语教学及研究类会议，至今已成功举办五届。会议邀请国际中文教育领域研究专家及教学经验丰富的教师进行交流培训，加强苏格兰汉语教师的交流合作，促进相关研究向更高层次发展。

第五，其他活动。主要有经验分享、交流访问等形式。这类活动并非典型的文化传播活动,但在这些举办过程中也促进了中华文化的传播,故归为此类。经验分享主要指爱丁堡大学组织参加比赛获奖的学生分享比赛经历,从而间接帮助其他学生对中华文化有更深入的了解。合作交流主要是合作洽谈、领导访问、书籍出版等,这些活动有助于爱丁堡大学孔子学院进一步寻求文化合作机会。

2.爱丁堡大学孔子学院文化活动符号

文化符号指能代表一国文化的突出且具高度影响力的象征形式(王力群,2016)。我们对文化活动新闻网页的具体内容进行逐条检索,并结合爱丁堡大学孔子学院发展历程,按照建立初期、快速发展、持续发展、成熟稳定、疫情防控期间五个阶段对活动中的中华文化符号进行了统计,详见表7-7。

表7-7 爱丁堡大学孔子学院文化活动符号统计表

时间	发展阶段	文化符号
2007—2009	建立初期	中国电影、书法、社交媒体、元宵节、儒家思想、现代中国、中国照片、当代中国音乐、春节、北京奥运会、当代中国著作、现代舞、战争、邮票、文化大革命、经济
2010—2012	快速发展	上海世博会、哲学思想代表人物、中国音乐传播、舞龙舞狮、鼓乐、侗族、苗族、中国全球地位、中国现代历史、古刺绣、中国电影、政治经济、"文学与革命"、佛教、民族音乐、中国崛起、书法、熊猫、七夕节、中国龙、饺子
2013—2015	持续发展	现代戏剧、中秋节、嫦娥、月饼、兵马俑、中国海报艺术、旗袍、中国结、麻将、象棋、剪纸、卡拉OK、中国福、太极、维吾尔族舞蹈、茶艺、糕点、华为、电子商务、改革、民航、文学及电影作品中乡土文化、外卖、熊猫、书法、中国功夫、默剧

续表

时间	发展阶段	文化符号
2016—2018	成熟稳定	传统小吃、灯笼、太极、舞龙舞狮、手工艺品、纪录片、戏剧、木偶戏、京剧、昆曲、传统乐器、象棋、饺子、戏剧、歌剧、民谣、商务、快速修复技术、折纸、编手链、中国早期无声电影、社交媒体、绘画艺术传统与现代、中国年轻人、世界局势、中英关系、当代雕塑、当代戏剧、中国发展变化、中国服饰、大灯笼、中国灯展、中国纪录片、当代艺术、民国时期、中国历史、旗袍、传统与现代、一带一路、四大神兽、民间传说、中国小说
2019—2022	疫情防控期间	线上春节、民间文化、中国纺织、中国电影、经济、元宵节、地名起源、战争、东方主义、春节、对联、红包、十二生肖、包饺子、虎、水墨画、汉字、汉服、剪纸、书法、茶艺、投壶、民族音乐、月饼、中秋节

从表7-7可以发现，在数量方面，所展示的中国文化符号种类较为多样化；在层次方面，涉及中华文化的表层文化和深层文化；在内容方面，可大致分为文学历史、表演艺术、传统文化三类。

承载文学历史类文化符号的活动内容涉及中国历史及中国文学。爱丁堡大学孔子学院背靠爱丁堡大学"文学、语言与文化学院"亚洲研究系，该系设有中国学研究中心，师资团队具有多样的学术背景，深入到中国政治、文化、文学思想等领域。因此，孔子学院开展的文化讲座大量涉及中国文学、中国历史等深层文化符号，如2021年"中国地名起源"讲座、2011年主题为"新中国的未来：梁启超的文学与革命的愿景"的讲座。此外，在展示、体验等活动中也多次涉及此类符号，如中国女书文化表演、秦始皇雕塑展、投壶体验活动、刘震云爱丁堡国际书展座谈。

承载当代艺术类文化符号的文化活动内容涉及电影、音乐、戏剧等当代艺术。爱丁堡大学孔子学院在艺术领域拥有众多合作伙伴及当地组织，可以确保高质量艺术活动的顺利开展。其主要文化合作伙伴来自爱丁堡国际艺术节、苏格兰国家剧院、苏格兰歌剧院、中国国家话剧院、中国舞蹈学院等，同时也得到了爱丁堡中华文化协会、爱丁堡大学中国学生学者联谊会等当地社区组织的支持。文化活动的艺术内容不乏反映时代发展和彰显民族精神的文化符号，如2020年在"爱丁堡边缘艺术节"上表演的原生态民族歌舞《鼓韵蝉音》就展现了中国苗族侗族的特色。

图 7-4 爱丁堡大学孔子学院茶艺活动（图中为本书第二作者）①

中国传统文化符号指中国传统习俗、传统节日、传统音乐等

---

① 图片由张老师提供。

元素。爱丁堡大学孔子学院组织的节日庆祝活动及体验活动内容多以传统文化符号为主,且复现率较高,基本包含剪纸、中国结、书画、中国美食、茶艺等表层的文化。

二、美国文化活动

（一）美国高校中华文化总体调查[①]

1.调查总体情况

美国高校作为文化传播活动的主体,在文化传播领域扮演着倡导者、引领者和创新者的角色。各州高校依据当地特色和师资情况,开展了多样化的中华文化活动,为中美跨文化交流开辟了广阔的空间。

基于美国高校官方媒体发布的信息以及国内外相关媒体的报道,我们共收集到美国36所高等院校在2016年4月至2023年1月期间举办的287场文化活动（不完全统计）。从院校分布区域来看,其分布为:美国东北地区12所、中部地区8所、西北地区8所、西南地区6所。调查高校覆盖范围较为广泛。详见表7-8。

表7-8　美国高校中华文化传播活动分布情况

地区	高校（所）	分布情况					
西北地区	8	犹他州（2）	华盛顿州（3）	蒙大拿州（2）	明尼苏达州（1）	
东北地区	12	纽约州（3）	宾夕法尼亚州（2）	新泽西州（2）	马萨诸塞州（4）	康涅狄格州（1）

---

① 部分内容参照了田艳、陈淼、杜怡芬:《美国高校中华文化传播活动的调查与思考》《教育进展》第9期,(2023)。

续表

地区	高校（所）	分布情况				
中部地区	8	俄亥俄州（2）	密歇根州（4）	密苏里州（1）	堪萨斯州（1）	
西南地区	6	俄勒冈州（1）	亚利桑那州（1）	加利福尼亚州（1）	得克萨斯州（1）	夏威夷州（2）

2. 文化活动分类

1）按照活动呈现形式划分

结合前人学者的分类及样本数据文化活动的共同特征，我们将活动分为文化体验活动、文化展览活动、文化赛事活动、文艺演出活动及专题讲座活动五类。数据统计详见表7-9。

表7-9 美国高校中华文化传播活动类别分布

序号	活动名称	具体活动类别	举办场次
1	中国文化体验	节日、技艺、饮食、健身、夏令营	57
2	中华文化展览	文化用品、艺术作品、中国形象	36
3	语言文化赛事	综合类赛事、单项类赛事	20
4	文艺演出活动	文化演出	65
5	专题讲座活动	文化专题、中国现状、中外关系、培训教育	109
总计			287

2）按照活动周期划分

根据举办的频率和周期，活动分为定期性活动和临期性活动。

（1）定期性文化活动

在本研究所统计的287场文化活动数据中，定期活动共231场，占比高达80.5%。这类活动分为年节性活动和非年节性活动。年节性活动包括中华传统民俗节日和国际中文日等活动，如威廉玛丽大学每年定期举办"春节庆典"活动。非年节性活动则是不以节日为主导的活动类型，不过依然是按照固定的周期开展的，如美国卫斯理安学院每年举办的"健康博览活动"。我们对美国高校一些有特色的定期性文化活动进行了调查梳理，详见表7-10。

表7-10　部分美国高校定期性文化活动情况举例

序号	活动分类	活动名称	高校名称
1	年节性活动	中秋文化活动	夏威夷（玛诺亚）大学
2	年节性活动	国际中文节活动	威廉玛丽大学
3	年节性活动	春节庆典活动	肯塔基大学
4	非年节性活动	中西音乐会	阿尔弗莱德大学
5	非年节性活动	"健康博览"活动	美国卫斯理安学院
6	非年节性活动	中国城市研究作家讲座	韦伯斯特大学

（2）临期性文化活动

在数据样本中，临期活动共56例，占比19.5%。不过临期活动内容的丰富程度远高于定期性活动，既包含传统文化又包含现代文化。传统文化活动如犹他大学孔院举办的"文房四宝"体验活动、托列多大学孔院的麻将体验活动；现代文化活动如韦伯斯特大学孔院举办的作家见面会、美国卫斯理安学院孔院举办的"健康行"等。部分美国高校开展的临期性文化活动见表7-11

所示。

表 7-11 美国高校临期性文化活动情况举例

序号	活动类别	活动名称	高校名称
1	现代文化	布莱顿高中台湾交通专题讲座	犹他大学
2	现代文化	《欲望共和国》观影讨论会	韦伯斯特大学
3	现代文化	麦克尔·布纪念音乐会	美国瓦尔普莱索大学
4	传统文化	"在老子思想中寻求抗疫之道"讲座	威廉玛丽大学
5	传统文化	"中国传统文化之夜"夏令营	肯塔基大学
6	传统文化	世界太极日活动	阿尔弗莱德大学

图 7-5 美国 L 大学举办打太极拳活动

（二）D 大学文化活动个案分析

为更加深入地了解美国高校文化活动开展的真实情况，我们采用访谈调查和个案分析的方法，对美国 D 大学和 P 大学进行深入调查。

1. 调查基本情况

D大学建于1892年,是美国东部的一所公立研究型大学。该校致力于学生的多样化培养及全球化发展,曾被"美国新闻与世界报道"(U.S. News)列入最好的大学名单之一。大学十分重视中文项目及中华文化传播活动的开展,在汉语教学、文化活动、汉语师资培训、HSK(汉语水平考试)组织、中美文化交流等方面取得了较好的成绩。

我们对该校的Z老师进行了访谈。该教师专业背景为汉语国际教育,自2017年起担任D大学的汉语教师。除参与汉语教学外,Z老师还在D大学组织策划、亲身参与了一系列富有特色的中华文化传播活动。我们对Z老师组织参与策划的中华文化传播活动进行了调研,并根据调研情况对活动特色进行提炼。

2. 文化活动个案分析

根据Z老师所提供的活动信息,我们按照活动内容和形式对D大学文化传播活动进行了分析。

第一,语言文化系列活动。D大学曾连续多年举办中文演讲比赛、"汉字酷"识字大赛、中文小品大赛系列活动。Z老师表示:"语言文化传播活动不但为美国大学生展现中文水平提供了舞台,也为激发学生学习中文、了解中国文化提供了宝贵的机会。系列活动的开展有利于形成品牌、扩大影响力。"

第二,传统节日演出活动。具有举办规模大、文化内容丰富、参与人数多、受众范围广等特点。D大学每年都会邀请不同的演出团体举办新春晚会以及中秋节晚会。Z老师认为:"除D大学的学生外,当地的社会民众也会前来观看此类演出活动。疫情之前的2019年中秋节晚会就吸引了600余人参加。"此类活动能够使美国学生和民众沉浸式地感受中国的节日气氛,加深对中国传统节日的了解。

第三，精品创新文化活动。这类活动是D大学举办的具有创新性、代表性的文化活动。Z老师说："学校2020年举办了视频配音表演活动。学生为《叶问》等中文经典影片片段进行配音表演。他们首先观看整部电影，再参与配音活动，这增加了活动的体验性和互动性。"此外，Z老师还多次带领美国学生到中国进行文化参观体验活动，每次活动为期两周。"这种近距离的中国文化体验活动能够让学生真正亲身感受当代中国的文化，对中国文化产生浓厚的兴趣，降低文化心理距离。"

第四，校园特色文化活动。这类活动是为服务于学校的办学理念而举办的独具特色的文化活动。D大学为鼓励学生去中国留学，举办了多场"冰淇淋社交活动"，邀请在中国留学过的学生向即将去中国留学的学生做经验分享。由于活动是在吃冰淇淋这样轻松愉快的氛围中进行的，主办方将其命名为"冰淇淋社交活动"。此外，D大学还定期举办"中美文化对比活动"，如将美国万圣节和中国中元节放在一起进行文化内涵的对比，让中美学生以聊天的方式对两种节日进行讨论。

（三）P大学文化活动个案分析

1.调查基本情况

P大学自成立中文系以来，汉语教学和文化传播齐头并进，努力构建起汉语言文化传播网络，已成为美国西北地区了解中国和中国文化的重要窗口。大学着眼于世界各种族文化不断融合的时代特色，在尊重美国各民族文化、习俗和思维方式的基础上，大力宣传中国的文化、传统及思维方式，积极开展语言教学和文化活动，成为当地学习汉语言文化、了解当代中国的重要机构。

P大学每年平均组织70次中华文化传播活动，包括文化系列讲座、文化和汉语推广活动及国际研讨会、工作坊等形式。文化活动覆盖面较广，包含太极、书法、琴棋书画、中国烹饪、节日习俗、中国文字、中国功夫、脸谱艺术等。此外，面向美国当地民众与华人华侨创办和开展一系列与中国政治、经济、哲学、历史和语言文化相关的项目及活动。P大学还赞助或联合赞助百余项中国及中国文化相关的演讲和文化体验活动。

2.活动具体情况

按照活动呈现形式，P大学文化传播活动分为讲座、演出、中文比赛、文化体验活动以及国际会议五大类别，如表7-12所示。

表7-12 P大学中华文化传播活动重要类别

活动类型	具体内容	发挥作用
讲座	定期组织中国专题名人讲座，举办中国文化和当代社会系列讲座。邀请中美双方专家就中国经济、商贸、政治、历史、哲学、国际关系等热点问题进行交流。	使当地民众客观了解中国，为师生和社区民众了解中国社会和文化打开重要窗口。
演出	每逢中国传统佳节都会举办高质量的文艺演出。还邀请苏州大学东吴艺术团进行为期10天的文化艺术交流活动，并首次登上州莎士比亚国际艺术节。	通过节庆文化，吸引当地民众热爱中国文化，对当地华人社区起到凝聚作用。
中文比赛	中文演讲比赛题目涉及家人、中国印象、中国食物，中美关系、中国地理、学习汉语原因等。	通过语言文化赛事扩大汉语影响，增进对中华文化的深度了解。
文化体验活动	每周一和周三，前往多个小区面向民众开设太极拳课程。还开设了广场舞课。	旨在增强居民体质，体现服务社区的理念。

续表

活动类型	具体内容	发挥作用
国际会议	举办具有国际影响力的专题研讨会和论坛。如与福建姐妹省州协会联合主办"中国投资贸易研讨会",探讨扩大双向投资及增加双边贸易的可能性,进一步挖掘当地经济优势和农业、旅游资源。	使得文化交流活动向纵深层次拓展,向当代中国拓展,向经济合作方向拓展,向更广泛的受众拓展。

P大学文化活动中不乏一些具有特色的文化传播活动,如表7-13所示。

表7-13 P大学特色文化传播活动举例

名称	内容	类型	参加者
中文教育论坛	探讨海外汉语教学环境下课堂教学及管理方法	会议	七十多位公派教师和本土教师
教育主题讲座	中国教育概况	讲座	学区学监及教师
太极文化活动	体验太极拳及中国养生文化魅力	体验活动	200多名学生
昆曲讲座	昆曲起源及发展、昆曲唱腔、角色名称和代表作品	讲座	学生和民众六十余人
出国留学教育展	介绍留学中国项目	展览	当地学生
春节联欢晚会	综合性节目表演	演出	华人华侨、华人社团企业代表、学生近千名观众
钢琴曲演奏会	现代中国钢琴曲目表演	演出	当地民众及音乐爱好者近百人

续表

名称	内容	类型	参加者
春晚包饺子活动	包饺子	体验活动	五十多位学生
中国新春文化盛典	参观中国文化和中文教育展	展览	当地华人华侨和民众五万人
中国文化系列活动	中国农历新年习俗与民间手工艺活动	体验活动	近百名游客
中美经济论坛	美中气候协议对太平洋西北地区的影响和机遇	会议	当地各大企业及社会团体近百人
文学作品解读	中国文学作品的"绿"化——山水之美和环境危机	讲座	当地师生三十余人
"亚洲之行"成果报告会	美国学生亚洲之行感受	交流会	留学生
太极推广活动	"世界太极日"太极表演	体验活动	近五十人
韵·书法与茶艺	书法、茶艺表演与体验	体验活动	二十多名游客
中国投资、文教、旅游国际研讨会	以"为中美双边中小学提供交流平台并洽谈合作"为宗旨，加强两国人文和教育交流。中美中小学校长签署姐妹学校合作备忘录	会议	当地多个地区及中国各地中小学的近三十位校长及学校代表
中文演讲比赛	十余位学生进行主题比赛	比赛	当地学生
电影之夜	中国电影《一代宗师》展映	电影放映	当地学生

3.活动宣传措施

P大学在中华文化传播活动的宣传方面做了大量工作。每次活动举办之前，都会在官方网站上发布预告通知。主页上不仅对活动内容和特点进行详细介绍，还配有醒目图片。同时，通过发放海报、宣传册等方式，吸引当地民众积极参与。网站上还专门设有"Event"一栏，对所有活动进行汇总，方便来访者查找信息和了解情况。活动结束后，进行广泛的宣传与报道，通过网站消息推送和定期发送邮件等方式来宣传语言文化活动。

同时，学校与各媒体积极进行合作。2015年，各报刊对P大学文化传播活动的报道和转载多达140篇。这些报道不仅刊登在本地网站，还发表在侨报、侨声报、侨报网、波特兰新闻报、人民日报海外版、Global Strategies（全球策略）、网络孔子学院网站、语合中心网站、新华网、中国网、中国新闻网、新浪网、人民网、中国教育网、世界汉语教学学会网等众多国内外知名媒体。

第三节　非洲国家文化活动调查[①]

一、非洲中文教育发展背景

中非关系源远流长，是休戚与共的命运共同体。在新的时代背景下，中非交流合作愈加紧密牢固。截至2023年8月，非洲已有52个国家参与了"一带一路"建设，成为全球参与该倡议国家最多的大洲。[②]

[①] 本节写作得到了刚果（金）姆文·当卡博士、开罗大学孔子学院教师郑懋森博士、俞浩明博士、索马里阳光先生、刚果（布）于渊先生的大力支持。

[②] 中国一带一路网——国别专区-非洲：https://www.yidaiyilu.gov.cn/country

20世纪50年代，中国向埃及开罗大学派遣了第一位汉语教师，拉开了非洲中文教育的大幕。2005年，非洲第一所孔子学院在肯尼亚内罗毕大学建立[①]，随后非洲多国纷纷建立孔子学院，中文教育进入快速发展的新阶段。孔子学院成为非洲中文教育的支点和中华文化传播活动的引擎。

《中非合作2035年愿景》提出要支持语言人才培养，共同推动中文教育和非洲研究的发展。随着中非友好与合作的进一步深入，中非合作将继续在"全球发展倡议"、共建"一带一路"、中非合作论坛等框架下迎来更为广阔的前景。

目前有关非洲中华文化传播活动的研究多为辅助性、概括性和背景性的，即普遍融合在汉语教学和汉语传播的研究中，并未呈现出相对独立的研究领域。

二、非洲孔子学院文化活动个案分析

目前，非洲46个国家共建有61所孔子学院和48所孔子课堂。[②]孔子学院通过在大中小学设立汉语教学点、开设汉语专业、组织文化活动或兴趣班的方式，推动了汉语在非洲国家教育领域的发展（周德欢，吴应辉，2022），也带动了文化活动的开展。

（一）埃及开罗大学孔子学院文化活动

1.孔子学院基本情况[③]

2007年，北京大学与开罗大学签署了合作建设孔子学院协议。开罗大学孔子学院是埃及及北非地区建立的第一所孔子学

[①] 中华人民共和国中央人民政府：《非洲首家孔子学院在内罗毕正式揭牌》，2005-12-21, https://www.gov.cn/jrzg/2005-12/21/content_132761.htm

[②] 人民网：《中国助力非洲培养更多本土人才（环球热点）》，2024-6-1, http://world.people.com.cn/n1/2024/0601/c1002-40248017.html

[③] 本部分信息来源：https://baijiahao.baidu.com/s?id=1782416809786606976&wfr=spider&for=pc

院，为埃及和阿拉伯地区培养了成千上万名中文人才，遍布教育、商贸、旅游等领域①。目前已有开罗大学中文系、埃及中国学联中文课堂、埃及科技大学、本哈大学、中埃友谊学校、阳光课堂等多个教学点。仅2022年至2023年，开罗大学孔子学院就举办了近80场活动、30场研讨会、30余场考试，开展了中国文化月、中国诗词朗诵比赛、暑假中国文化之旅夏令营等各项活动，并以孔子学院为媒介组织了多领域、深层次的学术交流和文化活动。

2.孔子学院文化传播活动

开罗孔子学院举办的文化活动形式涉及比赛、研讨会、文化体验等。如2023年11月，由开罗大学孔子学院与开罗大学中文系主办的"第十四届埃及大学生中文诗词朗诵表演大赛"包括中文诗词朗诵表演和知识问答两部分。吸引了近20所高校的优秀学生参加。此外，也举办了"第二届中阿文明对话 —— 语言文化国际研讨会"等高端文化活动。

图7-6 第十四届埃及大学生中文诗词朗诵表演大赛现场

① 中国一带一路网：《打开连接更宽阔世界的那扇窗 —— 埃及开罗大学孔子学院访问记》，2023-11-14，https://www.yidaiyilu.gov.cn/p/085HTGC5.html

下面选取开罗大学孔子学院三项文化活动典型案例进行分析。

（1）庆祝中埃建交65周年——中国文化春令营[①]

2021年，孔子学院以线上线下融合的方式举办了"庆祝中埃建交65周年——北京大学-开罗大学中国文化春令营活动"。活动作为"中非高校20+20合作计划"系列活动之一，旨在探索促进中埃两国学生学习语言、促进文化交流的新方式，帮助埃及学习者实现在国内就能进入中国知名学府学习的愿望。

来自北京大学、中国人民大学、中国作协、外交部亚非司等国内相关单位的专家、学者，为开罗大学学生举办了八场"中国文化"主题系列讲座，内容涵盖中埃关系、中国历史、中国语言、中国文学、中国艺术、中国法治建设及中国改革开放等多个方面。活动将传统的来华学生团组转换为线上的学生交流和文化浸润，做到"交流不断线，友好常在线，合作不断档，开放不止步"。

（2）"中文+昆曲与古琴"开班仪式[②]

2023年3月，举办了"中文+昆曲与古琴"开班仪式。外方院长表示该课程为"中文+"课程的新尝试。

仪式上，首先由专家介绍"中文+昆曲与古琴"课程。在昆曲表演环节，昆曲艺术家介绍了昆曲的艺术表演形式并演唱了《天净沙·秋思》，随后表演了昆曲名剧《牡丹亭·拾画》片段与

[①] 北京大学新闻网：《庆祝中埃建交65周年——北京大学-开罗大学中国文化春令营开幕》，2021-04-05，https://news.pku.edu.cn/xwzh/28ce76003dd846c2a6e2aab69d41c046.htm

[②] 信息来源于埃及开罗大学孔子学院微信公众号：https://mp.weixin.qq.com/s?__biz=MzU0ODQxMDI5Mw==&mid=2247488448&idx=1&sn=618f07cffc64247ca28bcb383a515923&chksm=fbbed51accc95c0c3b040e2234e598efac83377d3e5b29eadc3dd75b46c7f463a722d7d308e2&scene=27

《玉簪记·琴挑》片段。在古琴表演环节，老师演奏了《醉渔唱晚》，老师们还共同弹唱了一曲《寒夜》。互动环节，老师教唱歌曲《茉莉花》，指导昆曲班学生学唱《牡丹亭》选段。

开罗大学孔子学院是"中文+昆曲与古琴"的首个试点单位，今后会将"中文+艺术"活动做成精品，做成品牌。

（3）联合国中文日活动[①]

2023年4月，举办了"联合国中文日"庆祝活动。第一个环节为制作并分享中国传统美食，包括煎饺、麻婆豆腐、孜然羊肉、炸丸子与奶茶等。第二个环节为制作宫灯。师生们围坐在一起，用筷子制作宫灯骨架，把自己创作的国画、汉字书法以及阿文书法贴到宫灯上，制作完成了一盏中埃合璧的宫灯。第三个环节为师生联欢会，埃及学生表演了精彩的武术功夫、流利的脱口秀以及深情的中国歌曲。教师们则表演了昆曲《牡丹亭》片段《寻梦·懒画眉》及《寻梦·忒忒令》。

最后，全体人员演唱《水调歌头·明月几时有》将活动推向高潮。活动正值埃及斋月，宫灯点亮了埃及传统节日的气氛，寄托了当地人对斋月的美好愿望。

（二）摩洛哥阿萨德大学孔子学院文化活动

1. 基本情况[②]

阿萨德大学孔子学院由江西科技师范大学与阿卜杜·马立克·阿萨德大学于2016年共同建设，是摩洛哥第三家孔子学院。共发展8个汉语言文化教学点，累计注册学员3000多人。

[①] 《埃及开罗大学孔子学院成功举办2023年"联合国中文日"活动》，https://www.52hrtt.com/eg/n/w/info/A1679982846909

[②] 案例参考了吴婷婷：《摩洛哥阿萨德大学孔子学院中国文化活动传播研究》，江西科技师范大学硕士学位论文，（2022）。

2. 文化活动综述

文化活动以2020年疫情为节点分为两个阶段，第一阶段为2017—2019年，共举办30余场文化活动项目，详见表7-14。

表7-14 阿萨德大学孔子学院文化活动统计表（2017—2019）

时间	文化活动内容	参与人数	中国文化元素
2017-3	开展太极拳课	20人	太极拳
2017-4	第16届"汉语桥"世界大学生中文比赛摩洛哥赛区丹吉尔预赛	10人	中文歌曲
2017-4	第16届汉语桥世界大学生中文比赛摩洛哥赛区决赛	3人	中文歌曲
2017-5	中国文化日	300人	文房四宝、中国结、旗袍、饺子
2017-5	中摩关系专题讲座	100人	古代文献
2017-10	孔子学院日	100人	太极扇、中国功夫、文房四宝
2017-11	陶艺讲座	50人	中国陶瓷
2017-12	摩洛哥中国年艺术展	100人	中国画
2018-3	中华武术讲座活动	100人	中华武术
2018-4	第17届汉语桥世界大学生中文比赛摩洛哥赛区丹吉尔预赛	14人	民族乐器
2018-4	第17届汉语桥世界大学生中文比赛摩洛哥赛区决赛	15人	中文歌曲

续表

时间	文化活动内容	参与人数	中国文化元素
2018-4	"锦绣四川"摩洛哥行	200人	中国杂技、川剧变脸
2018-10	协办西南林业大学文艺巡演团在丹吉尔市文艺演出	600人	中国舞
2018-11	中国文化日	200人	太极扇、中文歌曲、中国舞、茶艺
2018-12	中国美食节活动	100人	饺子
2018-12	电影文化周活动	15人	十二生肖、风水、中国功夫
2019-1	第一届金话筒中文唱歌比赛	100人	中文歌曲
2019-1	摩洛哥"欢乐春节"音乐会	800人	春节、民族乐器
2019-2	庆祝春节活动	200人	中国舞、太极扇、茶艺、书法、饺子
2019-2	中国传统泥塑讲座	50人	传统泥塑
2019-3	开设太极课	20人	太极
2019-3	第18届汉语桥世界大学生中文比赛摩洛哥赛区丹吉尔预赛	15人	中国剪纸、书法、民族乐器
2019-4	第18届汉语桥世界大学生中文比赛摩洛哥赛区决赛	16人	民族乐器、快板

第二阶段为2021年至2022年。除开展各种文化活动，还每周开设一次文化课，如周二中国剪纸课、周三中文歌曲课。详见表7-15（固定文化课程除外）。

表 7-15　阿萨德大学孔子学院文化活动统计表（2021—2022）

时间	文化活动主题	参与人数	中国文化元素
2021-12	"留学生眼里的中国"系列讲座——发现美丽江西	11人	茶艺
2022-1	全球孔子学院云春晚节目——歌曲《北京欢迎你》	30人	中国结、民族乐器、传统服饰
2022-2	Bougdour希望小学"迎新春、庆元宵"春节文化课	42人	春节、剪纸
2022-4	第21届汉语桥世界大学生中文比赛摩洛哥赛区丹吉尔预赛	6人	中国剪纸、中文歌曲、中国诗歌
2022-5	中国文化日暨"海浪"音乐节	12人	中文歌曲
2022-5	第21届汉语桥世界大学生中文比赛摩洛哥赛区决赛	4人	中国剪纸、中文歌曲、中国诗歌
2022-6	"粽享端午"传统文化体验活动	20人	端午节、中国美食
2022-6	Bougdour希望小学期末会演	80人	中文歌曲、中国剪纸

3. 文化活动类型

阿萨德大学孔子学院2017—2022年举办的文化活动主要分为四类：专题讲座类、文化竞赛类、中国文化日和传统节日类。详见图7-7。

2017—2022年孔院文化活动统计图

图 7-7　阿萨德大学孔子学院文化活动统计图

从活动频次来看，2017—2019年孔子学院总计举办39次文化活动。从活动类型来看，专题讲座类活动7次，约占总活动的18%；文化竞赛类9次，约占总活动的23%；中国文化日主题活动14次，占比36%；传统节日主题活动9次，约比23%。可以看出，中国文化日主题活动最多，专题讲座类活动最少。

4. 文化活动个案分析

下面以《2022全球孔子学院云春晚》歌曲《北京欢迎你》为典型案例，介绍活动的组织和实施。

（1）活动主题

为庆祝2022年农历新年，中国国际中文教育基金会召集制作《2022全球孔子学院云春晚》录播视频节目，并在春节期间向全球播送。阿萨德大学孔子学院以中文歌曲《北京欢迎你》为主题招募参演人员并进行节目制作。最终，作品在55个国家93所孔子学院选送的149个节目中脱颖而出，成功入选2022年全球孔子学院虎年云春晚，并被安排在第三篇章"春和景明"环节。

（2）前期准备

孔子学院提前两三个月确定以歌曲《北京欢迎你》作为主题。前期宣传方面，志愿者教师制作中法双语宣传海报，并在孔子学院官方Facebook账号上进行宣传。演员筹备方面，由20名孔子学院学员和5名中方教师组成参演团队。志愿者教师负责指导学生进行演唱、设计动作并确定服装造型。演员身着摩洛哥传统服装和中国传统服装，手持两国传统文化饰品。

（3）活动实施

节目录制分为试录、正式录制及祝福语录制三部分。试录阶段，志愿者教师带领各小组在不同的场地进行试录，反复演练检查画面背景、动作和音效，正式录制阶段，以孔子学院大门和教室等场景分批录制。祝福语录制阶段，全体参演人员代表阿萨德大学孔子学院送上春节祝福。

（4）活动效果

传播主体方面，节目主持人为孔子学院志愿者教师，参演人员由志愿者教师和孔子学院学生构成。传播受众方面，因为此次云春晚节目面向全球直播，所以观众是全球各地的孔子学院师生，具有受众的广泛性和多国别性。传播内容方面，节目形式是唱歌，这也是一次中文歌曲的教学活动；节目主题包含了中国奥运会文化和北京文化，因此学生还了解了歌曲的时代背景及歌词的文化内涵。传播媒介方面，在本学校孔子学院公众号和全球孔子学院公众号同时进行推广，并通过网络直播辐射至全球。传播效果方面，孔子学院学生及家人一同在互联网上观看了云春晚节目，参加录制的学生也借此机会向亲朋及全球传播了中国的春节文化。

(三)喀麦隆温雅得第二大学孔子学院文化活动

1. 基本情况

2007年11月,喀麦隆温雅得第二大学与浙江师范大学共同创办了温雅得第二大学孔子学院。这是教育部第一个援非汉语培训中心,也是非洲中西部地区最早的汉语教学点。目前该孔子学院共有7个教学点,国务委员刘延东曾对该机构进行过考察。

图7-8 温雅得第二大学孔子学院喜迎中国龙年活动

2. 文化活动

我们对该孔子学院具有特色的文化传播活动进行了调查,详见表7-16:

表7-16 喀麦隆温雅得第二大学孔子学院特色文化活动调查

活动类型	活动内容
交流类活动	中喀饮食交流、马鲁瓦学生交流会、与青年电视台米拉基金会座谈
体验类活动	马鲁瓦新春游园会、中华饮食文化节、元宵节游园会
推广类活动	杜阿拉文化推广活动、庆三八送戏下乡

续表

活动类型	活动内容
竞赛类活动	喀麦隆大学生中文作文比赛、喀麦隆大学生中文歌曲比赛、喀麦隆中小学汉字书法比赛
仪式类活动	喀麦隆学生赴华夏令营出征仪式、夏令营开班仪式
体育养生类	喀麦隆第5届大使杯乒乓球大赛、喀麦隆农业杯足球赛闭幕典礼、杜阿拉教学点中国武术推广活动、首届中医技能按摩培训班开班、中国象棋比赛归入竞赛类活动中

孔子学院与喀麦隆高校和社区建立了良好的合作关系,利用喀麦隆的节日庆祝、高校和社区大型活动宣传之际,积极开展中国文化普及型活动和体验型活动,并与当地社会及当地的文化活动紧密联合,建立了可持续的文化传播机制。如在一年一度的喀麦隆大学生运动会上举办中国文化宣传周活动,已形成固定的年度项目。这种借船出海式的文化传播具有直接、高效、亲和、稳固的传播效果(吴瑛,2009)。

本章,我们以亚洲国家(越南、泰国)、欧美国家(英国、美国)以及非洲地区为例,对全球各区域中华文化传播活动进行了调查分析。下一章我们将深入探究全球各区域中华文化传播活动发展特色以及影响因素。

主要参考文献

1. 郭晶、吴应辉:《孔子学院发展量化研究(2015~2017)》,《云南师范大学学报(哲学社会科学版)》,2018年第5期。
2. 金志刚、郑婕茹:《欧洲孔子学院文化项目评述——基于汉办官网新闻》,《文化学刊》,2019第9期。
3. 李宝贵、庄瑶瑶:《中文纳入非洲国家国民教育体系的特征、挑战与路径》,《河南大学学报(社会科学版)》,2023年第1期。

4. 阮英芳:《越南高校国际中文教育中的文化教学研究》,山东大学硕士学位论文,2023。

5. 孙静远:《波特兰州立大学孔子学院汉语语言文化推广调查研究》,中央民族大学硕士学位论文,2016。

6. 田艳、贺怡然:《美国小学汉语教学研究》,中央民族大学出版社,2017。

7. 田艳、陈森、杜怡芬:《美国高校中华文化传播活动的调查与思考》,《教育进展》,2023年第9期。

8. 王力群:《文化符号与文化传播》,《西藏科技》,2016年第2期。

9. 吴瑛:《对孔子学院中国文化传播战略的反思》,《学术论坛》,2009年第32期。

10. 吴应辉:《越南汉语教学发展问题探讨》,《汉语学习》,2009年第5期。

11. 肖瑶瑶、许瑞娟:《区域类型学视角下南亚东南亚国家的语言政策》,《北部湾大学学报》,2024年第39期。

12. 杨岩:《英国曼彻斯特大学孔子学院文化体验课发展模式分析》,《云南师范大学学报(对外汉语教学与研究版)》,2015年第4期。

13. 曾小燕、阮德英:《越南中文教育现状及发展论略》,《云南师范大学学报(对外汉语教学与研究版)》,2023年第2期。

14. 张会:《孔子学院文化活动设计与反思》,《云南师范大学学报(对外汉语教学与研究版)》,2014年第5期。

15. 张齐红、田艳:《英国孔子学院文化活动发展探究——以爱丁堡大学苏格兰孔子学院为例》,《区域国别视域下文化教学与传播研究前沿》,吉林大学出版社,2023。

16. 张齐红、田艳、贺赟:《国际中文教育视域下海外中文语言景观调查研究——以爱丁堡大学周边商铺调查为例》,(《Teaching Chinese as a Foreign Language in the New Normal Cross-Disciplinary Theory and Practice: Applied Chinese Language Studies XIII》),华语教学出版社伦敦分社,2024。
17. 周德欢、吴应辉:《埃塞俄比亚中文教育发展调查与研究》,《语言教育》,2022年第3期。

第八章　各区域中华文化传播活动发展研究

第一节　国别区域文化活动发展特色

在全球多元文化的背景下，中华文化传播活动的开展呈现了显著的地域适应性和针对性，以满足不同地区受众的需求。

一、亚洲地区
（一）体现汉字文化圈特色

亚洲地区中华文化的传播活动展现出独特的汉字文化圈特征。这一现象源于中国五千年文明的深厚积淀提供了丰富的文化资源，也成为增强文化自信的坚实基础。所谓"汉字文化圈"指的是曾以汉字书写历史并在文字、历史等方面深受中国和汉文化影响的国家和地区，包括越南、朝鲜、韩国、新加坡、日本以及东南亚的部分地区。

基于地缘的相近性和文化的相似性，中华文化在亚洲的传播更倾向于展现传统文化的核心精髓，如儒家的伦理观、书法的艺术美感和茶艺的宁静雅致等传统元素。这些文化元素不仅具备深厚的历史价值，也与亚洲邻国的传统观念相契合，进一步加深了区域间的文化理解与互鉴。

以越南为例，当地的传统儒家文化活动在民众中广受推崇。2019年，广西广播电视台与河内大学联合举办"礼乐筑梦"中越青年儒家文化交流活动，聚焦中国古代思想的探讨，彰显了两国在传统文化方面的深厚联系。中国驻越南大使馆、复旦大学中国研究院与越南外交学院共同举办"百年变局下的大国内外政策走向及其影响"研讨会，为传统文化的当代交流提供了新思路。活动不仅强化了传统文化的认同，也推动了双方在现代领域的深度交流。

（二）双边互动与积极合作

亚洲国家间，尤其是东南亚和东亚国家，地理位置的接近和文化的相似性促使双边文化交流不断向深层次发展。与其他地区相比，亚洲华人社区规模相对庞大，与中国的文化联系也更加密切。

菲律宾红溪礼示大学孔子学院在安赫莱斯市克拉克广场成功举办了2024龙年春节庆祝活动。活动现场精心布置了中国龙、红灯笼、中国结等节日元素，并设置了中国书法、中国剪纸、中国结、中国脸谱、中国传统服饰等中国传统文化体验区以及当代中国图片展。春节庆典活动吸引了大量当地民众参与，深度沉浸在中国传统文化的魅力中。活动结束后，中国传统文化体验展区以及当代中国图片展继续开放多日，为当地民众提供了近距离感受和体验中国文化的平台。

图 8-1　菲律宾小朋友近距离体验中国文化[①]

通过双边互动和积极合作，亚洲国家和地区在中华文化传播活动中既体现了传统文化的延续，又加强了区域文化的互融互鉴。

（三）多元形式与本土化创新

亚洲地区中华文化传播活动不仅涵盖传统节庆和文化艺术，还逐渐展现出多元化的传播形式与本土化创新的特点。

例如在新加坡，为使年轻人深入了解汉字文化，教育机构和文化机构不定期举办汉字书法比赛、汉字解谜游戏等活动，将传统书法艺术与趣味互动结合。此外，当地华人宗教团体还会举办面向公众的传统祭祀仪式，使新加坡民众和游客体验中华民俗的庄重氛围，增进对中国传统信仰和文化的理解。

东南亚的中华文化传播活动也积极融入本土元素，形成了中西合璧的文化表现形式。例如，泰国的中秋节活动除传统活动外结合了泰国舞蹈和音乐表演，表现出中泰两国文化的融合与共存。这些融合了当地风情的文化活动不仅增强了中华文化的包容性和多样性，也促进了中国与东南亚国家之间的文化交流。

---

① 图片来源：菲律宾红溪礼示大学孔子学院。

图 8-2　泰国学生表演的泰国民族舞蹈

中华文化活动在多样化和本土化方面不断创新，使文化活动以更加灵活和亲和的方式融入了当地社会。

二、欧洲地区
（一）活动频次较多，开展规模较大

欧洲地区中华文化传播活动开展次数较多，规模也逐渐扩大。以爱丁堡大学孔子学院为例，2020年前共组织581场大型展示及体验工作坊类活动，289场中国历史、当代文化等讲座以及41场艺术及语言文化研讨会。疫情前爱丁堡孔子学院平均一年举办的文化活动数量将近70场。此外，积极寻求各方合作也促成了英国地区各类大型活动的举办。据不完全统计，爱丁堡大学孔子学院在商业、教育、文化等领域的合作伙伴多达40余家，与社会各界有着广泛的合作关系。又如爱尔兰科克大学孔子学院一直致力于与中国积极开展文化交流与合作，组织了大量的文化交流活动，如"多彩校园，礼赞祖国"国庆活动、"科克孔院与我"交流

会等。

（二）受众涵盖广泛，关注跨文化融合创新

欧洲地区文化传播活动受众涵盖各个年龄段，为目标群体提供了广泛接触中国语言和文化的机会，如积极为低龄学习者提供文化体验和语言课程。活动辐射广泛，部分大型活动的参与人数突破万人。此外，欧洲的中华文化传播活动还注重跨文化合作，通过文化节、电影展、世博会等形式促进中欧文化的互动和融合，展现中西文化在科技、艺术和思想上的互鉴与创新。

例如2018年8月，爱丁堡大学孔子学院联合上海东华大学举办中国旗袍展与时装秀，吸引了数百名嘉宾和观众。活动现场展示了融合传统与科技的旗袍之美，将中国传统与现代创新的文化交汇展现得淋漓尽致。展览内容涵盖古典、时尚、创新与科技四个部分，系统呈现了当代中国服装设计的创新面貌。《苏格兰人报》等英国媒体对此进行了报道。

图8-3 爱丁堡中国旗袍时装秀

（三）学术与艺术并重，文化符号广泛

欧洲地区中华文化传播活动的开展没有停留在大众文化层

面，而通过学术机构、博物馆、艺术展览等高层次平台推动深度文化交流。欧洲孔子学院充分利用高校资源，定期举办涵盖中国哲学、历史、文学等主题的高水平学术讲座。这些讲座已超越表层文化的展示，深入挖掘中国文化的精神内核。通过精心设计的展览和学术活动，如博物馆中的兵马俑展览、丝绸之路主题展等，展示中华文明的悠久历史和深厚哲思。活动既满足了欧洲受众对东方哲学与艺术的浓厚兴趣，也符合欧洲学术界对多元文明的探究热情。此外，随着中国在科技创新领域的迅速发展，欧洲公众对现代中国的关注日益增加，这使得中华文化传播活动突破传统领域，更多地结合了现代科技元素，也使中欧文化交流在传统与现代间达到平衡。

三、北美地区

美国高校是开展中华文化传播活动的重要阵地。下文将以美国高校为例，分析北美地区中华文化传播活动的特点。

（一）系列活动，打造文化活动品牌

美国高校积极举办持续性的系列活动，积累了较为成熟的品牌活动运作经验，逐步打造出了一批具有影响力和辐射力的文化品牌。调查发现，文化传播活动举办数量排名靠前的学校均以举办持续性、系列性的活动为其重要的活动形式。比如，威廉玛丽大学在6年间举办中华文化专题活动73例，仅"庆新春"系列性活动就多达16场；D大学也连续多年举办"汉字酷"识字大赛。

持续性、系列性活动的举办会推动活动向规模化发展。一旦活动形成规模，其传播主体也就不再局限于某一单一的组织或群体。而采取联合举办的形式可以形成区域化的特色和优势，也会间接促进活动参与人数的增加。比如W大学在成功举办本校庆新春系列活动后，又先后与克里斯托弗海港大学、中国政法大学联

合举办这类活动，2016年活动参与人数达6000余人。

（二）多元活动，呈现立体文化圈层

北美，尤其是美国的中华文化传播活动，注重与当地的多元文化氛围和创新精神相契合。通过诸如传统节庆、武术表演、影视作品、流行音乐以及中国科技企业的创新展示，既彰显出中华文化的现代活力与创造性，也顺应了北美社会对多元文化和全球视野的需求。这些活动关注北美观众的理解和接受，也为中华文化融入当地创造了良好条件，逐步构建起立体的文化传播圈层。

文化层次方面，中华文化传播活动体现出表层、中层和深层文化的交融。表层文化，如美国阿拉巴马农工大学的"旗袍秀"，展示了具象的物质文化；中层文化则包括社会制度和传统价值，如特洛伊大学的"学民俗、庆新春"活动，使观众对中国社会有了更深的理解；深层文化注重精神内涵，如K大学的"天人合一"思想讲座，探讨中国的哲学观念。此外，还有浅层与深层文化结合的活动，如堪萨斯大学孔子学院的中国电影节，观众在双语观影讨论中体验中国当代影视作品背后的文化脉络。

时间轴线方面，也呈现传统与当代并重的趋势。例如，美国韦伯斯特大学举办的"中国当代城市研究作家"系列讲座，介绍了当代中国城市的快速发展与生态进步；太平洋路德大学和华盛顿州立大学联合举办的"第26届ACPSS国际会议"，展示了新时代中国在全球舞台上的形象。

（三）创新活动，内容形式与时俱进

美国高校中华文化传播活动在活动内容及活动形式方面都呈现出与时俱进的特点。

内容创新主要表现在活动的主题与时代紧密结合，紧扣社会时事。如L大学举办的"在老子思想中寻求抗疫之道"线上专题讲座，将疫情时代的特征与中国传统哲学思想融合在一起。犹他州立大学展映的纪录片电影《76》，以新冠疫情暴发早期为背景，展现了中国在疫情来袭时所做出的努力与人类的韧性，并就此话题对中国人的集体主义精神进行了讨论。

形式创新主要体现在活动与当代技术的融合。短视频媒介能以不同以往的方式来重新诠释传统文化，可以在短时间内进行高速传播。以阿尔弗莱德大学为例，该所大学举办的国际中文日微视频大赛形式新颖活泼，获得了良好的反响。

四、非洲地区

（一）融入当地社会，寻找文化的"公约数"

非洲地区中华文化传播活动注重与当地社会的融合。在设计和实施文化活动时，作为龙头机构的孔子学院充分考虑当地文化和社会习俗。例如，2022年9月，为配合"孔院，你身边的好伙伴"系列主题活动的开展，内罗毕大学孔子学院组织了多场孔子学院日活动。为展现"开放包容、充满活力、值得信赖"的伙伴形象，回馈社区长久以来的支持，该孔子学院还通过广场舞的形式走进社区，举办为期三天的社区广场舞活动。2023年9月，中国援塞拉利昂医疗队走进塞拉利昂大学孔子学院，带来两场以"疟疾防治"和"中医文化"为主题的医学健康讲座活动。

此外，非洲地区孔子学院积极与当地政府、学校和社区组织的合作，进一步增强了文化活动的影响力和覆盖面。基于文化"公约数"，非洲孔子学院赢得了当地社会的认同和支持。

（二）发挥"一院多点"优势，形成主题化模式

非洲地区孔子学院布局通常采取"一院多点"模式，即一个孔子学院在一个国家内设有多个教学点和文化活动中心。借助这一布局，孔子学院能够在更大范围内开展文化传播活动，并根据不同地区的文化需求和特点，制定相应的活动主题和内容。如作为赞比亚唯一的孔子学院，成立于2010年的赞比亚大学孔子学院一直采用"一院多点"的模式开展文化活动。以该学院所在的卢萨卡省为中心共设有17个教学点，辐射至中央及周边9个省区，呈典型伞状分布。

此外，孔子学院品牌文化活动如"中文歌曲大赛"和"汉语桥"等，也充分利用了"一院多点"的布局优势。初赛和复赛环节分别在各教学点进行，最后教学点选派优秀选手到孔子学院本部进行决赛。这种连锁式主题化的活动运作模式充分调动了孔院本部和教学点的积极性。同时，通过连锁推广和媒体的持续报道，大大提高了文化活动的关注度和深度。

（三）合作项目与文化援助结合

非洲地区中华文化的传播往往与中非合作项目紧密结合。在中非友好合作的背景下，不断推进文化交流和文化援助活动的开展。

中国在非洲的合作项目从经济和基础设施建设，拓展到文化领域的援助。例如中国援建的孔子学院和文化设施吸引了大量当地民众和学生参与汉语学习和中华文化体验。合作项目中的文化交流活动，如艺术展览、文化节庆、学术讲座等，也使得中国文化能够深入到非洲民众的日常生活。

（四）文化活动与职业培训并行

非洲地区的中华文化传播活动在凸显实用性，特别是在语言教学与职业培训的融合性方面做出了积极的努力。通过在汉语课程中融入实用技能和就业机会，传播内容更加贴近当地居民的生活和职业发展需求。如埃塞俄比亚职业教育孔子学院设立了该国首个"中文+职业技能"特色的电子技术实训教室，并开设了"中文+机器人"等专业课程。"中文+"模式不仅增强了学员的就业竞争力，还在语言文化传播中取得了显著成效，学员数量从最初的200人增至目前的1000余人。

此外，许多文化项目强调职业技能的培训和文化教育相结合，从而增加了就业机会。布隆迪举办的"景点导游中文解说比赛"便是通过汉语教育促进职业发展的范例。活动鼓励当地导游学习汉语和中国文化知识，助力他们在旅游业中的职业发展。

通过融合职业技能培训和语言学习的"中文+"办学的模式，非洲地区文化传播活动展现了更大的活力与实践意义，与当地经济发展、职业需求形成了紧密结合。

第二节　国别区域文化活动影响因素

中华文化传播活动受到多重因素的影响。其中双边关系的紧密度是关键的推动力，社会文化亲和度决定着传播接收方在多大程度上接受并支持中华文化传播活动的开展，而中文传播影响度则影响到中华文化传播活动举办的稳定性与持久性。

一、双边关系紧密度

良好的双边关系有助于跨国文化交流的开展，稳定的双边关系能保障文化活动的长远发展。

国家之间的外交关系、经济合作以及文化交流的密切程度直接影响了文化传播活动的紧密度。例如，国家之间的高层互访、文化交流项目以及多边合作组织的支持，都有助于推动文化的双向流动。双边关系的紧密性为文化传播活动的组织和实施提供了稳定的政治保障。例如，随着中国与东盟国家正式建立战略伙伴关系，越南等多国纷纷将中文纳入国民教育体系，推动了汉语教学和中华文化活动的全面开展。

2012年，中英高级别人文交流机制启动，英国前首相卡梅伦也多次强调学习中文的重要性。2015年，习近平主席与安德鲁王子共同为孔子课堂揭牌，展现了中英双方在文化交流上的积极合作。

法国与中国的友好关系也为两国文化交流注入了活力。2024年是中法建交60周年，也是中法文化旅游年。4月，中法人文合作发展论坛在巴黎举行。中法加强人文交流合作有助于推动中法两大文明与世界各国文明的彼此成就，也会助力中华文化传播活动的开展。

非洲地区许多国家近年来与中国保持着友好的外交关系。许多非洲国家的政策重点在于发展职业技术教育，以促进当地就业和经济发展。中国积极响应这一政策需求，与非洲地区职业学校和培训中心积极合作，开设多个职业教育项目。2021年在埃塞俄比亚设立的鲁班工坊就是中非职业教育合作的成功典型，既满足了非洲本地的就业需求，又让更多人接触和认同中华文化（谢舒媚、杨月兰，2023）。这些举措为中非合作的持续发展注入了文化活力（徐墨，2023；崔佳兴、王贺、许善成，2023）。

二、社会文化亲和度

开放与包容的社会文化亲和度，有助于促进文化传播活动向积极的方向发展。社会文化亲和度的一个核心因素是文化认同感。地理、历史和文化的紧密联系使得亚洲国家，尤其是东南亚地区国家与中国之间的文化认同度始终保持在一个较高的水平。

例如中泰两国地理接近、人民亲近、文化相通，中泰文化交流十分密切。泰国是东南亚华裔人口最集中的国家之一，境内庞大的华裔群体保持着与故乡的紧密联系，家族、宗族的网络为他们提供了重要的社会支持，也推动了中华文化传播活动的开展。

同样，中越两国也有着深厚的文化交流基础。两国山水相连，语言文化、风俗习惯相互影响，因此相互理解和文化认同感较强（吴应辉，2009）。在这一背景下，中越两国多角度、宽领域、多层次的合作不断发展。此外，越南无论是语言教育政策制定部门、文化艺术与出版行业，还是外交部门和地方政府，均积极推行开放和革新的对外文化政策。这些开放的社会文化态度为其他国家在越南的语言和文化交流提供了有利环境。

在西方，英国对文化多样性和外语教育的重视为中华文化传播提供了广阔的空间。英国致力于维护语言的多样性，倡导文化的多元化（于泓珊、张新生、钟英华，2024），这为中华文化传播活动提供了有利的土壤。尤其在近几年，越来越多的英国民众和学者对中国的历史、艺术和文化产生了浓厚兴趣，推动了两国文化交流的深化。

尽管中美政治关系偶尔波动，但美国社会对中华文化的需求和兴趣持续增长，对中华文化的传播持有开放和多元的态度。越来越多的美国民众对中国的传统艺术、音乐舞蹈、茶饮美食等文化形式产生了兴趣，这也推动了中华文化活动在美国的快速发展。许多美国媒体和文化机构积极推介中华文化，报道中国悠久的历史和现代成就。美国的华人社区作为中华文化传播的重要力量，通过组织社区文化活动，进一步增强了美国民众对中国传统文化和风俗习惯的认同与理解。

在非洲地区，很多国家对中国社会文化的亲和度为中非文化交流奠定了坚实的基础。多元文化和开放包容的社会氛围，使得中非在教育、文化、科技等领域的合作持续深化，为文化传播活动提供了丰富的内容和平台。

三、中文传播影响度

随着全球对中文教育的日益重视，许多国家已经将中文纳入其教育体系，并通过多元化的文化政策和社会支持推动中文教育的发展。中文传播影响度在很大程度上影响着中华文化传播活动的开展。

越南2008年发布《2008—2020年国民教育系统中的外语教学》提案以来，外语教育逐步进入小学教育，其中汉语也被逐渐引入（贾连庆，2020）。2012年，越南政府将中文列入小学和初中的自选课程，并且公办大学、私立大学及各类培训机构也在不断优化中文教学内容（阮黄英，2016；阮英芳，2023）。

泰国2005年出台《促进泰国汉语教学，提高国家竞争力战略规划》，进一步推动了汉语教育的发展。2006年，泰国成为全球首个将汉语纳入国民教育体系的国家，汉语课程正式进入泰国中小学基础教育，为泰国学生提供了系统的汉语学习路径（王辉，郑崧，2022）。

英国的伦敦大学亚非学院与北京外国语大学合作成立了英国第一家孔子学院，标志着中文教育在英国的起步。随着中英文化交流的加深，英国的中文教育逐步融入国民教育体系。2016年，英格兰政府出资1000万英镑设立了为期五年的中文培优项目，旨在推动公立中学中文教育的发展（张新生，李明芳，2022）。2018年，苏格兰政府拨款75万英镑成立专项奖学金，支持学生到中国学习中文并体验中国文化。目前，汉语已在英国各个教育阶段全面纳入。

美国的中文教育同样发展迅速，已成为全球汉语教学水平较高的国家之一。2003年，美国颁布《国家安全语言法案》，将中文列入"三大战略语言"之一。随后，美国政府实施了包括"中文旗舰项目""星谈计划"和"百万强计划"等一系列支持中文教育的政策。在联邦政府的支持下，越来越多的美国学校开设了汉语课程。同时，许多美国高校也纷纷设立中国研究中心和东亚文化研究系，通过学术研讨会和跨文化讲座等形式，加强了中美学术交流。

在非洲，中文教育的推广进入了跨越式发展期，特别是在21世纪以来，非洲国家的中文教育逐渐走向社会化网络传播模式。这一转变也增强了中华文化在非洲的影响力（王辉、郑崧，2022）。

全球不同国家和地区中文教育的推进力度不同，于是也形成了多种传播模式。有学者按照世界各国中文传播影响力度，将国际中文教育分为"大力推动类""明确许可类""默许类""限制类""空白类"五种（吴晓文、吴应辉，2024）。其中"大力推动类"国家区域对中文传播作出顶层设计和规划，增加中文使用的场域和中文教育的机会。"明确许可类"国家的中文传播得到了所在国的认可，并获得了法规保障。本研究所探讨的中华文化传播活动开展相对较好的国别区域，基本属于这两种类型。可以看出，中文传播的影响力度与中华文化传播活动的开展力度基本形成正效关系。

中华文化传播活动的开展与双边关系、社会文化因素及对中文传播力度等因素有着密切关系。以上三种因素有时交织在一起，未必能截然分开。当然，文化传播活动的开展情况与族群及语言、宗教信仰也不无关系。限于篇幅，这里不展开探究。

第三节　国别区域文化活动发展建议

一、亚洲地区
（一）丰富文化活动形式，激发参与兴趣

中国文化包括悠久的传统文化、多元的民族文化、特色的社会主义文化和当代的流行文化，构成了中华文化传播背后的"文化资源和仓库"（谷甲斌，2022）。要使中华文化活动得到有效传播，必须依托多样化的传播形式。整体而言，亚洲地区的中华文化传播活动较为频繁，但其形式略显单一。例如越南文化活动中，语言文化赛事和文艺演出就占据了三分之二，常见的活动形式多局限于汉语桥比赛、汉字比赛、演讲比赛、孔子学院日等。

为了增加中华文化传播的多样性和深度，亚洲地区文化活动组织者可以借鉴一些成功的文化传播案例。如泰国农业大学孔子学院的文化活动形式丰富，涵盖了文化体验、节日庆典、各类比赛、系列讲座、夏令营、赴华考察、趣味运动会等十多种活动。该院还打造了"走进中国"系列文化周项目。再如，欧美国家的孔子学院倾向于通过高端讲座等形式，推进文化传播的深度和广度。因此，亚洲地区的中华文化传播活动在形式上应进一步拓展，开发更为多样化、创意性的活动。

（二）深挖文化深层价值，重视文化内涵

文化作为一个系统，具有多元化的分层，包括知识性文化、技能性文化等表层文化，以及制度性、心理性文化等深层文化。后者包含更为深刻的思想内涵。作为汉字文化圈和儒家文化思想

影响深远的地域，亚洲地区深层文化的传播却不甚普遍。

例如，在越南中华文化传播活动中，表层文化活动如剪纸、编中国结等手工艺体验较为常见，但活动有时仅停留在手工艺品的观赏或制作层面，未能进一步挖掘文化背后的深层次内涵。经常举办的武术、太极等文化体验活动，也大多展示外在的"形"，对其背后的"神"——即文化的精神内涵关注略少。这些活动可以通过讲座或体验式活动的形式，逐步讲解和呈现中国文化的核心思想。也可以在春节文艺演出等文化活动中，融入年节文化的思想来源。因此，文化传播活动应更深入地挖掘文化产物、制度、习俗等现象背后的文化观念和精神内涵，推动中华文化传播活动向纵深发展。

（三）主动了解本土习俗，发掘本土特色

亚洲地区中华文化传播活动应主动结合本土习俗，发掘本土特色。

首先，适应本土工作习惯。要适应亚洲人的行为习惯、思维方式与办事方式。以东南亚民族为例，当地生活节奏相对缓慢，办事效率相对较低。因此在举办文化传播活动时，应理解这些国家文化政策的规则和程序，适应其办事方式。还要加强正面形象的宣传引导，以防止当地政府及普通民众误认为中华文化推广是新的文化殖民主义。

其次，发挥跨境民族特色。亚洲很多国家的少数民族与中华民族同属一脉，一些民族还是跨境同源民族。因此可以拓宽中华文化传播范围，鼓励开展包括壮族三月三、京族"哈节"、汉越春节等中外共有的民族传统节日庆典活动，或举办民族差异方面的文化研讨或讲座。

（四）古今文化结合，追求与时俱进

当今时代，中华文化传播活动的开展应体现较强的实用性，

呈现中国文化和国情的多元性和动态性。博大精深的传统文化和开放创新的当代文化结合起来会更有助于亚洲民众全面了解中国文化。

当代中国的流行文化（如流行歌曲、影视作品以及在媒体和网络上传播的各种资源）已经成为当今中国文化面貌和社会现实的缩影。传播机构可以组织线上参观中国科技博物馆、观看《舌尖上的中国》《航拍中国》等反映当代中国社会与文化的纪录片。另外，随着互联网和自媒体及网络技术的快速发展，中华文化的传播渠道也在不断拓展。例如，TikTok（抖音）近年来在东南亚乃至全球市场都取得了极大成功，吸引了大量用户。中华文化传播活动组织者应积极利用这些平台推送文化视频，并与受众进行实时互动，从而提升文化传播的影响力和亲和力。

二、欧洲地区

（一）定期开展活动，形成品牌特色

在欧洲地区，文化传播活动除大型节庆活动外，通常集中在庆祝传统节日上。这些节日庆典内容相对固定且具有较强的惯势。而常规的活动则相对稀少，频率不高。这一模式容易导致当地民众对中国的认知局限于与节日相关的传统文化符号。

为打破这一局限，应加强对现代文化的提炼和展示。突破欧洲民众对中国的固有认知，塑造一个更加蓬勃、自信、平和且真实立体的现代中国形象（刘胜枝，2021）。因此，定期举办多样的文化展示和体验类活动，紧扣当下的社会热点，是至关重要的（陆俭明，2015）。

（二）举办文化赛事，扩大区域影响

活动类型方面，欧洲地区语言文化赛事的组织相对于亚洲等其他区域显得稀少。以英国为例，主要的中文类赛事是由教育部

中外语言交流合作中心主办的"汉语桥"赛事，其他中文类的活动赛事则较少。相对于讲座类、表演类文化活动，多元化的文化赛事类活动活动连续性更强，对参赛者的影响也更加深远，以赛促学的方式也会吸引更多的人参与到文化活动中来。文化赛事类活动可以根据当地民众的喜好和特色去设计，针对不同水平的选手设计不同的比赛项目。

（三）创新活动模式，增添文化内涵

民族与文化类社会信息的传播会对民族印象的形成产生影响（党宝宝、高承海、万明钢，2016）。长时间按照固定模式开展文化活动可能会造成刻板印象。因此，一方面应尽量创新活动形式，避免活动模式的高重复率；另一方面，在文化符号短时间内不便增容的情况下，可以尝试去内延文化符号的广度和深度（韩莹，2018）。以茶艺展示为例，可以在传统表演的基础上，创新讲解模式，将茶艺的每个步骤与中国人精神思想结合进行详细阐释，以增添文化内涵。也可以以中文的经济价值为切入点，充分展示中国式现代化的丰富内涵（于泓珊、张新生、钟英华，2024）。

（四）拓宽宣传渠道，提高宣传效率

目前欧洲汉语教育机构文化活动的新闻报道主要通过中国外宣媒体，但发布频率不十分高，整体效果也不算理想。今后可以寻求与多方宣传媒体展开合作，主动对外展示自己。此外，可以加大国际社交媒体的宣传力度。如加强官方账号及志愿者教师个人账号的运营；发布内容时找到文化相通之处，以日常叙事手段宣传东西方共同的价值观念（肖悦，2022）。还可以将孔子学院或志愿者发布的优质内容进行二次推广，选取优质账号进行包装，并利用网红传播效应进行中华文化传播活动的开展。

三、北美地区

（一）增加本土化特色

文化传播活动要有明确的"本土意识"（王学松，2014），将中华文化传播活动成功融入美国的文化和社会。"在寻找中美文化契合点的基础上，应根据美国的本土特点进行语言和文化的推广工作。"在美国名校工作了近20年的L老师这么认为。具体来说，要做到以下三点：

美国社会以家庭为中心，家庭之上的社区是社会组织结构中的重要单位。人们除工作之外，大多数活动都是在社区内完成的。这一特殊的社会结构决定了大学、市政、社区、学区、媒体等既相对独立又相互关联。这也启示我们开展文化传播活动需考虑目标群体，获取多方支持（陈涛、央青，2015）。因此应加强与本土社区的联系，与社区进行互动，真正融入当地社会。

一是要注重活动内容的本土化。活动应适当融入本地文化，根据当地民众的需求细分受众市场。当然，美国地域辽阔，社会文化多元，各地区均有不同的发展特色，地区间差异较大。二是要注重活动宣传的本土化。活动宣传内容要贴近当地人的思维习惯，避免"中式表达"导致的误解和偏差。宣传渠道要与当地接轨，促进不同媒体间的互联互动，实现跨渠道、跨媒介的合作。三是组织方式的本土化。从P大学的个案调查发现，学校通过和当地学校、社团、民众、企业政府等群体与机构的联系，使得更多人参与到了文化活动中来。此外，要提前做好与当地社区的联系工作，最好形成稳定的联络机制。中方组织者还应根据美方的习惯，提前商定下一年度文化活动的类型和活动形式等细节。

（二）建立传播效果反馈机制

中国文化活动传播效果的评估十分必要（李怀亮，2018），目前北美地区尚缺少充分的数据分析和反馈机制，当然其他区域也有类似的问题。W大学的H老师认为："在举办文化传播活动时，我们较少有正式的反馈，评估就更谈不上了。"举办者往往专注于办好活动本身，而较少对受众实际的体验进行调查和记录。活动结束后的新闻报道也多为自我评价，较少进行深层次的思考。

四、非洲地区

非洲地区汉语教学的发展并不均衡，这也影响到了中华文化传播活动开展的均衡性、普及度和深度。一些国家和地区在中华文化传播活动的开展也尚处于起步阶段，并未形成特色。今后优秀的汉语教育机构可以带动其他机构共同开展活动，使非洲中华文化传播活动的整体水平获得提高。

（一）通过深化非洲研究加强文化传播理论基础

提升非洲地区孔子学院语言文化传播的效果，在很大程度上取决于中国自身对非洲的研究和认识程度（杨薇等，2018）。非洲独特的历史文化背景和社会发展情况决定了中华文化传播活动的开展要发掘本土特色，重视对非洲本土文化、宗教、教育、社会结构、价值观念和经济类型特点及其趋势的研究。在充分了解、尊重非洲本土文化和思维方式的基础上，制定文化传播活动的发展战略目标。应围绕"一带一路"倡议，在双向交流和深刻了解的基础上，体现出"走出去、融进去"的互动理念。

（二）提高中华文化传播活动的针对性

应摒弃整体高度近似的文化传播方式，在了解分析不同国家、不同文化背景、不同社会阶层人士的学习需求的基础上，进行文化传播活动的设计与实施。此外，可根据非洲人重视人际关系、社会互动密切的特点，适当举办小规模的文化活动。

非洲的社会结构相对致密，精英阶层发挥着至关重要的作用，因此应重视精英阶层在社会政治经济和文化教育领域的影响力，通过校友会、俱乐部、本土教师培训等形式，充分发挥本土人才在传播中华文化方面的能量。比如一些大学成立了来华学者俱乐部或孔子学院校友会，通过定期举办联谊活动，不断强化语言文化感情联系，为中华文化在非洲传播的长期性和持久性做出努力（杨薇等，2018）。以精英阶层带动整个文化传播活动的发展，不失为非洲中华文化传播活动的一大特色。

（三）结合受众心理需求及中国当代特色开展活动

中非文化差异给文化活动的开展带来了一定的困难。

有学者发现，绝大多数肯尼亚学生认为中华文化和本族文化的差异性较大；有来华经历的学生比较容易接受中国的饮食习惯，喜欢中国的影视音乐。大部分学生认为中华文化充满东方色彩的异域风情，具有"和谐""稳重""柔和"等特点。对于喜爱流行和新潮的非洲年轻人来说，中华文化内涵需要有丰富的阅历和时间才能理解（杨薇，2018）。非洲汉语学习者最为熟悉的中国形象就是中国功夫，他们也知道当代中国国家发展很快，但对具体情况知之甚少。

因此需要结合受众心理需求及中国当代社会的发展，开展独特且具有活力的文化活动。如非洲赞比亚大学孔子学院在每年盛大的非洲地区农展会上推介中国经济建设成就和独特的民俗文化。这些活动都是根植于本土文化背景进行的优质活动。非洲国家可以借鉴这些活动举办的经验，拓展活动举办的思路。

（四）以物质文化为载体

传播者和受众之间拥有不同的文化、思维、价值观念和行为模式，这会对跨文化传播带来一定的阻碍（刘权、赵洋，2019）。由于非洲中华文化活动起步略晚，举办文化活动时应充分考虑受众的接受能力和文化适应性。可以以物质文化为载体和依托，使学生通过切身体会理解和感受中华文化。

以摩洛哥阿萨德大学孔子学院的文化活动为例，其"中国文化日"系列活动中含有文房四宝、中国结、饺子等中国物质文化元素。此外，该孔子学院还专门开展"中国陶艺讲座""中国美食节""中国传统泥塑讲座"等针对某一中国物质文化的活动。这些都是学生最感兴趣、也最容易理解和接受的中华文化。以物质文化为先导分层次传播，能够有效提高非洲地区中华文化传播的可操作性。

（五）借助文化产业的发展

非洲地区民众对中国现代影视作品有着较为浓厚的兴致。我国企业在非洲投资建设了遍布多个国家的电视网络，《媳妇的美好时代》《奋斗》等电视剧在当地成为民众热议的话题。非洲在中国文化产品的推广方面具有较大的潜力，可以通过影视行业的合作进一步推动中华文化传播活动的开展。2017年7月，达累斯萨拉姆孔子学院与使领馆、桑给巴尔国际电影节、浙江师范大学非洲研究院和文化创意与传播学院联合主办了中非影视合作论坛，举行了《我从非洲来》大型纪录片首映式，并就非洲孔子学院利用自身优势提供中非影视合作平台进行了探讨。

本章选取亚洲、欧洲、北美及非洲地区文化活动作为重点研究对象，对全球各区域中华文化传播活动的发展进行了论述。分析不同地域背景下中华文化传播活动组织的特点，可以为全球中华文化传播活动的开展提供经验和范例。

主要参考文献

1. 陈为春：《美国孔子学院文化活动的创新与发展》，《科技文汇》，2015年3月下。
2. 崔佳兴、王贺、许善成：《新时代非洲中文教育发展的动因、模式与路径——以赞比亚中文教育发展为例》，《比较教育研究》，2023年第10期。

3. 党宝宝、高承海、万明钢：《民族刻板印象：形成途径与影响因素》，《西南民族大学学报（人文社会科学版）》，2016第5期。

4. 谷甲斌：《孔子学院文化活动现状及问题与对策》，《云南师范大学学报（对外汉语教学与研究版）》，2022年第1期。

5. 顾利程：《美国汉语教学动态研究》，北京语言大学出版社，2019。

6. 贾连庆：《南亚国家语言政策影响下的我国非通用外语教育规划》，《吉林省教育学院学报》，2020年第6期。

7. 李怀亮：《浅析中国文化走出去效果评估体系的构建》，《南开学报（哲学社会科学版）》，2018年第3期。

8. 刘权：《非洲孔子学院因地制宜开展中国传统文化活动策略研究——以非洲两所孔子学院为例》，《汉字文化》，2023年第3期。

9. 刘胜枝：《做好网络空间的对外文化传播》，《人民论坛》，2021年第31期。

10. 陆俭明：《汉语国际教育与中华文化国际传播》，《同济大学学报（社会科学版）》，2015年第2期。

11. 阮黄英：《对越汉语教学语法体系建设的几点思考》，《国际汉语教学研究》，2016年第2期。

12. 阮英芳：《越南高校国际中文教育中的文化教学研究》，山东大学硕士学位论文，2023。

13. 田艳、贺怡然：《美国小学汉语教学研究》，中央民族大学出版社，2017。

14. 王辉、郑崧：《人类命运共同体视域下非洲中文传播的实践进路》，《西亚非洲》，2022年第5期。

15. 吴晓文、吴应辉:《世界各国中文传播政策类型及其影响研究》,《吉林大学社会科学学报》,2024年第1期。

16. 吴应辉:《越南汉语教学发展问题探讨》,《汉语学习》,2009年第5期。

17. 谢舒媚、杨月兰:《中国教育援助的方式、特点和问题——国外学者的观点述评》,《比较教育学报》,2023第3期。

18. 王学松:《汉语国际教育语境下的"文化活动"刍议》,《云南师范大学学报(对外汉语教学与研究版)》,2014年第5期。

19. 肖悦:《孔子学院作为跨文化传播主体的发展情况研究》,《汉字文化》,2022年第19期。

20. 徐墨:《中非高等教育合作十年回顾与展望》,《世界教育信息》,2023年第9期。

21. 杨薇、翟风杰等:《非洲孔子学院的语言文化传播效果研究》,《西亚非洲》,2018年第3期。

22. 于泓珊、张新生、钟英华:《多元文化外语教育背景下加强中文融入英国国民教育体系策略研究》,《河南大学学报(社会科学版)》,2024年第4期。

23. 张新生、李明芳:《英国中文教育近年发展情况述评》,《国际汉语教学研究》,2022年第1期。

第九章　中华文化活动资源开发与配置[①]

资源的概念最初源于经济学领域，指的是生产实践所需的具备实体特征的自然条件和物质基础。有研究者认为，教育资源的整合意味着统筹协调各级各类和各种形态的教育资源，实现社会有限教育资源的最优配置，以发挥教育资源的最大效益（贺怡然、田艳，2017）。将效益最优化原理引入文化传播活动的领域，可以通过重新调整和组合现有文化资源，满足更广泛、更多元受众的需求，从而达到最佳的文化传播效果。

美国心理学家James Gibson提出了"可提供性理论"，该理论随后在社会学、认知心理学等领域得到了扩展和应用（陈婷婷，2017）。根据可提供性理论，生态环境可分为即时环境、物理环境和社会文化环境。即时环境是指某一时刻的环境静态横切面；物理环境包括具有自然属性的环境；而社会文化环境则侧重于传播参与者所处的社会文化背景，包括社会风俗、信仰与价值观、行为规范、生活方式和文化传统等。社会文化环境在个体的行为和心理上具有深远的影响，并且可以通过即时的社会符号表达出来。可提供性理论从人与外在生态环境互动的角度出发，为文化传播资源的建设与利用提供了一定的理论依据，有助于减少

---

① 本章写作得到了王琰皓老师、贺怡然老师、贺赟老师的大力支持和协助。

文化感知的失配，启发我们尽可能地优化文化教育生态环境和教育资源。

教育生态学理论认为，教育生态环境是以教育为中心，并对教育的产生、存在和发展起制约作用和调控作用的多元环境体系。其中第一个层次即为"综合外部自然环境、社会环境和规范环境组成的单个的或复合的教育生态系统。"

文化活动资源是教育生态系统的重要组成部分，也是组织中华文化传播活动的基础和条件，涵盖了广泛的内容和形式。本研究认为文化资源主要包括基础物质资源、自然环境资源和社会人文资源。基础物质资源指文化场馆和社区场地，自然环境资源包括山川地貌和自然景观，社会人文资源则涵盖地方文化、民俗、节日和庆典等。

关于文化活动资源的研究，国际中文教育领域的学者提出了利用隐性环境开展文化教学的理念（吴维煊，2012），也有学者主张通过课外环境进行文化活动（孙毅明，2022），还有学者探讨了利用文化景观进行文化教学的方式（张齐红、田艳，2023）。本研究从国内、国外两个场域，探究中华文化传播活动资源的整合与配置。

第一节　国内文化活动资源开发与配置

目前，中国已成为亚洲最大的留学目的国，来华留学生吸引力与国家经济实力及综合实力的匹配度进一步提升。随之，有学者提出应利用目的语环境和资源，充分考虑社会环境等方面的影响（赵杨，2014）。国内利用各类资源进行文化传播活动的手段也不断丰富。本节以店铺文化景观和民族特色文化资源为例，分析国内文化传播活动资源的开发与利用。

一、商业店铺景观资源

（一）调查区域地理位置总体情况

包含商业店名在内的地缘地域环境对学习的过程、方法、材料都有着重要的影响（赵金铭，2009）。商业店名作为教育生态环境的重要组成部分，是在华留学生每天接触和面对的文化资源，绝大多数商业店名具有宣传性、醒目性、丰富性等特点。下文以Z大学周边商铺语言景观为例，对店铺景观如何应用于文化教学和文化活动进行探讨。

作为我国少数民族最高学府，Z大学不仅吸引了国内各民族同胞，也对与我国少数民族具有亲缘关系的周边国家具有独特的吸引力，其生源结构符合我国当前"一带一路"沿线国家成为来华留学发力点的趋势。除此之外，Z大学对西欧、北美、日韩等发达地区以及东欧、西亚等发展中地区也有着不容忽视的吸引力。这一特点使得Z大学留学生结构多元化特点显著，符合学界所提倡的国际中文教育要配合国家战略的思想（吴应辉，2016）。

Z大学所处位置为北京市三环以内，校园周边是相对成熟的高校区、商业区与居民区。由多所院校组成的社区带动了周边与学生生活相关产业的发展。社区中日常生活领域的商业店铺较为多样，以"民族美食街"为代表的商业区更是大大提高了商业店铺的密度。三者相互交叠，塑造了Z大学周边商业店铺数量多、种类全的特点，为将商业景观引入文化活动提供了机会。

（二）调查区域店铺景观基本情况

Z大学周边店铺景观为212条（王琰皓，2017）。按照商业店铺的主营业务，研究者将该区域商业店铺分为餐饮、房产、教育、服装、医药、美容美发、住宿、超市商场、文具店或精品店、生活服务等十个类别。详见表9-1。

表9-1　Z大学周边商业景观行业类型统计表[①]

行业类型	店名举例	店铺数量	所占比例
餐饮	上岛咖啡、巫山烤全鱼	125	58.96%
房产	链家、中天置地	4	1.89%
教育	新东方、京音教育	10	4.72%
服装	娇鼎、孔雀窝	14	6.60%
医药	博爱堂名医馆、金手掌盲人按摩院	4	1.89%
美容美发	伊赛园、协和药妆	21	9.91%
住宿	自由空间酒店、天之娇宾馆	4	1.89%
超市商场	欣欣菜市场、超市发	6	2.83%
文具店或精品店	晨光文具、时尚丛林	12	5.66%
生活服务	艺鑫摄影、魏公村修鞋店	12	5.66%
总计		212	100%

从表9-1可知，Z大学周边商铺主要集中于餐饮行业，其次为美容美发和服装行业，三者占据近四分之三的比例。这与该地区的学校分布情况有着密切的关系。研究区域内五六所高校主要为文科类院校或艺术类院校，因此女生占比较大，这使得服装与美容美发行业店铺的比例也较高。此外，该地区人员密度大，故而餐饮行业占比接近60%。上述行业分布使得Z大学周边的商业店名具有贴近现实生活、常见常用的特点，为文化活动的开展提

[①] 参见王琰皓:《汉语国际教学视角下高校周边商业店名的调查与思考》，中央民族大学硕士学位论文，(2017)。

供了物质基础。

（三）店铺景观名称蕴含的地域文化

北京作为政治、文化中心，吸引了来自全国各地各行各业的民众，而Z大学作为211、985高校，也聚集了全国各个地区的学生，这使得该区域商业店铺景观具有了丰富的地域色彩。

店铺景观中的行政区划。许多店铺命名都包含区域名称，其中一些直接采用区域全称，如"湖南码头""老重庆火锅米线""东北骨头庄"等，其中的"湖南""重庆""东北"等名称体现了各级行政区划。

店铺景观中的地区简称或别称。许多店铺会将区域简称运用在店名中，如"湘间小灶"中的"湘"即为湖南省简称；"川渝家常菜"中的"川渝"分别为四川、重庆两省简称。此外部分店名也涉及一些区域的别称，如"金城缘兰州牛肉面"中的"金城"即为甘肃省会兰州别称，其名源于"金城汤池"的典故。

店铺景观中的地域特色。有的店名采用动植物、历史人物、著名景点等具有区域代表性的事物，也有部分店名同时使用代表性事物。"金孔雀德宏傣味餐馆"除采用"德宏"地名外，又佐以"孔雀"，以突出其云南菜的特征；"眉州东坡酒楼"也在地名"眉州"之外加上了著名文学家苏东坡之名。

二、民族文化资源[①]

我国拥有丰富的民族文化、独具特色的民族语言和绚丽的民族风光，这些宝贵的社会人文资源和自然环境资源为中华文化的传播提供了坚实的基础和广泛的素材。

近年来，多元文化日益成为全球讨论的热点议题。我国政府

---

① 此处部分参考了田艳:《发挥民族优势，开展留学生教育》，《新疆教育学院学报》第3期，(2009)。

和各国纷纷对发展多元文化表现出极大的兴趣,并积极推动多元文化的发展。例如,2005年在北京召开的第八届世界汉语教学大会以"世界多元文化架构下的汉语发展"为主题,提出了"携手发展多元文化,共同建设和谐世界"的口号。此外,2006年,由国家汉语推广中心举办的世界大学生汉语演讲比赛也以"多彩的民族"为主题。

(一)民族文化资源特点及情况

民族资源可以分为社会人文资源和自然环境资源。

民族院校聚集多民族师生,学校周边分布着很多民族餐厅,还有不少民族家庭,可以为留学生提供多元民族的社会人文资源。如Z大学周边店铺景观体现的少数民族风情涉及藏族、维吾尔族、蒙古族及傣族等民族。"阿曼尼莎汗"以维吾尔族著名音乐家、《十二木卡姆套曲》编者阿曼尼莎汗为名;"浩日沁蒙古餐厅"中的"浩日沁"即"科尔沁"的蒙语读音,是著名蒙古族科尔沁文化的发祥地。

自然环境资源是一种地缘优势,很多民族院校都分布于少数民族聚居地,留学生接触少数民族、了解民族文化和当地的风土人情、接受民族文化的熏陶和浸润十分便利。这些地区的风光富有特色,世界文化遗产、自然遗产中有很多都分布于这些民族地区,如纳西族聚居的丽江古城、土家族聚居的张家界地区等。很多留学生表示,少数民族地区神奇独特的自然景观、丰富的人文景观以及经济建设的新面貌令他们十分向往。

(二)利用民族文化资源开展特色活动

1.知识分享类活动

知识分享活动主要以推广民族文化为主,包括讲座、演讲等形式。讲座内容可以涵盖民族风情、民族服饰、民族节日、民族歌舞、民族建筑等专题,还可以举办以民族为主题的演讲比赛。

可以在民族餐厅、茶艺厅举办文化沙龙、座谈，或举办以民族文化资源（如少数民族非物质文化遗产）为主题的演讲比赛及民族题材摄影展览等。

2. 技能学习类活动

调查发现，国际学生对民族舞蹈、民族乐器等表现出了浓厚的兴趣。Z大学国际教育学院每学期都开办民族技能学习类活动，邀请相关专家手把手地讲解和传授。也可以利用民族博物馆教授手工艺制作和民族舞蹈等技能。

3. 实践体验类活动

实践体验类活动包括参观展览和参与民族文化相关活动。展览可包括民族服饰表演和民族人物绘画展览。例如，青海民族学院博物馆珍藏了500余件藏、回、土、撒拉、蒙古等民族的服装、首饰和生活文化用品；Z大学民族博物馆也常年免费向留学生展示馆藏的民族文物；北京中华民族园则集中了56个民族的文化信息。"民族文化特色周"活动也可以利用民族院校周边资源集中展示民族风采。这些都为学生了解少数民族文化提供实物资源和文化实践资源。

4. 人际互动类活动

该类活动是利用人文资源而开展的活动，包括在民族餐厅组织中外学生联谊会，使留学生与少数民族同学交朋友，或帮助留学生与少数民族学生建立友好班级、访问民族家庭等，从而让双方建立比较稳定的联系，增强对少数民族的感性认识。也可以带学生参加民族节日庆典活动，如泼水节、古尔邦节、那达慕欢庆等。

5. 文化考察类活动

指带领学生去民族元素密集的区域或地区进行参观考察，包括周边文化考察及远途文化考察。在来华留学生学习和生活的大中城市及周边城镇村庄,大都存留有多寡不等的物质和非物质文化资源,如标志城市历史与变迁的物件、各类博物馆、古迹名胜、当地风俗乃至一街一巷、一楼一桥,都可以为文化活动提供资源保证(李泉、孙莹,2023)。

Z大学通过组织学生参观周边具有民族文化特色的商铺,并通过讲解各少数民族的文化成果和自然风貌,帮助学生加深对中国少数民族文化的理解。云南大学则安排学生考察昆明及云南其他著名景区,甚至让学生住在少数民族家庭,体验真实的城镇及乡村生活。其他如宁夏大学、贵州民族学院、青海民族学院等院校也积极开展丰富的民族文化考察活动。

总结来说,通过对店铺文化景观和民族特色文化资源的分析我们可以看出,这些丰富多样的资源在国内文化传播活动中具有巨大的潜力。合理开发与利用这些资源,不仅能够丰富文化活动的内容和形式,还能够更好地展示中华文化的多样性与独特性,也可以为国内中华文化传播活动的开展提供新的视角和方法。

第二节 海外文化活动资源开发与配置

在全球经济加速发展及国家间交流日益紧密的背景下,海外众多地区也形成了丰富的中文语言景观。根据教育生态学理论、社区理论,海外语言景观具有社区资源信息功能、文化功能及教育功能,可以培养学习者的多语能力、多模态能力(Hewitt-Bradshaw,2014;尚国文,2017)。如能将语言景观、社区资源恰如其分地引入文化活动中,可以大大助力中华文化传播活动的开展,使得文化情境当地化、生活化(李宇明,2022)。下文分别以美国小学社区文化资源及英国大学文化景观为例，对研究主题进行探讨。

一、美国小学社区文化资源[①]

美国外语教育协会（ACTFL）在制定《全美中小学中文学习目标》之时就提到了多元社区的概念，且在示例中明确提到"访问中国城的商店与餐馆"等利用目的语环境（唐人街或其他华人聚居区）资源进行学习的行为（ACTFL，1999）。由于国内社会结构中"社区"概念相对缺乏，因此赴海外工作的汉语教师或文化传播活动组织者最初对此会有一定的陌生感。美国教育重视对文化教育资源环境（包括社区资源）进行全方位、立体化的开发与利用，借鉴美国小学文化教育资源的整合利用，可以对中华文化活动的开展起到积极的促进作用。

（一）美国小学社区文化资源功能及特点

1. 社区文化资源功能

加强文化体验。社区文化资源包括餐厅、商场、节日庆典活动等，包含丰富的语言、文化、历史、风俗信息。引入和开发社区文化资源，可以为学生开启文化之旅，加强学生对真实性文化情境的了解。

强化交际互动。社区文化资源中包含国别化特色鲜明的餐厅、医院等真实交际情境，可以引导学生在真实交际中自觉而充分地运用所学知识，产生文化表达的意愿（张发清，2009）。

2. 社区文化资源特点

延展性。社区文化资源整合与利用具有拓展性特征（田艳、

[①] 本节写作部分参考了贺怡然、田艳：《对美国小学汉语教学社区资源整合与利用问题的思考——基于对美国OIIP项目汉语实习教师的实地调查》，《汉语国际传播研究》第2期，（2014）。

贺怡然，2013）。社区文化资源中包含了诸多场景，如商场、医院、饭店等。这些场景为文化传播活动的开展拓展了空间。

综合性。社区文化资源的主题内容具有综合性。社区文化资源种类繁多，可以多角度、多层面地促进学生对中国社会、文化、生活的认识和理解。社区文化资源的综合性有助于对学生文化能力和情感世界产生全面的影响。

趣味性。趣味性来自学生对真实情景的好奇心和亲身实践性，以及由新旧文化知识的激烈碰撞所产生的求知欲。趣味性和亲身实践性充分体现了美国小学教育强调的培养学生自主能力和感知能力的教育理念。

（二）美国小学社区文化资源类型

美国社区文化资源可以分为固定型和非固定型两类。固定型资源指文化活动场所不变的常规教育活动资源；非固定型资源是指在时间上无法预先设定的教育活动或非长期存在的教育活动资源（田艳，2004）。

1.固定型文化资源

我们对美国小学教师常用固定型资源进行了梳理，其整合与利用情况见表9-2。

表9-2 美国固定社区文化资源整合与利用情况调查统计表

序号	资源类型	整合与利用方式
1	企业	H小学五年级将企业环境参观与社会调查课外练习相结合。
2	商业	R小学一年级将购物实践与数学课相结合。
3	科研机构	G小学三年级组织学生参观俄勒冈大学的生物实验室。
4	医院	M小学二年级组织学生去宠物医院帮助动物做康复训练。

续表

序号	资源类型	整合与利用方式
5	福利院	W小学三年级组织学生去老人院给老人送南瓜。
6	图书馆	R小学三年级组织学生去市立图书馆上阅读课。
7	博物馆	A小学组织学生去印第安文化博物馆上地理课。
8	动物园	O小学四年级组织学生去动物园观察动物习性。
9	公园	V小学二年级组织学生到附近公园里上美术课。
10	活动中心	W小学三年级组织学生去儿童活动中心学习制作陶艺。

2.临时型文化资源

我们将美国小学教师常用的社区内临时型资源进行了分类，详见表9-3。

表9-3 美国非固定社区文化资源整合与利用情况调查统计表

序号	资源类型	整合利用方式
1	体育比赛	O学校四年级体育老师组织学生开展足球赛志愿者工作。
2	文化展览	W学校三年级美术老师组织学生参观当地民间艺术一条街。
3	艺术表演	R学校语文老师带学生观看音乐剧《胡桃夹子》。
4	节日庆典	G学校历史老师组织学生体验墨西哥传统节日。
5	生态观察	M学校生物老师带学生观察三文鱼季节性回流产卵现象。

（三）美国小学社区文化资源优势

通过对大量美国小学社区资源整合与利用型教学案例进行的调查，发现美国小学将社区资源引入文化活动大致包含如下优势。

增加学生实地体验性活动。首先，美国小学很重视从体验传统节日活动中学习文化知识，因此学生实地体验性活动丰富多彩。贺怡然（2014）在美国小学工作期间亲自体验了美国的感恩节、圣诞节及跨年庆祝等活动。节日庆祝活动属于非固定型社区资源，包含了文化功能、情感功能。例如过万圣节时，学校会选择与节日相关的书籍给学生阅读，并举办游戏、绘画、手工制作、表演等围绕南瓜主题展开的活动。其次，美国小学注重整合固定型社区教育资源，使学生在实践中掌握具体方法和途径。开展活动前，会事先制定详细实施计划，并通过多方联系以确保活动所需的人力物力按时到位。

丰富拓展学生的文化知识。美国小学善于在教育活动中将自然环境资源利用起来。教师会通过自己熟识的环保社团联系野外教学场地。另外，美国小学善于利用当地文化展览进行课堂知识延展性活动。文化展览具有一定的节气性和地域性。通过将社区文化资源和学校教育相结合的方式，可以将活动延展到真实的自然空间。

（四）美国小学社区资源在中华文化活动中的应用

华人社区资源是美国社区资源的重要组成部分，文化资源聚合性高，整体性强。因此美国小学文化活动组织者应树立华人社区资源整合与利用意识。

华人是已融入海外社会文化生活的群体，不仅传承着大部分的中华文化理念和风俗习惯，而且还拥有丰富的海外社会人际关系和物质资源。由于新手汉语教师或文化活动组织者在整合社区教学资源时存在随机性，缺乏从整体规划的角度对社区资源进行的统筹，因此下文将结合具体案例对华人社区文化活动资源、华人社区服务场所资源、华人社区教育设施资源三类资源的整合与利用进行探讨。

1. 关注华人社区文化活动资源的整合与利用

华人社区文化活动是与中国传统文化与民间风俗相联系的非固定型社区资源。应主动开辟多种途径，引导受众积极参与华人社区文化活动。比如可以通过观看华人社区的京剧、太极拳、武术表演等活动体悟中华文化，也可鼓励学生积极参与华人社区活动表演，如舞龙舞狮节目等。

【案例：华人中秋节活动整合与利用；R小学，小怡老师】

我在中秋节前收到当地旅美华人文化促进会的邀请，在华人中秋节联欢会上表演民族乐器。我邀请了美国小学生和家长参加了联欢会。通过这次中华文化活动，学生们不仅了解了关于中秋节的文化知识，欣赏了中国艺术展演，而且认识了同龄的华人朋友。当地华人对这种扩大中国语言文化影响力的交流形式也表示赞赏和支持。

由该案例可以看出，教师积极引导学生和家长参与当地华人社区的文化活动，不仅有利于加强学生汉语言文化的观察体验，而且有利于培养当地社区民众对中华文化的认同感。

2. 关注华人社区服务场所资源的整合与利用

华人社区服务场所资源包括华人开办的商场、饭店、学校、休闲中心等，在这些场所中可以较为方便地接触到华人生活交际的语言文字和文化资源（黄晓颖，2011）。据调查，部分新手汉语教师在组织文化活动时，由于缺乏社区资源利用的经验和一定的组织能力而产生了一些问题。我们对其中的一例有代表性的案例进行分析。

【案例：华人超市文化资源的利用；A小学，小雷老师】

小雷老师设计了一次社区汉语文化活动。她在美国教师的协助下，带领四年级学生去自己经常光顾的华人超市展开活动。她将学生分成两组，每组五人，要求学生按照抽取的购物单寻找所需材料并认读上面的汉字，并用所学汉语与售货员沟通。但是，这次活动实际效果并不理想。首先，小雷老师在活动当天没有确认商品种类，导致学生找不到购物单上要求的部分商品。其次，由于华人超市的售货员操有粤语口音，导致学生在沟通中存在较大的听力障碍。

由该案例可知，华人社区服务场所文化资源存在一定的复杂性，因此组织者在选择和使用资源前，应对文化资源进行全面考查和评估，以确保活动效果。

3. 关注华人社区教育设施资源的整合与利用

目前美国汉语教学发展较好的地区大多设有中华文化相关设施，其中华人社区的相关教育设施资源较集中，那里不仅有图书馆、博物馆、文化宫，还有孔子学院的中华文化体验中心等场域可供当地社区民众参观学习。这些完备的教育设施普遍具有功能齐全、适合直接用于文化教学的特点。可以带学生去图书馆翻阅中国杂志了解中国人的文化生活；安排学生和家长一起去文化宫参观中国艺术展；介绍学生去当地孔子学院的中华文化体验中心进行专业全面的语言文化学习体验培训。

【案例：中华文化馆资源的整合与利用；G小学，小高老师】

小高老师在学生家长的帮助下联系了当地大学的东亚博物馆，并得到了五名东亚文化教授的帮助。教授在参观当天担任讲解员，带学生分组参观中日展厅，并在文化对比中重点讲解了中华文化部分。另外，学生还在博物馆的文化体验中心参加了青花瓷花瓶的制作活动。

二、英国大学周边汉语文化景观[①]

目前，语言文化景观研究多以国内中文语言景观为切入点（张瀚文，2018；杨佩美，2021；胡清，2022）。也有研究关注到海外中文语言景观（任文雨，2019；苏艺，2021；黎妮、李冬，2021）。本小节以英国爱丁堡大学为例，探究如何利用文化景观开展中华文化传播活动。

（一）爱丁堡大学地理位置

爱丁堡位于苏格兰东海岸福斯湾南岸，人口约50万左右，是苏格兰第二大城市。英国最古老的大学之一爱丁堡大学（以下简称爱大）是一所有着四百余年历史的世界顶尖名校。根据爱丁堡大学官网数据，2021/22学年爱大学生人数达49065人，其中来自中国大陆地区的在读学生8420人，中国香港地区515人，二者占全校人数的20.33%，位列国际学生人数第一名。爱大共有中央校区、King's Buildings、Easter Bush、BioQuarter以及Western General五个校区，学生宿舍位于大学周边地区不同地段。在通往爱丁堡大学中央校区的沿途中有许多中文标识商铺，且位置相对集中，从而构成了独特的汉语文化景观。

2023年3月至4月，我们对爱丁堡大学中央校区周边所有的汉语文化景观进行了实地调查，共收集到60家带有中文标识的店铺，得到中文语言景观样本331个。基于调查样本，对文化景观的特点进行分析。

---

① 本小节部分参考了张齐红、田艳、贺赟：《国际中文教育视域下海外中文语言景观调查研究——以爱丁堡大学周边商铺调查为例》，《Teaching Chinese as a Foreign Language in the New Normal Cross- Disciplinary Theory and Practice:Applied Chinese Language Studies XIII》，华语教学出版社伦敦分社，（2023）。

(二) 爱丁堡大学周边文化景观

通过对店铺数据进行分析，发现爱丁堡大学周边商铺类型可分为餐厅（28）、超市（11）、奶茶甜品（14）、美发（4）、医药（1）及其他（海鲜市场，1）等。

商铺主要集中在中餐馆及奶茶甜品等餐饮行业，其次为超市和美发行业。这一行业格局与爱大中国留学生有密切关系：一方面，中英两国饮食文化差异较大，当地西餐厅无法满足华人群体的饮食要求。另一方面，由于两国相距较远，中国学生可以通过食物缓解对家乡的思念之情。最后，由于生活习惯及语言沟通障碍等问题，当地华人对中国超市、美发、中医等行业也有一定的需求。

(三) 爱丁堡大学文化景观蕴含的文化内涵

1.地域特色与饮食文化交汇

爱丁堡大学周边中国餐厅较多，且从店铺店名到装修都为中文语言景观增添了地域特色。许多店铺会将区域简称运用在店名中。如"蜀香门第"的"蜀"为四川省简称，"天府小厨"中的"天府"是四川省的别称。两个商家装修风格以红色为代表，体现出其"辣"这一饮食特征。爱丁堡大学附近的餐厅主要有湘菜、川菜、鲁菜和粤菜等不同地域的菜系代表。从这些餐厅的外部广告和装饰也可以看出，它们以特定的中国菜系为主打，呈现出不同特色的语言景观。例如"有口福"餐厅以粤菜为主打，门口海报上粘贴有"广东烧腊"的中文标识，装修以黄色为主。

2.传统文化与当代文化并存

一些商铺的店名、装饰物、提示语等也彰显出传统文化与当代文化并存这一特色。对"商店"的称呼通常位于店铺名称的末尾，运用"店""家""坊""铺"等不同的文化词语。我们对收集到的数据进行统计发现，店铺名称古今兼有。既有古代流传下来的通名如"府""轩""行""馆",也有随着经济社会的发展而衍生出来的时代产物,如"便利店""超市""中心"等。而在一些中国传统节日,许多店铺会用传统饰品进行装饰。如临近春节、端午节等传统节日,众多超市都张贴"春联"、粽子广告用语,以烘托出中国传统文化的氛围。疫情防控期间,一些商家门口出现了疫情防控等相关中文提示语,如"请保持两米社交距离""请使用店内提供的清洁用品""请等候工作人员指引"等。

(四)爱丁堡大学文化景观在文化活动的应用

教育部中外语言合作交流中心颁布的《国际中文教育用中国文化和国情教学参考框架》提出了文化教学目标,并建议中国文化和国情教学涉及社会生活、传统文化、当代中国三个方面。爱丁堡大学社区店铺文化景观是可资利用的文化资源宝库,可以开展这三类文化活动。

1. 社会生活类活动

该类文化景观包含了饮食、居住、服饰、出行、家庭、节庆、休闲、消费、就业等文化元素。文化活动组织者可以利用景观组织感知体验中国人的社会生活的活动,培养学习者对中外社会生活异同的敏感性,引导学生在跨文化对比中感受文化差异。如一家超市的店名"美麒麟"是由英语"Michelin"谐音而来的。该店名融合了中外两种文化,通过"美麒麟"和英文"Michelin"谐音,帮助当地民众通过英文联想更好地记住店名发音,并潜移默化地传递商家对产品高要求、严标准的理念;另一方面,"麒麟"一词也蕴含了杰出、祥瑞之意。

2. 传统文化类活动

该类文化景观包含了历史、文学、艺术、哲学等文化元素,组织展览、演讲等活动时,可以鼓励学生通过图片、视频等从景观中找寻传统文化的痕迹,如儒家文化、楹联文化、服饰文化等。例如开设楹联文化与书法工体验活动，可以通过收集当地语言景观中的楹联及书法作为活动材料，邀请书法家或楹联专家，现场示范并指导学生书写对联，讲解对联的结构、寓意及其在中国节日和庆典中的应用，在实践中让学生体验中国楹联文化以及中国书法之美。

3.当代中国类活动

该类文化景观包含了地理、人口与民族、经济、教育、语言文字、科技、传媒等文化元素，如各地著名城市地名、现代支付方式、社交软件信息。活动组织者可以布置当代中国与他国在传媒、社交、科技等方面的比较任务，鼓励学生借助推特与微信、Bilibili和Youtube、苹果与华为等，探索世界的差异。同时，举办以"我看中国"为主题的短视频比赛活动或"我眼中的中国"演讲比赛，鼓励学生分享和表达从语言景观中感受到的有关当代中国的理解。

总的来说，海外文化传播活动应就地取材，恰如其分地利用当地语言文化景观，促进学生们理解中华文化的多样性和动态性，理解传统文化与当代社会生活的联系。海外的文化环境从空间上脱离了中华文化的原生土壤，但文化景观的开发、整合与利用，可以在海外受众的生活中注入中华文化的元素，成为其文化活动开展与文化理解促成的一个关键。

第三节 其他文化资源开发与配置

这类资源因为在海内外均有建设和使用，故放入本节集中进行论述。

一、中华文化体验中心

中华文化体验中心是集文化展示、体验、教育、交流于一体的多功能空间，建设中华文化体验中心能够为传播对象提供施展的空间和体验的平台（吴瑛，2019）。近年来，国内外纷纷建立了多个中华文化体验中心或类似机构。

（一）国内中华文化体验中心

以西安外国语大学中华文化体验中心为例，该中心位于雁塔校区，占地面积约1000平方米，采用中国传统四合院的形式。设施包括中华茶文化体验室、书画体验室、民乐体验室和中华厨艺体验室等14间房间，提供全方位的文化体验。中心涵盖茶文化、书画艺术、民族音乐、传统厨艺等多个方面，通过实物展示、互动体验和讲座等形式，让参观者亲身感受中华文化的魅力。该中心还承担教育功能，为留学生提供了解和学习中华文化的平台。

（二）海外中华文化体验中心

近年来，越来越多的海外国家设立了中华文化体验中心。

尼日利亚在汉语国际推广领导小组办公室的支持下，设立了"中国文化体验中心"。中心位于拉各斯大学孔子学院，对尼日利亚公众开放。中心的文化项目包括功夫与书法、诸子问答、汉字鼎、京剧照相、中国古代科技、生肖剪纸、中国美食、城市变迁和中国民乐等。尼日利亚文化体验中心还系统安装了孔子学院总部研发的多媒体软件，通过视频、音频和图片等形式生动直观地展示中华文化。

西肯塔基大学孔子学院在大学图书馆建立了一个中华文化体验中心，展示中国历史、文化、手工艺品、乐器、工具和服装，并设有一个小型中华文化图书阅览室。(陈为春，2015）。

曼谷中华文化体验中心积极开展多元文化体验活动。2023年3月，暖武里河王中学学生及老师50余人到该中心参加体验活动。在国画教师和烹饪教师的指导下，学生们尝试绘制中国水墨画和制作包子。该活动是2023年文化中心面向泰国院校开展线下文化体验活动的开端，旨在促进泰国年轻一代对中华文化的关注和深度参与。

二、中华文化实践基地

文化实践基地是理论与实践的桥梁，对国际中文教育领域的文化教学至关重要。在文化实践基地的实地考察、互动体验及参与式学习，可以为国际学生提供沉浸式体验中华文化的机会，使学生能够在真实的文化情境中获得更为直观和深刻的认知，从而形成清晰的中华文化图景。目前全国多地在建设文化实践基地方面进行了尝试。多所学校与实践基地建立稳定的联系，大大提升了文化活动的附加值和竞争力。

北京语言大学选择老舍茶馆作为文化实践基地，多次带领留学生前往观看传统曲艺演出，体验中华文化。上海纺织服饰博物馆、上海中医药博物馆和中国武术博物馆被用作上海市外国留学生中华文化体验基地。华东理工大学与徐汇区凌云街道社区学校签约，为国际学生提供传统文化课程，帮助留学生更好地领略非物质文化遗产文化。厦门华侨大学华文学院在福建安溪设有茶文化实习实践基地，通过专业实习让学生了解中国国情与传统文化。

新疆首个外国留学生文化实践基地设在乌鲁木齐市古文化遗址老君庙。吉尔吉斯斯坦学生达尼亚尔说，通过在老君庙前手持道德经诵读经典语录等活动，自己不但能够更加了解中国，还能明白感悟许多人生哲理。

山东大学中华传统文化研究与体验基地创建于2011年，基地由孔子学院总部/国家汉办与山东大学共同建设，是中国高校唯

——所集文化体验与教学、人才培养与培训、理论探索与研究于一体的综合性教学科研机构。基地坐落在山东大学中心校区，建设面积2600平方米。设有中华文化体验馆，涵盖体验与教学、资源与网络、课程与模块等系统，借助现代科技实现文化体验、文化教学和文化传播三大功能。

图9-1　第一作者（左一）在山东大学传统文化研究与体验基地参观

三、网络文化活动资源

随着互联网技术的迅猛发展，网络文化活动资源的种类和形式日益丰富，为文化教学和文化传播提供了多样化的素材。网络数字资源作为当代文化传播的重要载体，极大地拓展了文化教学的资源库（柴玥、郭慧琳，2023）。下面将探讨几种主要的网络文化活动资源，并分析其在文化传播活动中的应用和价值。

文化短视频。文化短视频作为近年来在社交媒体平台上备受欢迎的传播形式，通过创意剪辑和配音解说等手法，将复杂的文化内容简洁明了地呈现给观众（相关网络媒介传播路径详见第二章）。这种形式不仅能够快速传递中华文化的精髓，还能灵活地融入各种文化传播活动，从而提升文化活动的效果和参与度。

在线文化活动。这类活动通过互联网平台，包括线上展览、工作坊、讲座等，使全球观众能够随时随地参与其中。例如，利用虚拟现实（VR）技术，观众可以在线参观中国的历史文化遗址和博物馆，身临其境地感受中华文化。此外，社交媒体平台上的直播活动能够实时互动，可以增加观众的参与感和沉浸感。

文化IP打造。在文化传播过程中，文化IP的打造起着重要作用。将历史人物、传统节日、非物质文化遗产等具有代表性的文化元素转化为易于网络传播的符号或形象，可以增强中华文化的辨识度和吸引力。例如将中国传统节日制作成动画片或游戏，能够吸引更多年轻人关注和学习中华文化。

网络文化活动资源的多样化和丰富性为文化教学和文化传播提供了广阔的空间和可能性。此外，文化资源的创新开发离不开数智化技术的创新，如利用大数据技术分析观众的兴趣与行为，可以精准推送个性化的文化学习方案。

总体而言，文化活动资源是多元化的体系，是一个系统工程。资源的开发利用是一个综合性和策略性的过程，涉及多方面的考量和实施。目前相关的研究较为薄弱，应加强文化资源的整合和利用，充分发挥各类资源的作用，促进中华文化传播活动的顺利开展。

主要参考文献

1. 柴玥、郭慧琳：《孔子学院抖音短视频传播内容研究》，《西部广播电视》，2023年第44期。
2. 陈婷婷：《第二语言课堂教学环境中的可提供性》，《海外华文教育》，2017年第11期。

3. 陈为春：《美国孔子学院文化活动的创新与发展》,《科技文汇》,2015第9期。
4. 贺怡然：《MTCSOL硕士在美国小学情境下的教师胜任力研究——基于对美国OIIP项目汉语实习教师的调查研究》,中央民族大学硕士学位论文,2014。
5. 贺怡然、田艳：《对美国小学汉语教学社区资源整合与利用问题的思考——基于对美国OIIP项目汉语实习教师的实地调查》,《汉语国际传播研究》,2014年第2期。
6. 胡清：《西安市语言景观在对外汉语教学中的作用研究》,长安大学硕士学位论文,2022。
7. 黄晓颖：《对外汉语教学中隐性课程的开发》,《汉语学习》,2011年第2期。
8. 黎妮、李冬：《拉丁美洲西班牙语国家孔子学院语言景观构建原则研究》,《世界教育信息》,2021年第34期。
9. 李泉、孙莹：《中国文化教学新思路：内容当地化,方法故事化》,《语言文字应用》,2023年第1期。
10. 李宇明：《国际中文教育的当地化问题》,《南开语言学刊》,2022年第2期。
11. 任文雨：《泰国曼谷地区语言景观及其汉语使用情况研究》,华侨大学硕士学位论文,2019。
12. 尚国文：《语言景观与语言教学：从资源到工具》,《语言战略研究》,2017年第2期。
13. 苏艺：《语言景观作为泰国汉语教学资源的调查与教学设计研究》,上海师范大学硕士学位论文,2021。
14. 孙毅明：《传统文化资源在环境创设活动中的选择与应用》,《文化产业》,2022年第27期。
15. 田艳：《关于语言实践活动的总体构想》,《北京地区第三届留学生教育学术研讨会论文选》，北京大学出版社，2004。

16. 田艳：《发挥民族优势，开展留学生教育》，《新疆教育学院学报》，2009年第3期。

17. 田艳、贺怡然：《本科留学生语言文化实践教学体系的建立》，载《加强教学建设 提高人才培养质量——中央民族大学本科教学研究（第十四辑）》，中央民族大学出版社，2013。

18. 田艳、王伟：《对外国留学生语言实践汇报演出的分析与思考》，《汉语国际传播研究》，2013第1期。

19. 王琰皓：《汉语国际教学视角下高校周边商业店名的调查与思考》，中央民族大学硕士学位论文，2017。

20. 吴维煊：《校园环境文化：隐形课程中的立体教科书》，《中国教师》，2012年第23期。

21. 吴瑛：《基于五国孔子学院文化传播效果的考察》，《中国社会学报》，2019年第9期。

22. 吴应辉：《汉语国际教育面临的若干理论与实践问题》，《云南师范大学学报（哲学社会科学版）》，2016年第1期。

23. 杨佩美：《语言景观作为汉语二语教学资源的应用研究》，广东外语外贸大学硕士学位论文，2022。

24. 张瀚文：《语言景观对国际学生汉语学习的影响研究》，辽宁师范大学硕士学位论文，2018。

25. 张齐红、田艳、贺赟：《国际中文教育视域下海外中文语言景观调查研究——以爱丁堡大学周边商铺调查为例》，《Teaching Chinese as a Foreign Language in the New Normal Cross-Disciplinary Theory and Practice: Applied Chinese Language Studies XIII》，华语教学出版社伦敦分社，2024。

26. 赵金铭：《教学环境与汉语教材》，《世界汉语教学》，2009年第2期。

27. 赵杨:《"特殊性"与汉语国际推广中的"三教"问题》,《世界汉语教学》,2014年第4期。

28. Hewitt-Bradshaw, I.: Lingustic landscaping as a language learning and literacy resource in Caribbean Creole contexts. Paper presented at Biennial Conference of the UWI Schools of Education. Barbados, West Indies, 2013.

第十章　中华文化传播活动能力培养

随着中华文化全球传播进程的加快,对具备较强文化传播能力的组织者和中文教师的需求愈加迫切。然而,当前文化传播能力研究主要集中在国家层面,缺乏对职前中文教师,尤其是国际中文教育硕士在中华文化传播活动组织实施能力培养的系统研究。本章基于对中华文化传播活动重要性的分析,结合国际中文教育硕士的培养目标,从组织协调、文案写作、英语传播及资源利用四个方面阐述中华文化传播能力的具体培养。

第一节　能力培养的重要性

一、中华文化传播人才较为匮乏

2017年,许嘉璐教授在"中华文化与世界文明"论坛上进行了题为《当今世界文明格局下的中华文化》的主旨演讲,指出中华文化对外传播的最大挑战在于人才的缺失[①]。2021年,教育部发

---

① 信息来源:《许嘉璐谈中华文化对外传播:最大难点是人才缺失》,https://news.dahe.cn/2017/09-23/184820.html

布了《关于高等学校加快"双一流"建设的指导意见》,明确提出高校要"服务国家战略需求,培养急需紧缺人才",其中包括传承和传播中华优秀文化的相关人才。

中华文化传播活动的持续推进使得相关人才的培养愈发迫切。从数量上来看,我国派出的志愿者教师和公派教师远不能满足对象国汉语教学和文化传播的需求。这些派出的教师在中华文化传播能力方面也存在不足(马晓娜,2021;闫亚平、魏新强,2024),这直接限制了中华文化的有效传播(曲慧敏,2012)。与此同时,海外本土教师的数量极为有限,教学能力良莠不齐,其文化传播能力也不尽乐观。

二、国际中文教育硕士培养方案提出要求

2007年,为顺应国家语言文化推广需求,教育部创建了汉语国际教育硕士专业学位点(后改为国际中文教育硕士,以下简称"汉教硕士"),并发布培养方案。2009年,开始招收第一批汉教硕士。2012年,又开设了汉语国际教育本科专业。目前,全国开设国际中文教育专业的高校已达近150所。十余年来,该专业培养学生超过十万人,成为中国语言文化传播的重要力量。

《汉语国际教育专业本科生培养方案》及《汉语国际教育专业硕士培养方案》指出,在培养汉语教学技能的同时,也应高度注重培养良好的文化传播能力,使学生具有较高的中华文化素养以及语言文化国际推广项目的管理与组织能力。本科培养方案还特别提出了要"培养汉语、英语双语知识和实际运用能力"的要求。

国际中文教育硕士是国际中文教师的重要储备人才,属于职前汉语教师。针对汉教硕士进行的中华文化传播能力的培养,符合其培养目标和培养模式,可以为其今后从事中华文化传播工作打下良好基础（郭宪春、何洪霞，2017）。

三、中华文化传播课程设置有待完善

目前，汉教硕士中华文化传播能力的培养主要是依托课程培养。然而，通过对获得全国国际中文教育专业A-以上评估等级的高校的调查发现，大多数学校的中华文化传播课程仍以知识讲解为主，虽然部分高校也涵盖了文化教学设计和才艺培养的内容，但整体上对中华文化传播活动能力的培养仍然十分忽视。因此，即便完成了相关课程的学习，汉教硕士们仍难以对中华文化传播活动及其框架形成全面的认识。此外，相当多的高校未能从能力提升的角度给予足够的指导，也缺乏模拟实践的机会。可以说，现有的中华文化传播人才培养模式与实际需求标准之间仍存在显著差距。

本文第一作者自2011年以来一直为汉教硕士开设"中华文化传播"课程，并专门将其中的12课时用于中华文化传播活动组织实施能力的培养。课程面向实际应用，着眼能力提升，采用课程学习与课外实践相结合的方式进行文化传播能力的培养。同时作者在多年的文化活动及赛事指导实践中积累了大量的理论和实践经验。下文就结合作者多年来的积累，对"组织协调能力""文案写作能力""英语传播能力""资源利用能力"的培养进行具体阐释。

第二节 组织协调能力的培养[①]

组织协调能力是指根据活动目标细化任务，协调各方有序参与活动过程，从而实现任务目标的能力。本节以"北京市外国留学生汉语之星大赛"（以下简称"汉语之星大赛"）为例，结合作者培训实践，从赛事准备阶段、模拟培训阶段和实战参与阶段三个层面，探讨如何培养汉教硕士文化赛事组织与培训能力。[②]

一、赛前准备阶段

这一阶段可分为三个步骤：培养汉教硕士中华才艺、组建专门赛事培训团队、解析赛事意义与赛事规则。

（一）培养汉教硕士中华才艺

汉教硕士中华才艺能力是组织语言文化赛事、培训留学生参赛选手的重要保障。在招生面试阶段，作者所在高校对汉教硕士的中华才艺高度重视。入学后，学校通过聘请专业才艺教师（如太极拳、民族舞蹈等）进行指导，进一步强化其才艺能力。在才艺课程结束前，学院会组织才艺展示与比赛，成绩按比例计入总成绩。此外，学院鼓励汉教硕士积极参与国际学生中华文化传播

[①] 本节写作部分内容参考了田艳：《关于汉语国际教育硕士语言文化赛事组织与培训能力的培养——以"北京市外国留学生汉语之星大赛"为例》，《汉语国际传播研究》第1期，(2017)。

[②] 汉语之星大赛全称"北京外国留学生汉语之星大赛"，创办于2009年，由北京市教委主办，北京市汉语国际推广中心、北京汉语网承办，是面向北京市来华留学生开展的赛事。本研究第一作者曾指导汉教硕士团队辅导留学生参赛，并因培养出多位"汉语之星"而数次获得北京市教委颁发的"优秀指导教师奖"。在本小节，本研究第一作者同时兼有课程主讲教师及汉教硕士实践培训教师的多重身份。

活动的辅导工作。例如，作者所在大学定期举办留学生语言文化实践汇报展演，并鼓励汉教硕士参与展演的指导工作，为他们提供了文化传播活动能力的实践平台（田艳、王伟，2013）。

（二）组建专门赛事培训团队

国际学生文化传播活动的组织和培训机构需整合各方力量，充分发挥各方作用。培训团队由负责留学生工作的管理部门（如分管国际学生工作的副院长及办公室负责人）、具有培训专长的专职教师（课程主讲教师）及汉教硕士共同组成培训团队。团队组织架构如图10-1所示（田艳，2013）。

图10-1　国际学生语言文化赛事培训组织架构

管理部门负责统筹各方，制定整体培训方案；培训教师则负责参赛内容的策划和设计。针对不同类型的赛事，团队还会安排具有特长（如整体设计、朗诵、表演、才艺指导）的汉教硕士协助培训教师完成具体的培训任务。例如，在第五届汉语之星大赛中，我们为进入决赛的日本学生配备了朗诵和形体指导的汉教硕士，并在视频制作、配乐及风格设定方面对日本学生进行针对性的培训。最终，该学生在决赛中获得了北京市"留学生十大汉语之星"的荣誉。

（三）解析赛事意义和赛事规则

赛前，汉教硕士需要充分了解语言文化赛事的意义、特点及基本程序。每届汉语之星大赛的参与学校多达六七十所，来自几十个国家的报名者近千人。可以说，该项赛事是北京市来华留学生以个人形式参赛的级别最高、人数最多、规模最大的综合类赛事，也是反映北京市高校总体汉语教学水平的"团体赛"。了解赛事的规格和重要性，有助于汉教硕士更快地进入角色，为赛事组织工作做好充分准备。

二、模拟训练阶段

模拟训练是指根据赛事的特点和规则，在赛前进行有针对性的训练。

教师讲解分析。主讲教师结合自己多年来对留学生语言文化赛事的培训经验及往届汉语之星大赛培训案例，进行课堂讲解。例如，选取比赛中《格老三在清华》《我的功夫梦想》等优秀视频参赛作品，对其主题、语言风格、舞台表现、视频拍摄技巧等进行分析，并引导汉教硕士分组讨论。

硕士汇报展示。讲解结束后，汉教硕士有一到两周的时间分组进行准备，并在课上进行汇报展示。展示内容紧紧围绕往届大赛的题型，突出赛事重点，进行模拟训练。具体内容包括赛事分析类、口语表达类以及视频制作类。汇报展示结束后，各组推举代表阐释本组创作思路和设计理念。经过汇报与展示的模拟训练阶段，汉教硕士各方面的能力均得到了锻炼。

三、实战参与阶段

在汉语之星大赛举办的两个月的过程中，带领汉教硕士全面参与到比赛的各个环节，对参赛留学生选手进行真实的培训和辅导。

（一）根据赛事安排，突出各阶段重点

"汉语之星"大赛分为四到五个阶段，每个阶段的任务重点不同。

海选阶段，汉教硕士的主要职责是协助学校保证赛事组织工作的顺利进行。具体工作包括赛前宣传和推广、布置海选分会场、张贴比赛通知及制作评分表等材料；比赛过程中，汉教硕士帮助参赛选手了解比赛规则；比赛结束后，计算出打分结果，协助评委教师选出晋级选手，整理相关材料上报。这一阶段汉教硕士主要负责组织协调工作，没有实质性的指导任务。

初赛阶段，汉教硕士开始参与赛事的培训与指导。例如在"串词讲故事"环节，主讲教师安排汉教硕士帮助参赛选手掌握词语意义和使用要领，并为选手提供实例。主讲教师还带领汉教硕士对选手的参赛技巧进行培训，如建议将重点词语放在故事的前半部分，以避免到故事结尾时由于慌乱而忘记使用关键词语。

复赛和半决赛阶段，选手需要提交视频作品。在制作视频前，主讲教师会与汉教硕士及留学生选手共同确定拍摄主题和风格，并将拍摄画面和台词以表格形式确定下来。汉教硕士协助甚至全程参与视频的拍摄和制作。

决赛阶段是最为重要的阶段，主讲教师带领汉教硕士全力投入。掌握每个阶段的工作重点，才能更好地发挥组织与培训的作用。

（二）根据赛事规则，进行针对性准备

在培训选手时，主讲教师带领汉教硕士主要从以下四个方面进行考虑。

作品原创性。原创和自编的节目会受到评委格外的青睐。教

师引导留学生选手阐述自己对于题目任务的理解，并提供自己的经历和故事。随后团队对选手的原始素材进行提炼、修改，最终形成作品；语言难度。语言难度体现选手汉语实力，切忌替选手直接写好表演台词，这样会使选手在比赛中出现不适应的情况，也会降低比赛的真实性；表演能力。由于绝大多数国际学生并非表演专业出身，因此舞台的表现诸如发声、形体、仪态等都要细致地训练、演练；服装造型。赛事是以舞台表演作为呈现方式的文化活动，因此选手的服装造型方面也不能忽视。

主讲教师还要带领汉教硕士针对所有比赛任务对参赛选手进行多次的演练。例如，针对复赛阶段评委的现场提问，组织汉教硕士提前对参赛选手进行集中培训，训练选手的反应能力和应变能力。再如，针对"情境应对"辩论题，主讲教师带领汉教硕士赛前就组委会所给的话题逐一进行讨论，然后与参赛选手进行模拟辩论。

（三）挖掘选手气质，打造个性化风格

除了在汉语表达能力、文化理解能力及才艺表演方面进行培训外，还应高度重视挖掘选手的个性化特色，打造选手独特的风格。

例如，在第二届汉语之星大赛决赛的第一环节"我和北京"主题演讲中，主讲教师和汉教硕士团队为吉尔吉斯斯坦的拉福山同学围绕"一个故事，四代相传"的主题，确定了深沉厚重的风格，获得了评委的高度评价。最终，拉福山同学以全场最高分的成绩领先，为最后的夺冠奠定了基础。第一环节的题目是扮演一个中国人物，主讲教师带领团队为拉福山确定的角色是诗人余光中。因为拉福山同学气质沉稳、发音纯正、情感深沉，与余光中十分契合。

又如在第四届比赛决赛"真实故事动人心"环节中，主讲教师和汉教硕士团队通过与伊朗学生的多次访谈和沟通，结合她的独特经历，为她设计了"跨越伊朗和中国的爱"的主题，述说了她和爱人"源自伊朗、扎根中国"的感人爱情故事。此外，团队为哈萨克斯坦选手提炼了《冼星海和哈萨克斯坦的情缘》，讲述了中国音乐家冼星海在哈萨克斯坦一段鲜为人知又感人至深的故事。这两位选手的深情讲述和优异表现，使她们在众多参赛选手中脱颖而出，同时获得了"汉语之星"称号。

此外，其他一些文化活动，如汉语角的开展也需要组织者具备多方面的能力，如设计选题、内容，组织实施实践活动，了解语言和文化相关知识，还需要了解活动群体的个性特征、学习需求和时间安排等内涵（陈朝、李娜，2016）。在实践中参与文化活动的组织设计对于汉教硕士能力和素质的提升无疑颇为有益。

第三节　文案书写能力的培养

一、文案写作能力的重要性
（一）文案写作适用范围广泛

文案写作能力在中华文化传播活动中发挥着关键作用，文案写作的水平在某种程度上关系到活动传播的效果。文案内容涉及较为广泛，如活动策划书、宣传材料、新闻稿件、海报制作、解说词、主持词、颁奖词、活动总结汇报等，还包括对国际学生各类庆典仪式的发言稿、演讲稿、朗诵文本进行打磨，帮助孔子学院院长撰写活动发言稿、开幕式致辞等。

（二）语体风格较为独特

由于中华文化传播活动多涉及国际化的场景，且往往较为正式，因此文本文案要求规范、严谨，符合特定要求。

此外，越来越多的国际学生在高校的开学典礼、毕业仪式、运动会开幕式等重大校园活动中被邀请作为代表发言，分享他们选择中国、热爱中国以及在中国成长的精彩故事。帮助、指导他们撰写这些发言稿时，需要考虑文化、政治、国际关系等多方面因素，确保表述准确规范。

（三）专门训练机会相对稀少

目前，针对中华文化传播活动的文案写作训练机会较为稀少，相关文案多数集中于孔子学院内部，通常不对外公开。留学生管理部门也存有部分文件，但一般不用于教学。一些组织活动经验丰富的教师在实践中积累了一定的文案，但一般限于个人使用，因此难以获取。调查中，也很少见到在中华文化传播课程中对汉教硕士文案写作进行的训练。

二、文案书写能力培养方式

由于国际中文教育硕士在海外举办文化传播活动时也常需进行文案写作，因此需要在课程中进行专门培训。汉教硕士的文案书写能力培养应以实际活动需求为导向，逐步提升。以下是具体的培养方式。

设置文案写作环节。在中华文化传播课程中设置专门的文案写作环节，针对活动策划书、宣传文案等实际应用文体裁的写作进行培训。写作环节分为课堂讲解 — 模拟写作 — 点评修改 — 实战写作 — 打磨修改等步骤。

进行文本案例分析。通过实际案例分析，帮助学生理解不同类型文案的写作要求和技巧。本研究的第一作者多次为国际学生撰写并打磨全校毕业典礼的发言稿，如2014年泰国硕士毕业生、2018年日本硕士毕业生、2023年柬埔寨本科毕业生和2024年乌兹别克斯坦硕士毕业生。这些稿件的初稿由国际学生本人撰写，作者随后指导他们进行5—7次的修改和打磨。

主讲教师将发言稿文本的修改过程展示给国际中文教育硕士作为案例进行分析，学生则讨论并分析稿件打磨的原则和方向，理解发言稿的立意、结构、语言表达和文化因素的嵌入。经过多轮培训，国际中文教育硕士的文案写作水平得到了显著提升。

文本写作实战训练。主讲教师运用海外孔子学院真实具体的写作任务，通过实战提升汉教硕士的文案写作能力。如撰写国际文化节解说词、端午节龙舟活动策划书等。在学生撰写过程中，教师提供写作指导，包括基本信息、写作方向和注意事项。通过实际活动的效果评估，反思和总结文案写作的经验和不足。

三、文案写作案例分析——中秋节晚会策划书

主讲教师以中秋节晚会为例，指导汉教硕士进行策划书文案的书写。撰写之前，启发汉教硕士思考几个关键问题：1）策划书通常由哪些部分组成？2）中秋节活动需要体现哪些特色？3）策划书语言风格如何体现？随后，教师将中秋节策划书范本提供给学生进行讨论并模仿写作。范本如下：

（一）项目目标

在中国的传统节日中秋节，通过文艺晚会的形式宣传中国传统文化，介绍中秋节所承载的文化内涵。项目一方面可以增进两国人民之间的友谊和互相了解，另一方面可以激发学生对汉语学习和中国文化的兴趣。

（二）项目内容

计划在中秋节当晚，在AB孔子学院合作大学礼堂举行中秋节晚会。晚会将以"月亮"为主线，通过诗歌朗诵、中秋歌舞、民乐演奏、猜灯谜等形式，介绍中秋节

承载的文化内涵。本次晚会将免费服务于全校师生和本地社区居民，预计观众将达到300人。校方支持场租费2200美元。

（三）项目负责人：AB孔子学院外方院长、中方院长

（四）活动时间及地点：中秋节、大学礼堂

（五）前期的准备工作

1. 撰写申报活动方案；
2. 征集准备晚会节目；
3. 制作宣传页和海报，联系媒体；
4. 确定特邀人员，设计并寄发活动请柬；
5. 采购活动物资；
6. 撰写新闻资料和新闻报道；
7. 落实布置晚会场所（包括装饰、灯光、音响等）；
8. 准备摄影器材；
9. 提前进行晚会走场彩排。

（六）晚会现场人员安排及分工

1. 主持人两名（男、女各一位）；
2. 礼仪四名；
3. 会场音响及电脑设备管理员两名；
4. 摄影两名。

（七）活动流程

1. 来宾进场：18:30点开始，来宾陆续进入会场。
2. 开序幕：19:00播放代表中秋节的歌曲《但愿人长久》，拉开晚会序幕。
3. 介绍节日：主持人通过歌曲引入主题并开启活动。伴随着悠扬的古琴介绍中秋节的来历。

4.嘉宾致辞：现任AB大学董事长及中国驻外领事馆总领事简短致辞。

5.正式演出：19:20进入晚会表演阶段。孔院学生朗诵与"月亮"相关的诗歌。孔院老师、当地华人及孔院学生用古筝、古琴、二胡等民族乐器表演与"月亮"和中秋节相关的乐曲。孔院学生及老师演唱与"月亮"相关的歌曲并表演民族舞蹈。最后进行中秋灯谜和中秋节相关知识小问答，猜对或答对者有奖。

6.集体合影：演职人员与领导上台合影留念。

（八）经费预算

1.人员费

临时聘用学生志愿者3人负责活动现场的布置、招待、协调工作。工作时间10小时，按当地临时人员劳务标准18美元/小时，共计540美元。

2.活动费用

1）装饰物：准备具有中国特色的文化装饰物（如中国结等）装饰活动现场，共计300美元。

2）学校礼堂租金：布置会场一天，演出一天，共计两天。该礼堂租金标准为1000美元/天，由大学承担。

3）广告费：在当地两家主流媒体投放广告，每家媒体广告费用约500美元，共1000美元。

4）来宾请柬制作：100张，每张1美元，共计100美元。

5）灯谜小奖品：25份，每份3美元，共计75美元。

（九）后续工作

整理活动文字和图片、向上级提交新闻稿、工作总结和效果反馈。

限于篇幅，本节仅限于探讨中秋节策划书的文案写作。通过系统的课程设置、案例分析、实战训练，可以有效提高其文案书写水平，从而全面提高他们在文化传播活动中的整体素质。

第四节　外语传播能力的培养[①]

近些年，讲好中国故事成为开展中华文化传播活动的特殊要求。习近平总书记在多个场合强调讲好中国故事的重要性，指出这是国际传播的最佳方式。因此，要用讲故事的高水平促进中华文明高质量的传播（石雪、朱国栋，2023）。

开展中华文化传播活动需要具有外语能力的高素质传播人才。英语是国际交流中使用频率最高的语言，用世界能听懂的语言、能理解并接受的方式讲述好中国故事，有利于在更广阔的范围内加强情感认同和文化感知。随着国际形势的不断发展以及文化传播需求的不断增加，运用英语传讲中国故事的能力愈发受到关注。但总体上国际中文教育领域这类国际传播人才仍较为缺乏。本节以"讲好中国故事"为着眼点，探究职前中文教师用英语传播中华文化能力的培养。

一、能力框架设置

（一）能力框架构成

关于用英语传播中国故事的能力，学界并未给出明确界定。通过对关键词语的分析，我们认为该能力包含三个子能力：英语

[①] 本节部分内容参照了田艳、贺赟、张齐红：《高校学生用英语传播中国故事能力培养路径探究——以汉语国际教育专业为例》，《职业教育》第2期，(2024)。

表达能力、故事设计能力以及文化传播能力，如图10-2。

英语表达能力 → 故事设计能力 → 文化传播能力

图10-2 "用英语传播中国故事"能力框架构成

英语表达能力，指用英语准确、得体传达信息的能力，包括口语表达能力（如日常表达、演讲与辩论等）及书面表达能力；故事设计能力，指故事的题材选取、思路设计、文本撰写、最终呈现等能力，该能力直接关系到传播内容的质量；文化传播能力，指能够针对不同的传播对象，选择合宜的传播内容，运用恰当的传播手段、组织恰当的传播活动，使传播效果最大化的综合能力。

（二）研究调查情况

研究运用实地调查法、访谈调查法及自我课堂观察法对北京市高校学生用英语传播中国故事能力的培养路径进行探究。首先，对北京大学、北京师范大学、中央民族大学、北京语言大学等8所学校专业培养方案进行调查，对其中12名汉语国际教育专业学生进行了线上访谈，转写访谈数据10652字。随后，对本文第一作者承担的3门文化和文化传播课程进行了共3个学期的课堂自我观察，撰写前期调查报告3500字。此外，本研究第一作者指导汉教硕士参加全国范围内的用英语讲中国故事比赛两次，收集比赛通知两则（含比赛主题、评分标准等），撰写反思日志两篇。全部调查共获得培养方案、教学计划、教案、教学反馈、反思日志、学生展示作品课件及视频等20余份文本数据。

基于上述数据，提出围绕用英语传播中国故事的能力应从"课程性培养"和"实践性演练"两个方面展开。

二、课程性培养

课程性培养是能力培养的重要途径之一，是学生思维成长和分析问题能力得到提高的重要途径。

（一）外语表达能力的课程性培养

汉语国际教育专业的学生虽然具有一定的英语基础，但英语的实际应用能力仍较为欠缺，尤其是在用英语表述中国文化、传播中华文化时仍存在诸多问题和阻碍，如中华文化词汇量少、内容传达单薄、缺乏对中国文化的理解与认知等问题。

调查的8所学校面向汉教硕士开设的英语课程均为综合英语、学术英语及专业英语等。课程更多关注的是常规英语语言要素和技能培养，如英语阅读、英语写作等，尤其注重阅读能力的提高。教学内容虽涉及社会、文化、科学各个方面，但跟汉语国际教育直接关联的教学内容并不多，专门针对中国文化教学的英语教材更是几乎没有，中华文化传播及传讲中国故事的内容十分欠缺。

对照英语专业学生的培养也可以看出端倪。很多英语专业毕业生即便学习过西方文学史、中国文化史，通过了英语专业八级考试，也无法准确得体地讲述中国故事。同样，对于汉语国际教育专业的学生，即使专业方面的英语能力很强，很多情况下也并不能很好地用英语传讲中国故事。

基于此，我们对英语表达能力的培养提出如下建议。一是课程内容注重提高专业相关度：由大类英语转向本专业内容，如增加中国文化知识的输入、增补中国故事的相关内容等。二是课程内容注重口头及书面输出能力的培养：增加高阶学习翻译、演讲与辩论等内容，加强故事文本撰写能力。

（二）故事设计能力的课程性培养

该能力主要包括故事题材选取、构建故事、文本撰写、口头讲述等。在所调查的学校中,汉语国际教育专业开设的英语课程中,均缺乏传讲中国故事能力的相关培养。我们认为,即使无法开设单独的课程,也可以在现有课程中增加相关环节。大致做好以下三个方面的工作。

选取能够体现中国价值的故事题材。讲述中国故事必须在全球化的语境中激活中国传统叙事资源,并寻找其中"变化的动因和恒久的因素",才能让每一个中国故事都种在人类的灵魂深处。如何在浩如烟海的故事中筛选出代表中华文化精华的故事,体现中国民族精神和时代精神的故事,以及借助何种形式的中国文化作为切入点以连接不同背景的文化,都需要课程性的培养。故事题材应突出中国特色、体现中国精神、展现中国智慧。详见图10-3:

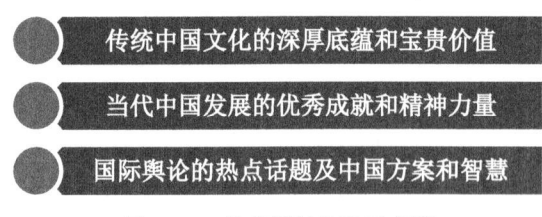

- 传统中国文化的深厚底蕴和宝贵价值
- 当代中国发展的优秀成就和精神力量
- 国际舆论的热点话题及中国方案和智慧

图 10-3 故事题材选取示意图

加强故事构建能力。好的中国故事设计通过文化共性唤起共鸣,再巧妙加入中国个性,在潜移默化中达成传播效果。因此,故事设计能力涉及思路构建、结构把握、文本撰写、口头讲述等多种能力。这些能力均需在课程教师的指导下得以提高。

提升学生打磨故事文本的写作能力。尽管汉语国际教育专业学生已具备一定的文字写作能力,但是故事文本落到字面上仍需字斟句酌。一般至少需要打磨 5—7 遍,才能形成文从字顺、贯通一体的感人故事。

指导学生把握口头讲述故事的情绪、情感和情怀。好的故事应该有故事情节，有生活情绪，有人物情感，有家国情怀。情节之上是情绪，情绪之上是情感，而情感之上是情怀。有情有爱的故事才会引起人们的思考、行动和改变。

（三）文化传播能力的课程性培养

讲好中国故事的高素质传播人才需要文化的知识与实践、传播的技巧与能力。根据汉语国际教育本硕培养方案，目前文化类核心课程主要有《跨文化交际》《中华文化传播》。根据对8所学校的调查，《中华文化传播》课程内容多为中华文化本体、中西文化对比等，至于文化传播形式、传播途径、传播受众等则少有介绍，运用多种渠道采取合宜方式进行文化传播能力的训练更是十分少见。以B大学为例，中华文化与传播课程安排了如下内容，包括：中国宗教与思想、中国文学与艺术、中国民俗文化与地理、中国古代科技与中医等。当然，该课程也增设了中华文化传播的基本原理与案例分析、中华文化传播项目策划等内容。但内容占比仍十分微小，且与中国故事传播能力培养的相关内容则几乎没有。因此，有必要从以下几方面对课程加以建设。

首先，增强学生对不同传播受众群体的把握能力。不同受众群体的文化心理、思维方式不同，加之地域经济方面存在差异，所能接受的故事以及传讲故事的平台也存在着很大的差异性。因此，要认识不同受众文化特性及媒介环境的差异，研究掌握各国受众兴趣分布、信息选择等方面的特点，培养学生针对不同受众群体传讲故事的判断力和能力。

其次，增强汉教硕士对传播途径的运用能力。在坚持传统传播路径的同时必须看到，随着互联网科技的发展普及，抖音、微博、哔哩哔哩、小红书等各大时代媒体已成为新的话语平台。这些具有开放性、交互性和多元化的新媒体平台受到了广大年轻人的欢迎，是传讲中国故事的绝佳途径。当然，随着传播路径的拓展，对新媒体技术资源的使用（如视频拍摄与制作等）能力与驾驭能力成为值得关注的能力。因此，教师在这方面首先自身要获得提升，并在课堂上教授和训练学生，以丰富中国故事传讲的可视化呈现。

三、实践性演练

在课程性培养和课外形成性展示的基础上，带领汉教硕士参加实践性演练，即在相对真实的环境中，进行用英语传讲中国故事的演练。目前这种实践性演练一般在比赛与竞赛中进行。这类活动可以在校园范围内进行，也可以打破高校的区域限制，由相关权威部门负责组织安排。

（一）英语类赛事

目前较为权威的考察用英语传讲中国故事能力的赛事有"外研社杯全国大学生英语竞赛""21世纪杯英语演讲比赛"及"全国大学生英语竞赛"等。

近几年全国性大学生英语比赛的主题逐渐关注中国故事的讲述。以外研社杯全国大学生英语竞赛为例，2020年的写作比赛要求选手从《西游记》的四个主人公中选择一个角色，以第一人称讲述西天取经途中的故事；2021年的比赛主题为"红星照耀中国"，要求学生讲述未完待续的红星故事。

当然，这类比赛考察的重点仍是学生的语言能力以及对时代主题、典型人物的理解，也考察思辨能力和跨文化交际能力，而非讲述中国故事本身。比如，"21世纪杯英语演讲比赛"虽然已开始探讨传承红色基因等中国故事，但重点考察的是学生的英语语言能力，只是在很小的程度上考察选手故事讲述能力和文化传播能力。这对于培养汉语国际教育专业学生用英语讲述中国故事能力来说，尚远远不够。因此，今后可以增加传讲中国故事的专题系列比赛。

（二）综合类与文化类赛事

汉语国际教育专业领域综合类赛事不断增加。大型赛事有"中学西渐杯"全国汉语国际教学综合技能大赛、全国研究生"唐风汉语"微课大赛等，这两大比赛主要是考查学生的汉语教学能力。"中学西渐"设置演讲环节，"唐风汉语"赛事也有文化微课作品，涉及了一点文化传播的内容。全国汉教硕士"汉教英雄会"作为综合赛事，考察课堂教学能力和文化传播能力，在演讲等环节也考查学生用汉语讲述中国故事的能力。今后应该面向汉语国际教育专业硕士设置英语为媒介语的专项的讲好中国故事比赛。

第五节　资源利用能力的培养

加强对社区内汉语文化资源的整合是将中华文化传播活动融入教育情境的重要一环。这不仅有助于缓解海外非母语教学环境中文化资源相对匮乏的问题，还能显著提升文化活动在当地社区的影响力。

一、增设资源整合利用类课程

在国际中文教育硕士的培养过程中，课程设置是培养学生资源整合能力的关键。本研究的第一作者在课程设计中引入了相关环节，系统分析了社区文化资源及文化景观在文化活动中的作用，希望能使学生更贴近海外本土社区的背景环境，树立利用社区文化资源的整体观念。

此外，课程结合实际案例，展示如何将社区资源转化为教育资源。例如，通过分析社区图书馆、博物馆、文化中心等资源的利用方式，教导汉教硕士将这些资源有机地融入汉语教学和文化活动中。通过这类课程培养，学生能够更好地理解和应用资源整合的理论，为未来的实践打下坚实基础。

二、重视资源整合利用案例分析

实际案例分析是提升学生资源整合能力的重要手段。设置资源整合案例分析环节，对真实案例进行深入分析与讨论，可以帮助汉教硕士理解资源整合的具体操作和实际效果。例如，作者将在英国组织文化活动的成功案例分享给汉教硕士，并与他们探讨其中的资源整合策略和方法，从中总结出可供借鉴的经验。

此外，还应充分利用在海外各层次教育机构的国际中文教育毕业生或实习生资源，请他们将社区资源整合性任务通过网络进行汇总和分享。通过这种方式，国内的国际中文教育硕士可以参与讨论甚至提出实际建议，从而同步提升社区文化资源整合能力。

三、加强资源整合利用经验交流

经验交流是提升资源整合能力的重要途径。本研究第一作者曾多次邀请有经验的海外文化传播活动组织者为汉教硕士开设讲座或进行短期职前培训。通过这些活动，汉教硕士能够了解海外文化传播的具体操作和挑战，为未来有效利用社区资源做好准备。在鼓励汉教硕士"走出去"的同时，还应将海外文化活动组织者"请进来"，实现知识和经验的双向流动，帮助汉教硕士了解全球化背景下的文化传播策略。

四、融入当地社会文化教育情境

我们也鼓励汉教硕士在海外实习时积极融入当地教育背景，与各方人员沟通合作，主动收集社区资源和文化景观信息，并利用这些资源设计多样化并贴近当地实际的文化活动。例如，组织社区文化参观、文化讲座、手工艺制作等活动。

在能力培养过程中，理论与实践的结合至关重要。通过系统的课程设置，学生可以掌握资源整合的基本理论和方法。通过案例分析和经验交流，学生能不断提升实际操作能力和创新思维。通过参与活动或赛事的组织与实施，汉教硕士可以增强创新思维和解决问题的实际能力，从而灵活应对各种复杂情境。这些路径相互配合，形成能力培养的自我更新机制，为能力的提升提供持续保障。

主要参考文献

1. 陈朝、李娜:《基于对外汉语教学的图书馆汉语角活动研究》，《现代交际》，2016年第9期。
2. 郭宪春、何洪霞:《汉语国际教育职前教师文化能力培养研究》，《辽宁经济职业技术学院学报》，2017年第5期。
3. 马晓娜:《中华文化的域外传播能力探析——以国际汉语教师为视角》，《汉字文化》，2021年第5期。
4. 曲慧敏:《中华文化走出去战略研究》，山东师范大学博士学位论文，2012。
5. 石雪、朱国栋:《引领青年讲好"中国故事"，构建中华文明"大传播"体系》，《中国青年报》，2023年9月1日。
6. 田艳:《基于英国MTESOL课程体系对汉语国际教育硕士课程设置的思考》，《世界汉语教学》，2012年第2期。
7. 田艳:《对来华外国留学生语言文化赛事的分析与思考——

中央民族大学为例》,《民族教育研究》,2013年第3期。

8. 田艳:《关于汉语国际教育硕士语言文化赛事组织与培训能力的培养——以"北京市外国留学生汉语之星大赛"为例》,《汉语国际传播研究》,2017年第1期。

9. 田艳、贺赟、张齐红:《高校学生用英语传播中国故事能力培养路径探究——以汉语国际教育专业为例》,《职业教育》,2024年第2期。

10. 王路江:《中国大学教育与中国文化传播》,《中国文化研究》,2005年第1期。

11. 闫亚平、魏新强:《国际中文教师中华文化本土化传播能力培养探索》,《管理工程师》,2024年第4期。

第十一章　总结与思考

新时代中华文化传播活动的开展任重而道远，需要运用系统思维、动态思维，加强整体布局，进行总体设计。

本研究在前述各章的基础上，对国际中文教育视阈下的中华文化传播活动进行整合性的反思。提出"五位一体"发展思路：站位提升、分众发展、本土面向、人才培育、路径拓展。

第一节　站位提升：建立文化传播活动的使命感

首先，必须从服务"人类命运共同体"建设的高度来审视中华文化的全球传播。"人类命运共同体"是全人类发展的关切与"世界社会"对全球体系的审思，超越了国家本位而转向相互融通的整体价值观（贾文山、王琼，2023）。在此框架下，中华文化传播活动应突破传统的国家间传播模式，采用"再现、传播和转化"的多层次形式，推动中华文化走向全球各个国度和多元文化环境，以此促进不同文化的碰撞与交融，从而深化全球受众对中华文化的理解与认同。通过多维度的文化接触，展示中华文化的丰富性，进一步拓展文化传播的广度与深度。

其次，需将中华文化传播活动提升至国家战略的高度。正如法国前总统萨科齐所言："我们对于法国在海外的文化影响要给予最大的重视，因为这是我们的国家使命，也是我们所推崇的文化多样性的未来依托"（胡春燕，2013）。歌德学院作为德国最大的文化国际传播组织，已有90多年的历史，其使命是宣传德国文化，促进国际交流。这类文化组织的经验表明，文化传播活动对提升国家形象有着重要作用。通过有效的文化传播战略，可以塑造国际社会对中华文化的积极认知，因此制定具有前瞻性、全球化的文化传播理念至关重要。

此外，应充分利用国际中文教育这一广阔的中华文化推广平台。国际中文教育不仅是语言教学的单一传递，更是文化交流的重要渠道，也是实现"意通、情通、心通"的重要路径（柴如瑾等，2023）。中华文化传播活动正是基于这一平台，将中华文化的丰富内涵及人文魅力，从语言到历史、艺术和生活方式融入各国和各地区，向世界全面展现中华文化之美，以促进中外民心相通和文明互鉴（李宝贵，2018）。

从战略高度审视中华文化传播活动，能够赋予其更高的使命感和价值感。这可以为全球文化的多样性和共存共荣做出重要贡献，在推动中华文化走向世界的同时，也会促进全球受众在多元文化语境下的共鸣与共享。因此，持续推进中华文化的国际传播，是服务人类命运共同体建设的必然要求，也是实现中华民族伟大复兴的重要环节。

第二节 分众发展：挖掘文化传播活动的多向度

中华文化传播活动的发展受到诸多因素的影响，愈加呈现出分众化的特征，因此应以更有针对性、层次化的传播方式来影响不同的目标群体和地区。我们依据影响因素，对分众化发展现象进行了探究。

一、国际中文教育的发展程度

国际中文教育的发展程度在不同地区和教育体系中表现出显著的差异，成为分众化传播和多向度发展的重要依据。学者们对国际中文教育的阶段和类型进行了细致的研究，提出了不同的发展类型，包含"待发展型""起步型""成长型""乏力型""融入型"等多种类型（周德欢、吴应辉，2022）。这些划分反映了国际中文教育的发展程度，提示了文化传播活动可能的开展模式。以东南亚为例，该地区在经过密切的双边合作以及投入大量资源后，国际中文教育呈现显著的快速发展，成为中文教育最为成功的区域之一，而其文化传播活动也因这一基础得以大力推广（吴应辉、王睿昕，2021）。一般来说，在国际中文教育发展较为先进的区域，其汉语教师的数量和素质以及孔子学院的成熟度也较高，从而可以有力地推动中华文化传播活动的活跃开展。依据国际中文教育不同发展阶段实施文化传播活动，采取因地制宜的分众化策略，既符合受众需求，又能够扩大文化传播的效果。

二、文化距离的远近关系

文化距离影响着文化传播活动的接收难度和方式。文化距离代表了受众与中华文化的心理熟悉程度，根据两者在语言、习俗和价值观等多方面的差异程度，可以划分为低文化距离和高文化距离两大类。对于文化距离较低的国家，如越南和韩国，因其与中华文化有较深的历史渊源，深受儒家文化的影响，文化传播活动的阻力就较为弱化。在此类地区，传播活动可以深入地展开（田艳、谭斌，2021）。而在文化距离较高的地区，则需要逐步引导受众接受。例如通过影视、音乐和餐饮等日常文化元素切入点，增加受众的亲和感，逐步扩展至更深层次的文化内容。因此，针对不同文化距离国家和地区的传播，其理念和思路应该体现出分众化策略，帮助不同文化背景的受众在各自的文化距离下找到接触中华文化的合适方式。

三、所在国对文化的接纳度和包容度

根据所在国文化政策接纳度和包容度的差异，文化传播活动也可以分为高接纳度和低接纳度两大类，或进一步分为主动接纳、自然发展、被动应对三种类型。

主动接纳指个体或社会对外来文化采取积极、开放的态度，主动了解、学习并融入这些文化元素。这种接纳不是表面的模仿或借鉴，而是通过深入理解，将其逐步融入本地文化。以英国为例，这一多民族、多语言、多文化并存的国家长期致力于多元文化发展，积极实施多元文化教育，以支持学生接纳和理解不同文化（BURNETTGD、刘绪，2014；张新生、李明芳，2022）。如威尔士政府发布的《全球未来：威尔士国际语言促进计划2022—2025》旨在通过语言和文化学习拓宽公民国际视野。政府对外来文化的开放度和包容性使其采取了合作建设孔子学院和孔子课堂、设立艺术教育资助等方式，有效促进了中华文化在英国的深度传播。

自然发展型的文化传播指对象国在面对中华文化传播时表现出相对中立、顺其自然的态度，即既不强制推广，也不加以干涉，而是让其在自然环境中自由发展、演变和适应。顺应这种中立、自由的方式可以减少人为干预可能引发的文化冲突，人们在自然接触和了解外来文化的过程中，更容易形成理解和包容态度。

被动应对则指一些国家在面对中华文化传播时缺乏明确的支持态度或措施，仅限于零散的传播活动，甚至有时采取无视或观望态度。在这些国家和地区，中华文化传播难以形成持续性和系统性的影响力。因此，以分众化形式积累文化传播的潜在成效，这些国家和地区有可能从被动应对转变为自然发展，甚至积极接纳。

当然，以上这些类型特征是动态发展的，并非一成不变。并且，中华文化传播活动的形式与成效还会受到其他多方面因素的影响，例如华人群体和相关组织在当地的力量和影响力，以及目标国家的教育发展水平和公民的文化素养等。

第三节 本土面向：增强文化传播活动的渗透力

孔子学院总部颁布的《孔子学院发展规划》指出要注重与本土文化相结合，克服话语体系和文化差异带来的障碍，探索出外国人易于接受的方式。该发展规划明确提出了文化传播中"本土面向"的问题。本土面向，即当地化，在当地逐渐形成独特的

"中文生活"（李宇明，2022）。

文化传播活动的开展并非存在一种放之四海而皆可行的固定模式。由于中华文化与所在国在政治制度、宗教信仰、文化传统、社会发展等方面存在差异，活动开展的过程中可能引发不同程度的敏感和排异。文化传播活动的本土化是增强文化生命力的有效手段，需要传播主体与客体间主动调整与适应、选择与变通（C.恩伯、M.恩伯，1985），考察对象国的文化需要与文化环境。如果文化活动不与本土文化相结合，再高雅的文化内容也难以产生共鸣（牛士伟，2017）。因此，本土面向不仅仅是进行简单的在地化，还包括采取符合目的国文化特点的传播方式，运用当地受众容易理解和接纳的表达形式，找到目的国文化与中华文化资源的结合点。

一、传播策略："以我们为中心"

在全球化进程持续推进的当代社会，中华文化的对外传播早已超越了单纯的文化输出，逐渐演变为在文化交流中达成理解与共鸣的双向互动过程。面对各国独特的历史、文化及社会背景，如何采用包容性与精准性的传播方式，促使中华文化在国际社会中更为有效地扎根与发展，已成为文化传播领域的关键课题。

在思考层面，开展有效的文化传播活动需基于对目标国家的历史、文化、政治和经济等多方面的深入分析与研究，通过分众化和差异化的精准传播实现文化共鸣。传播策略应从"以我为主"的视角转向"以我们为中心"的交流模式。所谓的原汁原味在不同文化环境中往往难以适应，需结合当地特点进行必要的本土化调适。根据区域和国家特点制定相应的传播规划，促进我国与各国间的有效对接与协作。

在行动层面，传播主体不仅需对本国文化具有深刻的理解，还应熟悉对象国的文化特点，包括语言、认知结构、行为规范和社会关系等。如在传播方式上研究目标地区的文化背景、社会习俗及观念，通过适应当地受众的表达形式来呈现中华文化。同时，利用当地节庆活动与传播渠道，使文化活动更贴近当地生活方式。建议采取柔性传播的方式，通过创新活动形式和衍生产品，打造符合当地受众兴趣的文化品牌（萧映，2010）。如法国拉罗谢尔孔子学院与当地文化机构的合作互动，参与"拉罗谢尔世界美食节"。这一举措既节约了成本，又增强了社会影响力。

二、传播主体：多元合作与社会参与

多元主体的联合与互助可以形成广泛的社会协同力，为中华文化传播活动的开展提供有力保障。传播活动的成功需要多方人脉的支持，人脉资源是一种重要的社会资本，包括人际关系、人际网络等（李建军，2017）。应拓展传播主体的社会合作力量，吸引并吸纳当地组织深度参与文化活动。如德国歌德学院文化活动的社会参与力量就呈现出多元化的特点，传播主体调动当地相对强大的人力资源优势和动能，形成了较为强大的权威性和主导性。

目前许多中华文化活动的开展仍处于较为封闭的状态，组织者主要为教师或教育机构，活动区域也限于教室、校园范围。中华文化传播活动的开展应超越校园，发掘、借助可以提供帮助的合作力量，吸纳更多的合作伙伴和多元主体参与，如教育机构（孔子学院、孔子课堂、华文学校及国内外相关学校等）、学校管理者、中文学习者、中文教师等，共同推动中华文化活动的组织与发展（于泓珊、张新生、钟英华，2024），形成政府、民间、学校、媒体等多元主体的协同互动。各主体各自发挥功能，优势互补，合力构建传播多元主体网络和强劲发展势能（王辉，

2024）的文化生态，实现合作共赢的文化传播态势。例如，长期居住海外的华侨华人与居住国民众联系紧密，熟悉海外文化市场的运作模式和发展趋势，在举办文化传播活动方面具有独特优势，应积极吸纳他们进入传播主体（李其荣，2013）。

三、传播内容：主题的多样性与现实性

传播活动内容的选择应跳脱传统思维，以更好地培植中华文化国际传播的生存土壤。

古代与今朝。中华文明在绵延数千年从未间断的进程中蕴藏着强大的生命力，而今天现代中国蒸蒸日上的活力也十分需要在文化活动中得以展现。因此，要适当关注文化活动内容的现实意义，如以经济价值为切入点，充分展示中国式现代化的丰富内涵（于泓珊、张新生、钟英华，2024）。

宏大与微观。当今活动宏大主题的主旋律并不少见，而基于微观的、个体的、具有人情意味的活动内容相对略少。比如袁隆平这样献身科学事业、关怀人类的人物事例，可能比介绍古代科学典籍更容易被受众理解（杨薇，2022）。此外，选取微观视角开展文化活动，可以通过充满生活细节的活动内容呈现普通中国人日常生活中的平凡、善良与美好，展现中国人的烟火味和人情味，从而讲述最真实的中国故事。

传统与时尚。经过上千年积淀的文化形式有时更适合具有一定年长感和阅历的受众的审美和价值观，对追求娱乐的年轻受众并不具有同等的吸引力。对年轻人群体来说，对自然风光和美食的热爱，对异域文化的好奇，是与时尚相关的内容与主题，也是较少受到国际政治形势的影响和干扰的主题。此外，手工艺品、影视作品和流行音乐等看似通俗的"大众文化"在现代社会中更具有体验性和传播性（杨薇，2022）。德国歌德学院多年来开展了文学、音乐、戏剧等文学文艺领域的现代主题活动。其中几乎90%以上的音乐活动与德国现代流行音乐相关；此外也开展了多个围绕现代前沿问题的活动，如"环境保护""社会问题""科学教育""商业、经济与社会事物""当代政治"等主题活动。这些主题依托现代社会，关注世界热点，展示了德国在这些领域的新理念和新成就[①]。

当然，成功的文化传播内容是在对文化受众深刻了解的基础上开展的。对于法国大学生来说，最受欢迎的中国饮食文化在历年孔子学院文化活动中出现的频率并不高，而出现频率很高的手工艺纸艺体验活动却很难吸引大量受众（胡明慧，2022）。此外，文化传播内容的选择还要考虑地域特色。如欧洲当地文化艺术水准较高，欧洲还多次举办高层次论坛，紧密围绕中欧文化交流，探讨文化交流的现状、问题和未来发展方向。

四、传播受众：持续关注受众反应的多元性

文化传播活动的有效性在很大程度上取决于受众对文化内容的接受度和反应的多元性。在全球文化传播中，受众并非是一个同质的整体，而是由不同年龄、文化背景、语言能力以及兴趣爱好的多元化群体组成。

中国的海外传播很多时候目标受众不清晰，定位上的模糊性使文化传播实效大打折扣（Colin Sparks，2009）。个体的文化背景、个人兴趣以及跨文化敏感度都会影响其对传播内容的反应，也会直接影响传播的实际效果（Bennett，2004）。因此，根据不同国家和地区的社会环境与文化背景，根据学习者自身的差异化需求、偏好与可接受程度，有针对性选择中国文化教学内容，能

[①] 信息来源：北京歌德学院网站。

够激活不同文化群体之间共享的文化知识与观念认同（吴成年、吴媛媛，2023）。

传播活动的设计者需认识到，不同文化背景的受众对文化内容的反应会随跨文化敏感度的提升而逐步变化。跨文化敏感度较高的受众，能够更好地理解并接受文化差异，而那些跨文化敏感度较低的受众，则可能更倾向于保持文化隔离或对外来文化产生抵制。因此，文化传播者应结合受众的跨文化敏感度，设计出符合不同阶段受众需求的传播内容。

总之，未来的文化传播工作应具备敏锐的文化洞察力与适应能力，深入了解当地的社会背景与人文环境，重视与当地受众的互动，持续关注受众的多元化反应。

第四节 人才培育：提升文化传播活动的驱动力

文化传播人才的培养与储备是中华文化传播活动可持续发展的核心支撑要素。人才是传播活动的发起人，是传播内容的设计者，是传播对象的联络者，对传播活动的质量和数量、文化信息的传递与流向有着深远影响（闫亚平、魏新强，2024）。然而中华文化国际传播始终面临着一个重要的挑战，就是传播人才的缺乏。要确保文化传播活动的深入持久，必须加大人才培养的力度。

全球化背景下，文化传播的复杂性和跨文化交际的挑战性，要求文化传播者不仅要具备扎实的文化底蕴，还需深入理解国际传播的运作机制和跨文化交往的规律。因此，相关机构应采取综合性的人才培养策略，打造一支具备全球视野、理论基础与实践经验的文化传播队伍。

在前文中，本文作者结合教学实践和理论积累，已探讨了一些中华文化传播活动组织与设计能力的培养，此处进行提炼总结。

一、积极培养国内复合型传播人才

复合型人才是推动中华文化国际传播的关键因素。优秀的中华传播文化活动复合型人才应该具有如下能力：

外交能力。目前对汉语教师特别是赴外工作的汉语教师外交综合能力的培养较少，甚至存在无视状态（赵玉洁，2021）。具备外交能力意味着拥有国际视野和跨文化交流的能力，能够在不同国家文化、历史和社会背景下有效推广中华文化。外交能力还包括应对文化传播中的挑战和矛盾冲突的调适能力，推动文化传播活动的顺利进行。

传播管理能力。这一能力是确保中华文化在全球范围内得到有效、准确、广泛传播的关键因素，涉及活动规划、内容创新、渠道拓展、受众分析、效果评估以及危机应对等方面。举例来说，活动规划是制定清晰、具体的传播目标，包括传播的范围、受众、内容、效果等；内容创新是能运用多种手段和创新思维，展现中华文化的多样性和包容性，创造出符合时代特征、易于国际传播的文化产品。

情感传达能力。文化是依靠直接接触进行交流和传播的，人是文化交流的主体。而主体的文化素养、人格魅力和情感传达能力是文化传播活动成功的重要因素。情感传达能力以往一直受到忽视。首先要构建情感共鸣，愿意深入了解目标受众的情感需求与价值观，能够站在他人的角度思考问题，感受他人的情绪和需求，与他人内心深处产生情感共鸣。其次要善于情感表达，即能够将自己内心的思想表现出来，并让他人能够清楚地了解自己的想法。当然，还要拥有人际融合能力，能够与他人建立良好关系、相互理解和协作。

外语运用能力。随着"一带一路"倡议的实施和中华文化全球的推进，举办中华文化传播活动国家众多、民族数量众多，外语能力日显重要（赵玉洁，2021）。熟练用目标语言中对应的文本内容替换源语言中文本材料内容的能力，是文化信息的"解码"；而达到两种语言都能够实现相同的理解与认知，是文化信息的"转码"。解码和砖码能力即外语运用能力。具备语言"解码"与"转码"能力有助于文化传播活动的生根和发展。

二、努力培养本土文化传播人才

文化活动的顺利开展需要依靠和培养知华友华的本土人士。此类人才应具备扎实的文化底蕴与广阔的国际视野，以有效推动中华文化在全球范围内的传播与接受。因此既要培养精通中国文化的博雅君子，更要培养在国际舞台上具有发言权的中国通（崔希亮，2010）。

具有本土文化背景的人士，因对当地的实际情况、文化教育环境及文化需求有着深入的理解，可以为当地的文化活动提供切实的支持（李宇明，2022），"本土化"的身份有助于推动当地民众对传播内容的深度接受与内化。本土化传播人才在帮助当地民众快速接触、理解中华文化方面发挥着关键作用。通过系统的培训与跨文化交流，提升这一群体的中华文化知识、理解能力及表达技巧，有助于增强他们在本土文化传播中的影响力与主动性。

为了实现这一目标，亟须培养兼具中国情怀、世界视野，胜任中华文化阐释、善于跨文化沟通合作的复合型、国际型、应用型的高端本土传播人才。这种人才的培养能够推动中华文化的

"走出去",也能够助力其在海外的本土化生根,增强当地的"造血"功能。

为此,建立全球文化传播人才库显得尤为重要。该人才库将为各类文化传播活动提供专业人才支持,提升文化传播人才的管理与调配效率,确保各类传播项目的顺利开展。通过系统化的能力培养,可提升文化传播人才的专业素养和全球化思维,帮助他们在处理本土与全球问题、跨文化交际问题时更加自如。这将促进其多元文化理解与包容能力的提高,使他们在国际交流中保持灵活适应的态度,能够应对日益复杂的文化传播环境。

综上所述,"内外并举"的综合人才培养战略不仅有助于推动中华文化的全球传播,也将显著增强文化传播的内生性与持续发展潜力。

第五节 路径拓展:拓展文化传播活动的辐射力

一、坚守"文化在场"的传播优势

传统的文化传播活动重视直接传播,因此需要切实关注社会运动的行为主体在一个特定的时间范畴和地域范畴内的活动,即前文所说的"文化在场"。文化在场是空间和地点的紧密联系,所带来的体验和感觉是"离场"所无法替代的(邓新、刘伟乾,2017),在场已经成为文化传播重要的价值体现方式。

"文化在场"强调文化传播的情境性与参与性。不同地区的受众在接受中华文化时,往往会受到其本土文化、社会习俗及历史背景的深刻影响。因此,在开展文化传播活动时应充分考虑这些因素,设计更具地方特色的文化内容。这种基于在地文化的传播策略，不仅可以减少文化冲突，还能促进文化的融合与再创造。

坚守"文化在场"有助于建立跨文化的对话平台。在这样的平台上，不同文化背景的人可以共同参与文化活动，分享彼此的经验和观点，从而实现真正意义上的文化交流与理解。通过在场参与的文化传播活动，如文化节、艺术展览、讲座等，中华文化可以在与其他文化的互动中展现其独特性和多样性，使受众在亲身体验中增强对中华文化的认同感。

坚守"文化在场"的传播优势，既是对中华文化国际传播策略的积极回应，也可为其注入真实而持久的驱动力。

二、发挥"文化离场"的传播效率

在当今文化传播中，发挥"文化离场"的传播效率也尤为重要，尤其是在间接传播方面。

1.继续发挥网络化传播的势能

中华文化网络传播目前已形成以世界各地汉语文化教学机构为依托，以在线网站为纽带，融合专业报纸、门户网站等为一体的文化国际传播阵地。其中，互联网和社交媒体平台是分享文化、举办文化活动的重要工具，形塑了一个碎片的、流动的、公共展演式的媒介景观（姬德强、将效妹、朱泓宇，2023）。中文联盟、全球中文学习平台及各种中文教学社会化媒体平台等新型主体已形成多类型、多层级的文化传播业态。当前，我国文化的海外传播及活动的开展还没有建立成熟的品牌。因此，我们应利用这些平台，通过短视频、网络直播等手段服务公众文化需求，树立中国文化传播及活动的品牌形象，并促成中华文化这一品牌全球传播影响力的最大化。

2.高度重视数字化传播的潜能

在信息技术和人工智能技术快速迭代更新的时代，凭借数智化技术可极大地提升中华民族现代文明国际传播的效能（吴应辉、袁羲，2024）。随着第四次工业革命的推进，人工智能、虚拟现实等技术逐步融合，可以赋能中华文化传播，并使其传播路径与数字技术紧密相连。这种空间媒介在动态网络中生成和展开，重塑了文化传播的"传播地理"，也要求我们构建数字交往的公共文化空间。在数智化时代，通过虚拟现实（VR）、增强现实（AR）和混合现实（MR），可以创造沉浸式文化场景；以元宇宙为平台，开展"互动式、情境化"的文化传播活动（钱丽吉、吴应辉，2023）。

不过有学者认为，尽管科技的进步为文化传播带来了更大的发展潜力，但主体缺席所带来的疏离感也应引发关注。新媒介和技术可能削弱面对面交流的真实感，使人们在真实世界中感到孤立。缺乏"在场"体验的文化传播极有可能成为有限度的理解、门外看热闹式的文化认知与体验（马尔库塞，2014）

本研究认为，文化"在场"的确具有不可比拟的优势和不可阻挡的发展态势，这是目前，也是未来文化传播活动的主流和主体渠道。但在当今全球化视阈下，"文化在场"与"文化离场"并非对立的矛盾体和竞争关系，而是可以通过互补达成协同并进，弥补对方所固有的理性缺陷，消解传统存在与时代发展之间的张力（邓新、刘伟乾，2017；王辉、郑崧，2022）。在数智化时代，应坚持多种传播路径的优势互补，建设多样化媒体渠道，增强其竞争力、传播力和影响力（欧阳雪梅，2015），将实体空间和虚拟空间结合起来，拓展文化传播活动的辐射面。

综上，中华文化传播活动"五位一体"发展思路已经形成：

"站位提升"是对活动定位的思考;"分众发展"是对活动类型的细化;"本土面向"是对活动深耕的思考;"人才培育"是持续发展的动力;"路径拓展"是活动未来的走向。"五位一体"思考的推进,可以建立活动使命感、拓展类型多向度,增强活动渗透力、提升活动驱动力、拓展活动辐射力方面,合力将中华文化传播活动推向新的高度。

主要参考文献

1. 柴如瑾:《中文为桥 让世界相通相亲——来自2023世界中文大会的声音》,《光明日报》,2023年12月12日第7版。
2. 邓新、刘伟乾:《"在场"理论视角下的孔子学院文化传播方式及其价值意蕴》,《民族教育研究》,2017年第3期。
3. 郭晶、吴应辉:《孔子学院发展量化研究(2015—2017)》,《云南师范大学学报(哲学社会科学版)》,2018年第5期。
4. 胡春燕:《论中华文化海外传播的策略》,《中共青岛市委党校青岛行政学院学报》,2013年第6期。
5. 胡明慧:《法国拉罗谢尔大学孔子学院文化活动研究》,北京语言大学硕士学位论文,2022。
6. 贾文山、王琼:《"人类命运共同体"思想的多维内涵探析及跨文化传播研究》,《国际新闻界》,2023年第5期。
7. 李其荣:《华侨华人在海外传播中华文化新探》,《广西民族大学学报(哲学社会科学版)》,2013年第2期。
8. 李宇明:《国际中文教育的当地化问题》,《南开语言学刊》,2022年第2期。
9. 牛士伟:《里斯本大学孔子学院文化活动的设计与反思——以中国结活动的本土化进行反思》,《华北水利水电大学学报》,2017年第2期。

10. 欧阳雪梅:《中华文化国际传播能力建设路径探析》,《湖南社会科学》,2015年第1期。
11. 钱丽吉、吴应辉:《元宇宙技术推动中文国际传播跨越式发展的功能与路径》,《云南师范大学学报(哲学社会科学版)》,2023年第4期。
12. 王辉、郑崧:《人类命运共同体视域下非洲中文传播的实践进路》,《西亚非洲》,2022年第5期。
13. 王辉:《国际中文教育如何服务强国建设》,光明网,2024年2月22日。
14. 吴成年、吴媛媛:《南亚孔子学院文化活动研究》,载《多元·创新·融合:区域国别视域下文化教学与传播研究前沿》,吉林大学出版社,2023。
15. 吴应辉、袁羲:《中华民族现代文明国际传播数智化路径探讨》,《电化教育研究》,2024年第4期。
16. 萧映:《孔子学院在美国宾夕法尼亚州的教学与文化推广进程》,《科教导刊(上旬刊)》,2010年第19期。
17. 闫亚平、魏新强:《国际中文教师中华文化本土化传播能力培养探索》,《管理工程师》,2024年第4期。
18. 杨薇:《国际传播视域下国际中文教育文化教学的内容选择》,《天津师范大学学报(社会科学版)》,2022年第4期。
19. 张新生、李明芳:《英国中文教育近年发展情况述评》,《国际汉语教学研究》,2022年第1期。
20. 张学增、丁安琪:《埃尔兰根—纽伦堡大学孔子学院办学特色分析与思考》,《国际汉语教学动态与研究》,2007年第1辑。
21. 赵玉洁:《立足一带一路,探索国际化传播人才培养新路径》,《文旅中国》,2021年11月16日。
22. 周德欢、吴应辉:《埃塞俄比亚中文教育发展调查与研究》,

《语文教育》，2022年第3期。

23. 周德欢、吴应辉：《非洲国家中文纳入国民基础教育体系发展研究》，《丝绸之路》，2023年第4期。

24. BURNETTGD、刘绪：《英国的多元文化教育与公民教育》，《湖南师范大学教育科学学报》，2014年第4期。

25. BENNETT J M, BENNETT M J: Developing intercultural sensitivity: An integrative approach to global and domestic diversity, Landis, Bennett J M., Bennett M J. Handbook of intercultural training (3rd ed.). Thousand Oaks, CA:Sage, 2004.

后 记

（一）

国际中文教育在加快中国语言文化走向世界、推动中国文化深植于世界文化土壤方面发挥着不可替代的作用。中华文化传播既是国际中文教育的任务，也是国际中文教育的使命。

目前，国际中文教育正处于一个由规模化向内涵化发展转型的重要时期。深化该领域中华文化传播的研究，有助于推动学科的快速成长和成熟发展。新时期，国际中文教育应以积极的态度参与全球国际文化的交流合作，秉持开放包容的文化自信传播中华文化。这不仅是学科发展的要求，也是推进"人类文明共同体"构建的关键步骤。

中华文化的传播是一个庞大复杂、多层次多领域互动的动态系统，其研究跨越了教育学、文化人类学、社会学、国际关系等多个学科，是多学科交叉融合的领域。目前对中华文化传播活动的理性认识略滞后于实践的探索，诸多方面亟须进行整合性的研究和梳理。

在此背景下，应着力加强中华文化传播活动领域的系统化研究，通过树立中国文化传播及其活动的品牌形象，构建立足国内、走向国际的中华文化传播活动体系。此体系应聚焦传播对象的精准化、传播方式的多样化、传播内容的针对化和传播路径的多元化，从而整体提升中华文化传播活动对国家形象的塑造作用。

本书运用多种方法合力对中华文化传播活动进行深入研究。期望在国际中文教育视阈下，能全面、客观地揭示和阐述中华文化传播活动这一复杂学术命题的内在规律和特点，致力于产出更多具有原创性和中国智慧的思想成果。

作为国际中文教育视阈下中华文化传播活动领域的专门研究成果，本书在理论和实践层面进行了富有创造性的推进。理论建设方面，为中华文化传播及中华文化传播活动的研究提供有益的启示；实践探索方面，为全球各汉语文化教学机构提供范例和参考；师资培养方面，为国际中文教育硕士、本科生以及国际中文教育志愿者教师相关能力的培养提供一定的依据。

（二）

本研究涵盖国际中文教育、文化传播、海外教育制度等多个领域，这要求研究者具有较为宏观的把控能力及多学科的视野。本书的两位作者除具有国际中文教育的学科背景外，还接受过文化人类学、文化传播、中国语言文学、应用语言学等领域的学术训练。在大量研读中外文献的过程中，学术理解不断深化，研究视野大为拓展。

20世纪90年代中期，我开始从事国际中文教育的理论与教学工作。工作中，对教学工作始终充满热爱，对中华文化传播也怀有浓厚的兴趣。2004年，我有幸师从著名人类学家庄孔韶教授，攻读文化人类学专业博士学位。系统专业的文化人类学教育，使我以一种相对细致而深刻的视角理解世界、关怀他者、认识自我，并保持对世界的真实兴趣与探索意识。

2006年，在吴应辉教授的带领下，我开始负责学院各类语言文化项目的设计与实施，带领国际学生参与各类各级语言文化赛事和活动。此后18年的实践中，我带领并指导中外学生获得过30余项赛事奖项，如"北京市外国留学生汉语之星大赛""北京市高校留学生辩论赛""我的'一带一路'全球演讲比赛""全国汉教英雄会"等。2013年夏，我参加国家汉办举办的孔子学院储备院长培训。在历时一个多月的培训中，我对中华文化传播活动的组织与开展进行了较为系统的学习。多年来，我多次组织、策划或参与了各类文化实践项目，如美国欧道明大学孔子学院揭牌仪式、韩国首尔三星公司人力开发院中华文化推广活动等。

自2012年起，我开始担任中外研究生中华文化传播课程的主讲教师。通过课程学习与教育实践相结合的方式，以实际应用为导向，逐步培养学生的中华文化传播能力，并形成了以核心课程为主导、模块拓展为补充、实践训练为重点的教学体系。在多年文化教学实践、文化活动指导实践以及全球多国文化考察的基础上，我和研究生团队撰写了十余篇与本研究主题相关的学术文章，这也成为本书的重要基础。

本书书稿的写作酝酿于多年前，但一直未真正启动。今天能得以完成，离不开第二作者张齐红的努力。张齐红敏而好学，思而笃行，是一位很具发展潜力的青年学者。她在《天津师范大学学报（社会科学版）》等多家国内外期刊发表学术文章，参加世界汉语教学学会、语合中心等多项课题。她先后于泰国、英国从事语言及文化教学实践工作，并荣获优秀汉语教师志愿者称号。《人民日报（海外版）》2024年1月12日刊登了张齐红撰写的志愿者文化教学方面的文章《不曾远去的岁月》。在获得北京市优秀毕业生、中央民族大学特等学业奖学金、中央民族大学十佳优秀学生等荣誉顺利毕业后，张齐红又因表现出色，再次赴爱尔兰都柏林大学孔子学院从事国际中文教育及中华文化传播工作。张齐红凭借丰富的文化实践经历及清晰的逻辑思维，在本书的创作中贡献出了不可替代的智慧。本书写作的过程中遇到了重重困难，多少个日日夜夜，我和齐红都是并肩作战。

（三）

国际教育学院倡导全球化视野、国际化思维和创新性行动，对汉语国际传播和中华文化传播领域的研究始终给予高度重视和大力支持。在学院强大的学术保障机制的支持下，本书得以顺利出版。

我要特别感谢国际教育学院陈天序院长、北京语言大学吴应辉教授对本研究的大力支持。感谢李泉教授、施仲谋教授、丁石庆教授、刘骏教授、井茁教授、马晓乐教授、王学松教授等学者对本研究的关心和支持。感谢我的博士导师、人类学家庄孔韶教授，他在文化领域的不懈探索，为我注入了丰厚的学术养分与人生智慧，赋予我一生的启迪与力量。

感谢吴应辉教授、朱勇教授、杨琳教授对本书写作和出版的支持，感谢他们所提出的宝贵建议和意见。

感谢于天昱、刘继红、王鹏飞、宋春香、吴成年、汤文靖等学术同仁的帮助和关心，他们带给我的温暖贯穿始终，愈显珍贵。

感谢我的研究生贺赟、王伟、贺怡然、彭赟、张一平、赵忾、王琰皓、郝晓荣、任彪、史真、徐小童、谭斌、陈森、杜怡芬、李易晋、江芝培、杨柳笛等同学的帮助和支持。

最后，我要感谢中央民族大学出版社为本书的出版提供的支持，尤其感谢中央民族大学出版社的资深编辑戴佩丽教授。感谢戴老师多年来对我的无私帮助、无比信任和无限耐心。本书是我们合作的第五本专著（合著），一路走来，无限感恩。

中华文化传播活动是时代的重要课题。怀揣着深切的使命感，我和齐红尽心竭力地对该领域展开调查研究。不过由于全球中文教育类型和文化活动类型多样，国别区域差异巨大，以两位作者之力进行如此规模的研究，确实并非易事。限于专著的容量和作者的精力，一些国家未能囊括于本研究的主体内容中。期待未来能将更多区域纳入到研究中，继续对中华文化传播活动进行深入探索。

文化传播是人类社会最普遍、最重要、最深层和最复杂的现象之一，更是当今飞速变迁的时代的重要样态。它不仅改变着我们的往昔岁月，形塑着现在的生活空间，更影响着我们的未来世界。能与时代同行，我们感到非常幸运。

田艳
2024年深秋　于北京居所